圖解 房子這樣買

完全解答購屋 108 問

一本最全面、最實用、最簡單、最聰明的圖解購屋指南

全新增訂版

蘇于修　著

增訂版序

從一張白紙開始學購屋

是的，出版《房子這樣買，完全解答購屋108問》後一年多，我真的如願成為有殼蝸牛一族了！最新出版的增訂版不但修正文中舊的數據與政策，也針對最熱門的實價登錄、以房養老等政策提出分析跟建議。

出書前，處於想買房子的階段，更能體會購屋新鮮人對於買房子這件大事會有的焦慮、不確定和疑惑，「對方會騙我嗎？我會不會買貴了？要怎麼議價？我會不會買到有問題的房子？」魔鬼就在細節裡，每一個小問題都是攸關能否買到好房子的大問題。

寫書時，上網爬文研究大家的購屋疑惑成了例行工作、找人脈貼身採訪近十位房地產專家、參加不動產研討會與講座、大量閱讀房地產相關書籍雜誌、還有扮演澳客深入預售屋、新成屋跟中古屋現場、設法找出黑心唬人的伎倆……抽絲剝繭找解答，過程簡直跟福爾摩斯探案一樣精彩。仔細算一算，這兩年大概看了超過一百間房子，當你遇見屬於你的那一間時，心中自然浮現「叮咚！」的賓果聲，直覺告訴我，就是他了。

置產後，身旁許多朋友鬆了一口氣，因為，哪有作者是先寫書後買屋的啊。不過，好在有這趟認真鑽研的過程，讓我看屋的精準度大幅提升，腦海三不五時浮現書中對讀者的提醒，該怎麼問問題、該檢查那些細節、該如何審視自己真正的購屋需求，面對似是而非的購屋話術跟形形色色的房仲甜言蜜語，也更有體抗力。

拜實價登錄之賜，價格透明度大幅提升，議價的過程也相對順利。因為房仲跟屋主是好友，我突發奇想採用「總價式」的議價方式，請房仲跟屋主溝通，總金額必須包含房價、仲介費跟支付代書的各種稅費；房仲於是得精打細算扣除必須繳交給政府跟代書的費用後的利潤空間，經過三次議價，最後仍卡在每坪還要少一萬元的差距，我使出退客廳家具跟「盧」功，終於成交，當然，屋主沒有很開心，因為我砍了一百五十萬，約一成五。

我想選一個看得見藍天綠地的地方落腳，當時心裡還有點猶豫小環境太熱鬧，但是研究過政府的都市規劃，購屋地點即將進行綠美化工程，河道也將清淤。於是心一橫，決定請房仲斡旋。令人振奮的是，交屋後一周，門前巷道就張貼出整治公告，原本的公有停車場，即將變成小公園，鐵圍籬也會變成自行車道。再次證明：購屋前做功課是必要的。花一點時間了解你有興趣的案子的周邊都市計畫絕對是購屋的必要功課啊！

交屋前後是最忙碌的時刻，找適合的銀行、決定繳交貸款的方式、請銀行鑑價、檢查房子的原況、簽約、相互退補水電費等等。再次提醒大家，中古屋的自備款絕不是帳面上的二到三成，而是銀行鑑價結果的成數。換言之，一千萬的房子，若銀行鑑價只有九百萬的價值，以貸款七成五計算，銀行只會貸給你六百七十五萬，實際的自備款是三百二十五萬而非二百五十萬喔！

許多人問我何時是最好的購屋時機？我想，房價總在起伏波動中，沒有人能預測下一波低點會在何時發生，若你是以自住為出發點，評估過目前的政策走向、當地的實價登錄行情與未來發展性等因素後，在經濟能力許可的範圍內，大膽開出你的期望值，只要對方能接受，就是最好的購屋時機！

然後，就像秘密法則所說的，當你許下心願後，宇宙就會吸引所有的力量來幫助你完成夢想。寫書時，朋友牽引著朋友，讓我深入購屋現場，編輯的同學的弟弟、在代銷工作的朋友的同事、就連建築師跟神祕的投資客也都是透過這種ＡＢＣ的連環關係而幸運的採訪到。對於大家不藏私的傾囊相授，除了感謝還是感謝。這諸多的偶然與巧合說明了一件事：這個世界不只有黑心，還有更多人「願意幫助大家買到好房子」。

而且，如果我能從白紙變成懂得購屋之道，相信讀完本書一〇八個問題與最新增訂版後，你一定也可以。祝福你！

蘇于修

到預售中心看樣品屋 → 付訂金 → 5 天契約審閱期 → 找地政士陪同簽約並付簽約金 → 申請房貸 → 銀行對保 → 付開工款 → 分 24-36 期付工程款 → 驗屋 → 付代墊款、客變加減帳跟尾款 → 點交權狀後交屋

到接待中心看實品屋 → 付訂金 → 5 天契約審閱期 → 找地政士陪同簽約並付簽約金 → 用印 → 申請房貸 → 銀行對保 → 完稅 → 驗屋 → 付客變加減帳跟尾款 → 點交權狀後交屋

找房仲看中古屋 → 付斡旋金 → 5 天契約審閱期 → 找地政士陪同簽約並付簽約金 → 用印 → 申請房貸 → 銀行對保 → 完稅 → 驗屋 → 交尾款 → 點交權狀後交屋

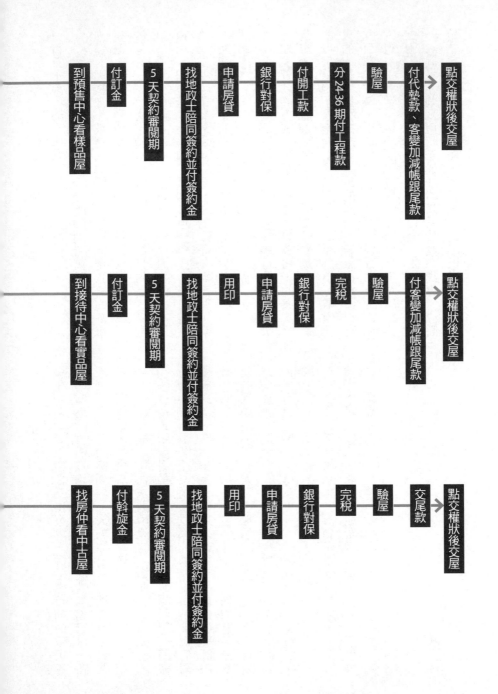

購屋流程快易通

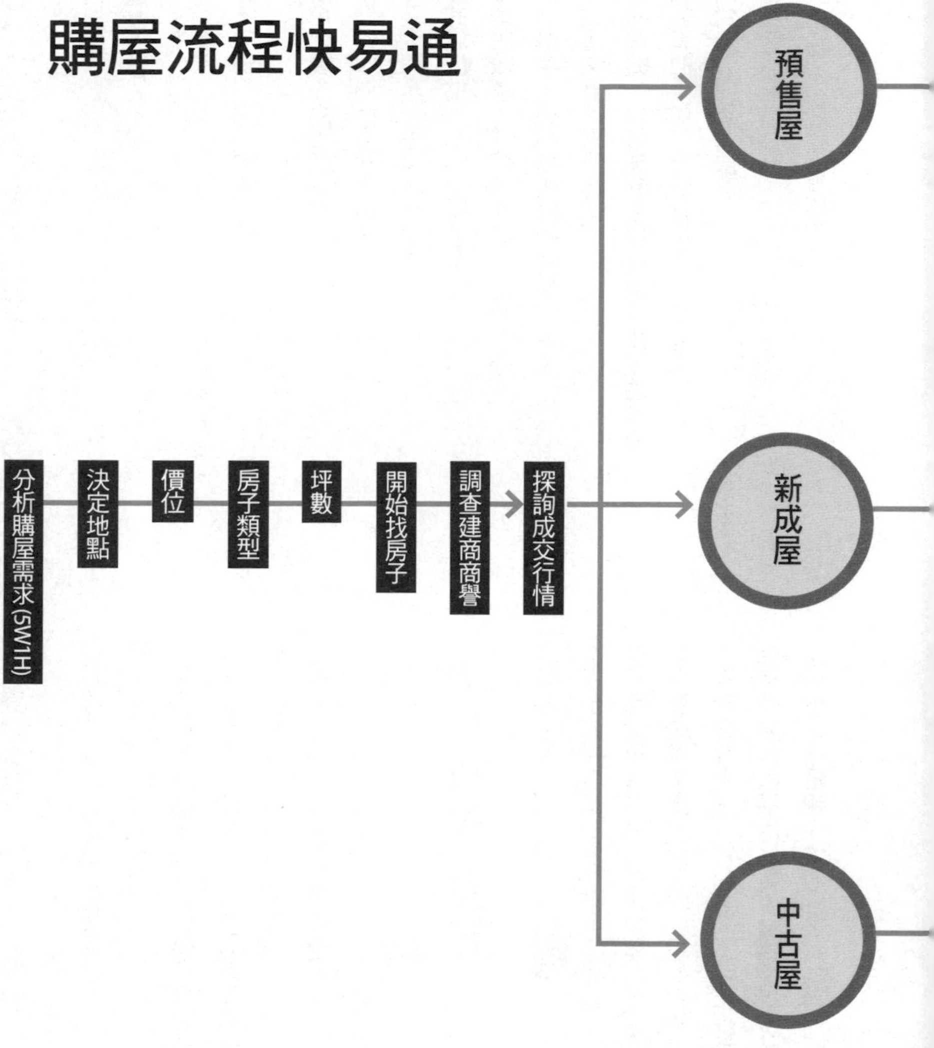
分析購屋需求(5W1H)
決定地點
價位
房子類型
坪數
開始找房子
調查建商商譽
探詢成交行情
預售屋
新成屋
中古屋

房子這樣買　完全解答購屋108問

Q1　購屋前要先思考的 5W1H ？
Q2　你做好購屋 SWOT 分析了嗎？
Q3　茫茫大海，上哪兒找購屋資訊？
Q4　誰的話能信？不同購屋管道優缺比一比？
Q5　看圖說故事，透析廣告照片的奇幻術？
Q6　說文解字，透析廣告神奇的文字遊戲？
Q7　中古屋文宣，看不懂嗎？
Q8　真的假的，如何破解電視房地產置入性廣告？
Q9　假的真的，如何看透雜誌房地產置入性廣告？
Q10　如何瞭解建商信譽？
Q11　跟誰買房比較好？
Q12　Why 你為什麼想買房子？
Q13　What 你想買哪種房子？
Q14　Who 還有誰要住進來？
Q15　Where1 住哪裡好，地段真的是王道嗎？
Q16　Where2 住哪裡好，哪一類的房子勝出？
Q17　How 頭期款從哪裡來？
Q18　When 何時是最佳購屋時機？
19　真心人物：眼光精準的上班族媽媽

Part 1

房子這樣買

開始做準備

Q1 購屋前要先思考的5W1H？

買房子是人生大事，對辛苦攢錢的上班族來說，動輒上百上千萬的房子，需要錙銖必較的仔細挑選。從盤點家庭收入開始到實際走訪看屋皆需理性思考，並做好與近二十年房貸奮戰的心理建設。

「我家要能看到山景、旁邊有公園綠地、客廳要用水晶吊燈、臥房窗前要有法式咖啡桌……」美好的裝潢藍圖令人神往，可以增加你的購屋動力，但也可能混淆你看屋的判斷力，在揮別無殼蝸牛的行列前，先放下漂亮的居家設計雜誌，你需要用審慎的心態來思考購屋這件事。把握5W1H的原則，想清楚再行動！

5W1H的原則

Why：先問問自己「為什麼想買房子？」是因為購屋專家說買房子可以投資賺錢？還是因為真的想要有一個屬於自己的安穩小窩？What：「想買怎麼樣的房子？」是老公寓還是電梯華廈？是新成屋還是中古屋？Who：「是誰要住進來？」單身貴族、兩人愛的小窩還是三房兩廳的房子？Where：「想買在什麼地方？」有特別喜歡的地區嗎？還是只要交通方便都行？When：「預計何時買房子？」預售屋比新成屋的還款壓力小，開徵奢侈稅前屋主急售，房價相對便宜。How：「購屋資金充裕嗎？」你有老爸或岳父母當金主資助嗎？還是要靠死薪水和貸款？

列出自己的需求

坐下來，拿支筆跟家人朋友一起把這幾個關鍵問題釐清，想得越清楚越能買到適合的房子，再好的房子都可能有缺點，要找到一間「完美的房子」幾乎不太可能，最重要的是：想清楚你本身的客觀條件和需求。

理性思考才能成功購屋

想清楚自己的需求

5W1H

- WHO? 誰要來住？
- HOW? 錢從哪裡來？
- WHERE? 想買在哪裡？
- WHEN? 何時買房？
- WHY? 為什麼想買房？
- WHAT? 想買哪種房？

牢記5不

- **不超出經濟能力**：每月還款金額不超過收入1/3，才不會淪為屋奴
- **不心急草率決定**：要堅定立場，不要被別人影響，多看幾間再決定
- **不投入全部資金**：要留至少六個月的生活存款
- **不偷懶不做功課**：自己要先做功課，打聽建商信譽和附近行情，並體驗生活環境
- **不受到裝潢誘惑**：要能看透裝潢屋，才不會買到華而不實的裝飾品

聰明看屋

看外觀 × 看屋況 × 看環境 × 看建商

↓

買到完美夢想屋

Q2

你做好購屋SWOT分析了嗎？

除了與個人購屋需求有關的5W1H分析外，在行銷管理上有一個基本的分析模型稱之為SWOT，稍微轉換一下也能幫助你找出與房子有關的Strengths優點、Weaknesses缺點、Opportunities機會及Threats威脅，無論你要買的是哪種類型的房子，都可藉此分析房子的優缺，用更理性的方式來購屋。

如何分析房子的優缺

從拿到第一張購屋廣告或上網看到售屋訊息開始，就可以展開SWOT分析；舉凡建商信譽、周遭生活環境、成交行情都需分析，若你不想被代銷公司或房仲牽著鼻子走，這是購屋前一定要花功夫的準備功課喔。

Strengths 優點

先從食衣住行開始分析，住屋周邊的生活環境與機能如何？附近有沒有你愛的超市？或是可以讓小孩跑跑跳跳的公園綠地？再研究一下這間房子有哪些令你心動的優點。三面採光？格局方正？頂級建材、鄰居素質一等一、離公司跟娘家婆家都近，這都是加分的項目。

Weaknesses 缺點

買房子的第一步就是瞭解「建商」的信譽，建商蓋過哪些房子？口碑如何？建商過去的豐功偉績或惡行惡狀在網路上一定會留下蛛絲馬跡。

不過，人非聖賢熟能無過，建商亦然，若該建商有良好的處理信譽，缺點也有機會變成優點。此外，如果你看的是中古屋，房子是否有漏水、壁癌等問題或有基地台等「嫌惡設施」也請扣分。

案例分析

新北市三峽北大特區，電梯大樓三房，三年中古屋，兩夫妻都不開車，有三歲小孩，在台北市南京東路上班，怕吵。

Strengths	Weaknesses
・環境優、景觀佳、寧靜、綠地廣 ・鄰近台北大學、國中國小 ・屋齡輕、格局方正、三面採光 ・公車接駁往捷運的班次多 ・管委會素質高	・通勤時間太長 ・生活機能不夠完整 ・戶數太多難管理 ・投資客多，房價難砍 ・離父母家太遠，接送小孩不便
Opportunities	**Threats**
・造鎮生活圈逐漸成形 ・大型連鎖、量販店進駐 ・未來將有捷運 ・房價看漲，未來轉手可能獲利 ・文教、住宅區，居民素質高	・高樓多，中低樓層景觀被遮蔽 ・成交行情差異大 ・開始有大量大陸投資客入主 ・建案太多，空屋率高 ・交通不便

Opportunities 機會

重大建設能讓生活更便利，也有機會帶動周邊的房價；但是要小心，有些銷售業者很愛畫美美的夢想藍圖，告訴你前方五百公尺左側的空地是某機關的預定地，未來增值空間無限等等，請保持冷靜，很多藍圖真的是「夢想」，請詳加查證。

Threats 威脅

每個人都希望知道房子的成交行情，事實是我們只能「猜」，我們只能從查詢周邊房價、過往該建案的成交價等間接數據揣測成交行情，但請你至少上網查詢實價登錄行情，知己知彼。此外，建物結構是否安全，前面的空地會不會蓋新房子遮掉你的天空線和陽光、管委會的素質等都是潛在的威脅。

Q3 茫茫大海，上哪兒找購屋資訊？

購屋資訊四通八達，消費者接觸到的資訊大多來自「商業來源」，如代銷刊登的報章雜誌、電視、網路、房屋仲介公司、廣告傳單等等，事實上還有中立研究機構的報告、消費者保護相關機構等公共來源也可參詢。

網際網路

網路世界，地無分南北，無論你人在哪裡，隨時可上網根據自身條件快速搜尋有興趣的物件。網路上也有很多熱門的討論區，可以幫助你釐清諸多購屋問題。

房屋仲介公司

想購買中古屋的民眾可透過房屋仲介公司，根據「中華民國不動產仲介經紀商業同業公會全國聯合會」的統計，在二〇一〇年十二月底，全台灣的房屋仲介公司已突破五千八百零六家，幾乎跟超商一樣多。

建商銷售中心

如果你對特定的新建案有興趣，可以直接到銷售中心實地了解，代銷人員會熱心介紹房子的所有細節，現場還會提供文宣資料、建材展示、樣品屋做為參考。

報章雜誌與廣告傳單

常見的售屋訊息來源有戶外看板、電視、廣播、雜誌與報紙廣告、報紙夾寄單張、廣告專輯等管道。房仲業者也常提供各地區的熱銷精選個案ＤＭ；貼在電線桿上的小廣告也是取得購屋資訊的管道。

親友推薦

跟熟識的親友打探哪裡有售屋訊息也是個好管道，一來親友對該地區的環境及行情可能都熟，二來若是親友自售還可以省下一筆仲介費呢。

上街找房子

上街找房子？沒錯，如果你有偏愛的地區跟地段，直接到附近逛逛是最直接的方式，有的屋主會貼在大樓公佈欄上，有的會跟管理員講，有的會貼在電線桿上，有的就在門前貼上個「售」字；若看到路邊有新建案的「銷售中心」，也可以直接走進去詢問，通常會出現熱情的跑單小姐為你服務。

法拍屋

被法院查封拍賣的「法拍屋」也是購屋的管道，價格通常較市價低一到兩成不等，有興趣的民眾可以透過法院民事執行處的公佈欄、金融機構、民間的法拍顧問公司或報紙拍賣廣告等管道取得資料。

網路購屋討論區

有許多網友分享的經驗談，也可加入討論或提出問題

EX 智邦不動產
home.url.com.tw/home-2.0

EX Mobile 01 居家房事
www.mobile01.com

EX 樂屋網
www.rakuya.com.tw

EX 房地王
housetube.tw

網路購屋資訊網站

有許多房地產的資訊，可以在此尋找適合的物件

房仲業者架設的購屋網
EX 如信義房屋網站

建商或房地產業者旗下的物件資料
EX 如新聯陽實業機構

中立的購屋資訊交流平台
EX 如 591 房屋交易網

地區性的購屋資訊網站
EX 如三峽 iBeta 愛北大社群

Q4

誰的話能信？不同購屋管道優缺比一比？

不同的購屋資訊管道各有優缺，購屋者可依據個人的時間及便利性來決定採用哪種管道。

網路

・優：快速便捷，資訊透明度高，可以得知房屋的售價、格局、坪數、樓層、屋齡、建物結構、座向、管理費、車位、社區名稱和地址等，甚至有３Ｄ實境導覽及街景圖，也可試算自備款跟房貸金額。

・缺：訊息正確度堪慮，常有仲介假藉屋主自售、屋況產權不清甚至造假的問題，資料也常常會過時。

房屋仲介

・優：可提供地區性的購屋資訊，介紹這個區域的周遭環境與未來發展，並依照你的需求，挑選適合的物件並協助帶看房屋。由於他們對屋況、產權等已有初步的鑑定，因此資訊的可信度相對高。此外，房仲還會幫你處理議價、交屋、簽約等繁瑣事項。

・缺：只有中古屋的資訊，選擇性不多，加上仲介的素質因人而異，有可能會碰到黑心房仲。

建商銷售中心

・優：跑單小姐會熱心介紹房子的所有細節，包括建材、用料、周圍環境、未來建設等。

・缺：無論是新成屋或預售屋，由於房子還沒有人實際入住過，因此跑單小姐常常會用花言巧語連哄帶騙，或畫出看不見未來的大餅。

報章雜誌與廣告傳單

・優：上頭會寫明地點、總價、增值潛力等，你也可以從廣告的風格瞭解建商訴求的對象是有錢人、投資

不同管道超級比一比

	資訊透明度	資訊正確度	便利性	符合想像	物件數目
網路	★★★	★★	★★★	★	★★★
房屋仲介	★★★	★★	★★	★★	★★
銷售中心	★★	★★	★	★	★
廣告	★	★	★★	★	★★
親友推薦	★★	★★	★★★	★★	★
上街找	★★	★	★	★★★	★
法拍屋	★★★	★★★	★	★	★★

★★★＝高　★★＝中　★＝低

客、小家庭、或退休人士。

・缺：要特別小心置入性行銷的報導，以免被不實而浮誇的內容所騙。

親友推薦

・優：一來親友對當地環境或屋況都較熟悉，二來他們通常不會想占你便宜，還可以省下仲介費，不過紅包也是免不了的。

・缺：如果談不攏，擔心會有人情壓力難拒絕，而且屆時交屋、貸款等瑣事都得自己來，也挺麻煩的。

上街找房子

・優：可以實地體驗當地環境和居住品質，若看到屋主自售，有機會省下一筆仲介費。

・缺：容易流於亂逛，可能走累了就跑去喝下午茶，結果什麼也沒看到。

法拍屋

・優：價格清楚，且法院會先做產權調查。

・缺：必需準備保證金，得標後七日就必需繳清屋款，而且使用權不明，可能有人賴著不走，很難點交。

Q5
看圖說故事，透析廣告照片的奇幻術？

面對琳瑯滿目的廣告文宣，每一張照片看起來都美侖美奐令人神往，真希望我家門前的綠地像照片這麼大、可以遠眺迷人海景、入口就有氣派水晶門廳……且慢，請先學會看懂美美照片的玄機。

照片會說話，但是照片也會騙人

・建案那一棟的房子一定特別高，因為要創造「頂天立地」的效果。事實上隔壁棟的大樓可能更高，但是圖一定會把左鄰右舍修掉或變矮。

・照片一定有天空、海景、樹林這類的情境元素，創造一種令人神往的效果。但是實情是─周邊真的有小公園，只是離建案一個比一個遠。

・台北的建案愛放一〇一，讓人感覺離市中心很近。

・寬敞氣派的挑高門廳、看起來像標準池的游泳池，其實是透過廣角鏡頭拍的。

注意照片上的小字

要如何分辨照片真偽？仔細看看照片的角落有沒有一排小字。若是現場實景照一定會寫「某地實景拍攝」；若是半合成的會寫「實景部分合成情境示意圖」、「3D外觀透視合成示意圖」、「實景拍攝輔以電腦合成」等字眼；憑空築夢的會寫「3D合成示意圖」。

超神奇地圖

廣告文宣上的地圖通常很簡單，只會指出「本案」或「接待中心」的位置。但是，咦，怎麼這麼好，四周都有捷運？哇，在信義區竟然這麼便宜？而且周邊都是綠地？請注意，那真的只是「簡圖」，捷運可能要開車十分鐘才到得了、信義區那個位置可能是接待中心而不是建案基地，周圍綠地離建案應該也有一大段距離，但因為比例尺不明確，讓人產生近距離的混淆。

透視照片的秘密

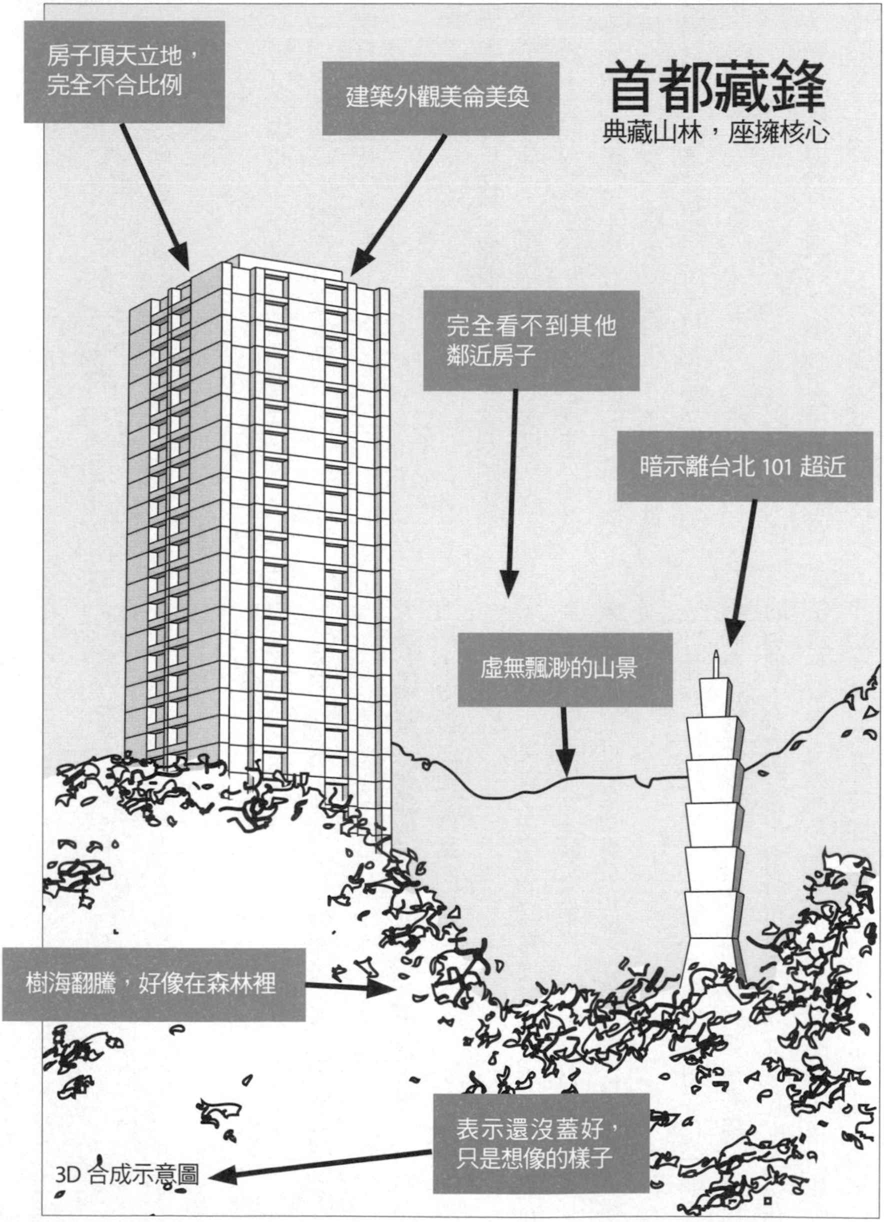
房子頂天立地，
完全不合比例
建築外觀美侖美奐
首都藏鋒
典藏山林，座擁核心
完全看不到其他
鄰近房子
暗示離台北 101 超近
虛無飄渺的山景
樹海翻騰，好像在森林裡
表示還沒蓋好，
只是想像的樣子
3D 合成示意圖

Q6 說文解字，透析廣告神奇的文字遊戲？

光照片就有這麼多學問，文字可以玩的創意就更多了，廣告文案「字字珠璣」，消費者在看廣告文宣時一定要睜大眼睛仔細解讀箇中巧妙。

賣一個夢給你

房地產業者賣房子就是賣一個夢給你，嚮往開闊綠地就賣「花園就在我家裡」、「複製大安森林公園夢土」、「台北都心找不到的鮮綠生活」；嚮往大戶生活的就賣「改變豪宅空間定義」；嚮往交通便利的就賣「敦南十五分鐘」、「三環三線，夢想實現」；想提升氣質的就賣弄文學「建造理想居所，只為品味相契的知音」……。

心動了嗎？覺得自己很有格調嗎？小心，這都是廣告文宣引誘你的築夢藍圖，一字一句都暗藏玄機。

破解文字奧義

- 花園在你家─通常都在郊區或遠離市中心的地點。
- 景觀無敵─除非樓層很高，不然也是遠離市中心的地點，否則怎麼看得到山海戀？
- 文謅謅有氣質─文字的深意通常讓人看不太懂真正要表達什麼，但是文案營造出一種很有格調的質感，讓消費者覺得住進去身分和地位都會大大提升。
- 近在咫尺─廣告文宣的數學都很強，特愛用「哪裡轉個彎就到哪裡」、「從 A 到 B 只要幾分鐘」這類的句型，台北的敦化南路和信義路最常被套用。現在法規查得嚴，房地產業者不太敢亂寫時間，但是偷呷步是：挑非尖峰時間、用最快車速去量時間，所以從安坑到敦化南路最遠的那一個路口真的只花了十五分鐘，問題是，上班塞車要花多久的時間？

看文案要懂數學

數學不好的人買房子要注意了，除了交通時間玩的數字遊戲，也要注意價格上的數字魔法。例如，「總價六八八萬起買二加一房」，那個加一就是玄機，可能是把兩房隔成三房賣，或是違法加蓋的夾層屋，讓你覺得賺到，卻可能會觸犯法規。

或是「自備款只要六十八萬」，除非房子總價只有兩百三十萬，否則以目前貸款幅度七到八成來計算，怎麼算都不夠。另一個可能是建商用假合約讓銀行超貸，幫你貸九成，自備款一成才有可能買到高價的房子。

還有一種是「送很大」的，買個房子又是送裝潢、送家具、送車位的，羊毛出在羊身上，加起來可以省個好幾十萬吧。

不常見的用詞要多看幾眼

廣告文宣寫的美如夢境，無可厚非；但是如果是透過文字規避地目就大有問題。仔細看，如果文宣寫「菁英會館」、「總裁行館」這類讓人無法分辨是住宅還是商辦的名稱，就有可能是因為建案基地是「工業用地」而非「住宅用地」，為了在相對便宜的地目上蓋昂貴的住宅，刻意寫些似是而非的名稱，遊走法規邊緣，住進去如果地目有問題，倒楣的還是消費者。

想瞭解的人可以洽該地區地政事務所查詢「土地使用分區」。台北市可上網查詢：www.zone.taipei.gov.tw

太貼心要注意

若文宣太貼心也有鬼，例如「貼心提供專屬賞屋巴士，車程只要二十分鐘」，有賞屋專車的案子，房子通常離市中心都有點遙遠，而且還有可能只是到「接待中心」而非建案的「基地」。

要確認到底離捷運多遠

表示還沒蓋好，更別說通車了

中和精華地段，坐擁三捷運，預約未來萬大線出口

鬧中取靜，Sogo 逛街三分鐘，散步就到四號公園

總價688 萬起 買 2+1 房

要注意 +1 有沒有問題

實際走走看，是不是才散步到公園已經想回家了？

分鐘是用走的還是跑的還是開車？

8787-6242

貼心專屬賞屋巴士，賞屋即送小家電

別想太美，可能只是一盞枱燈

接待中心就在捷運旁，真正的基地其實離很遠

透視房地產廣告的秘密

樂活三捷市
Sweet Lohas Home
新時代小家庭，樂活新主張
故意加英文好像比較高級
目標客層是存款不多自住用的小家庭
可能只有一小批人來監造，或掛名顧問
日本大林組專業團隊，誠心鉅獻

Q7 中古屋文宣，看不懂嗎？

房仲文宣多如海，有的豐富完整，有的陽春到用Ａ４白紙手寫幾個字。要如何在眾多文宣中找到適合的中古屋物件呢？拿到文宣品時可以先從幾大面向檢視：

看規模

略具知名度的房仲業者的售屋文宣，無論是「購屋情報」還是「房屋資訊」，大致上可分為單區的房訊和聯合房訊兩類，如果你想看的地區較廣，可以閱讀「聯合房訊」，例如台北中正區／大安區聯合房訊，涵蓋的範圍比較廣。

看推薦

房訊文宣最明顯的地方大多會出現「店長強力推薦」或「精選物件」，這類推薦有的是真的好，有的是賣很久賣不掉，只要多拿幾回同一家房仲的文宣，就會知道哪幾間精選推薦，實際上已經推薦很久囉。

看類型

想買哪一類的房子？房仲文宣會將房子簡單分類，公寓、電梯華廈、社區大樓、透天店面、商辦與豪宅幾類，你可依此快速篩選適合的類型；若文宣上沒分類，從「美寓」、「美廈」、「鑽石金店面」、「豪邸」等名稱也可略知一二。

看案名

如果你是該區的在地人，從「案名」上也可區分案件的年代，有的房子裝潢後看起來像新成屋一樣，但是若仔細推敲案名就可以知道是多久以前的房子。像「國王與我」是北市名宅之一、「杭南府邑」是新的建案。什麼？你分不出來，沒關係，對有興趣的物件你可上

中古屋文宣的秘密

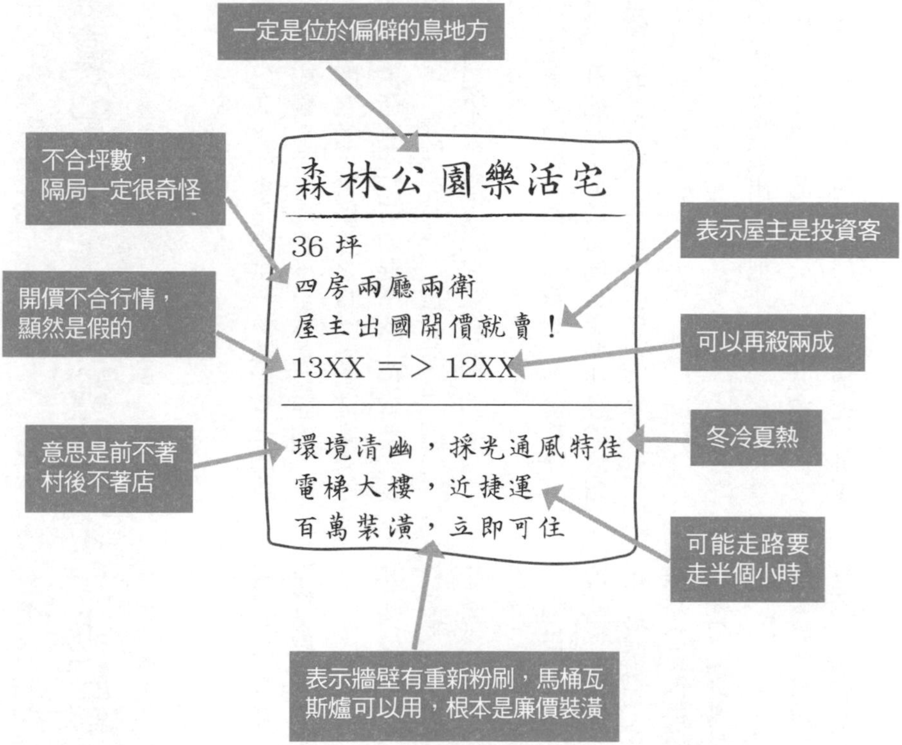
一定是位於偏僻的鳥地方
不合坪數，隔局一定很奇怪
開價不合行情，顯然是假的
意思是前不著村後不著店
森林公園樂活宅
36 坪
四房兩廳兩衛
屋主出國開價就賣！
13XX ＝＞ 12XX
環境清幽，採光通風特佳
電梯大樓，近捷運
百萬裝潢，立即可住
表示屋主是投資客
可以再殺兩成
冬冷夏熱
可能走路要走半個小時
表示牆壁有重新粉刷，馬桶瓦斯爐可以用，根本是廉價裝潢

網敲一下案名，查一下地段和行情，也可以直接打電話給房仲問清楚。

■看說明

房訊文宣也有玄機，有的寫「權狀」、有的寫「登記」、有的寫「坪數」、有的寫「使用」，後面兩者要小心，因為有的會把頂樓加蓋、露台等也算進去，換算後你以為每坪單價很低，事實上實際權狀的坪數卻沒這麼大。至於其他形容屋況的文字，例如格局佳、採光明亮通風良好、明星學區、近捷運優……等都是房仲的片面之詞，若有3D網路看屋的服務，你可以先篩選，若無，就打電話問幾個關鍵問題，再決定是否要舟車勞頓前往看屋。

Q8 真的假的，如何破解電視房地產置入性廣告？

置入性行銷由來已久，如果是提供「資訊內容」的置入性廣告對讀者或觀眾來說或許不全然是負面的，但是如果是「假新聞之名，行廣告之實」，對建案或趨勢分析大加吹捧，造成閱聽者的混淆或恐慌就令人髮指。要怎麼知道自己看的到底是「報導」還是「廣告」呢？知名代銷公司廣告企劃不藏私的透露讓你知道。

電視台與房地產業者跨界合作已非新聞，通常都會有包套的優惠價，例如「兩分鐘新聞加上多少秒的廣告N則」專案優惠價多少錢。這是怎麼操作的呢？

新聞類

將建案周邊的素材影片調出來，把建商想強調的某重點包進去，例如「捷運增值空間」，新聞就會製作一個短短的報導，說A區環境如何好，又有捷運，專家說怎樣怎樣好，不著痕跡地把某特區帶進去，觀眾就會打電話去電視台問或是跑去看房子了。

節目類

找名嘴分享討論的節目也可以被操作，被採訪報導的建案可能就是建商提供的成屋，要找哪幾位老師上台分享，該節目要先跟建商溝通過，太機車的不要、老是唱衰房地產的不要。上節目的名嘴老師不一定都要說正面的優點，但是與該建案有關的缺點只會點到為止，投票也不會一面倒，總有一兩個人偶爾投反對票。雖然不見得每個名嘴都是這樣，但，有的會這樣；尤其如果名嘴本身也從事房地產生意的就更要注意。

觀眾看節目時要多轉幾台，多聽多看，最重要的是：實際去現場看看，就知道置入性廣告的真假。

是新聞還是廣告？

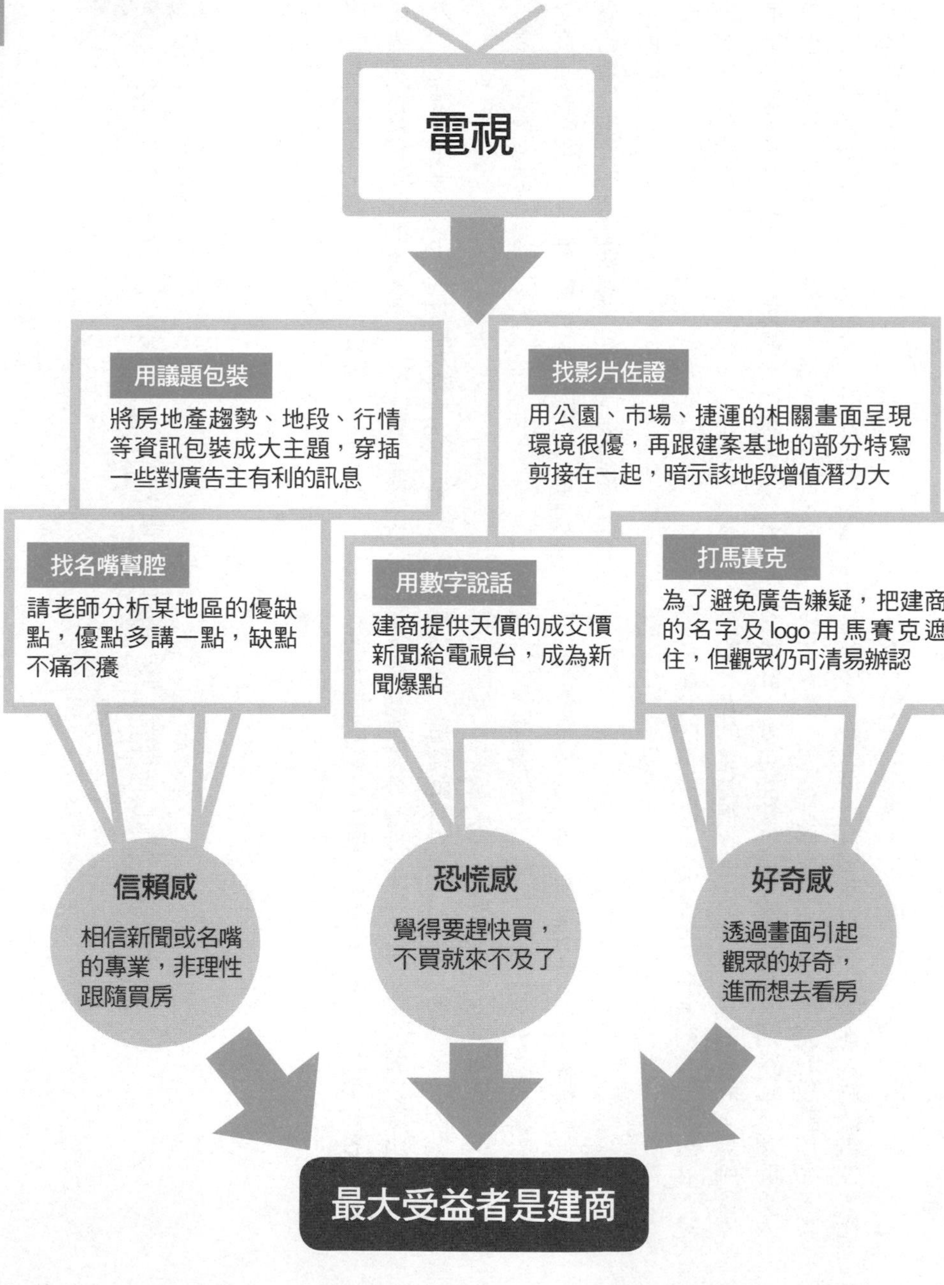
電視
用議題包裝
將房地產趨勢、地段、行情等資訊包裝成大主題，穿插一些對廣告主有利的訊息
找影片佐證
用公園、市場、捷運的相關畫面呈現環境很優，再跟建案基地的部分特寫剪接在一起，暗示該地段增值潛力大
找名嘴幫腔
請老師分析某地區的優缺點，優點多講一點，缺點不痛不癢
用數字說話
建商提供天價的成交價新聞給電視台，成為新聞爆點
打馬賽克
為了避免廣告嫌疑，把建商的名字及logo用馬賽克遮住，但觀眾仍可清易辨認
信賴感
相信新聞或名嘴的專業，非理性跟隨買房
恐慌感
覺得要趕快買，不買就來不及了
好奇感
透過畫面引起觀眾的好奇，進而想去看房
最大受益者是建商

Q9

假的真的，如何看透雜誌房地產置入性廣告？

光電視節目就可以有這麼厲害的置入性廣告，平面媒體可以用的文字更多，豈不是更可以置入？答對了，房地產廣告是報紙和雜誌的大客戶，除少數客觀中立的媒體外，平面媒體或多或少都有置入的痕跡可循。

廣告專輯、房地產特刊

這一類文宣通常擺明這就是廣告企劃的內容，是有收房地產廣告費所製作的專題報導，讀者較易分辨它與內文的不同。

跟內文混淆的廣編稿

這一類的業務是業務部負責，非編輯台內容，但是寫的跟報導很像，針對建案或房地產趨勢大加分析，如果你讀起來發現怎麼都是說一家之言，或者都是加分的優點，就很可能是置入性廣告。

報導內容廣告化

有些媒體的編輯台默許置入性廣告，如果你看到某篇報導採訪某某公會理事長，文章中又特別強調某一兩個建案，這種就可能是「假中立客觀」，因為該理事長可能就是某建案的幕後金主。文章如果又進一步提到「每坪飆破八十萬（或某天價數字），還熱銷五成」，這種不合常情的內容，高達五成是置入性廣告。

室內裝潢或家具報導的置入

因為建案的新成屋可能是某知名室內設計師設計，室內設計類的雜誌很喜歡這類有質感的空間、燈飾或家具設計，就可能接受採訪的邀請。通常這一類的置入比較客觀，因為就是帶領讀者看漂亮的設計作品、談設計概念或建材家具等內容，知識性大過廣告性，比較沒有誤導的爭議。

是新聞還是廣告？

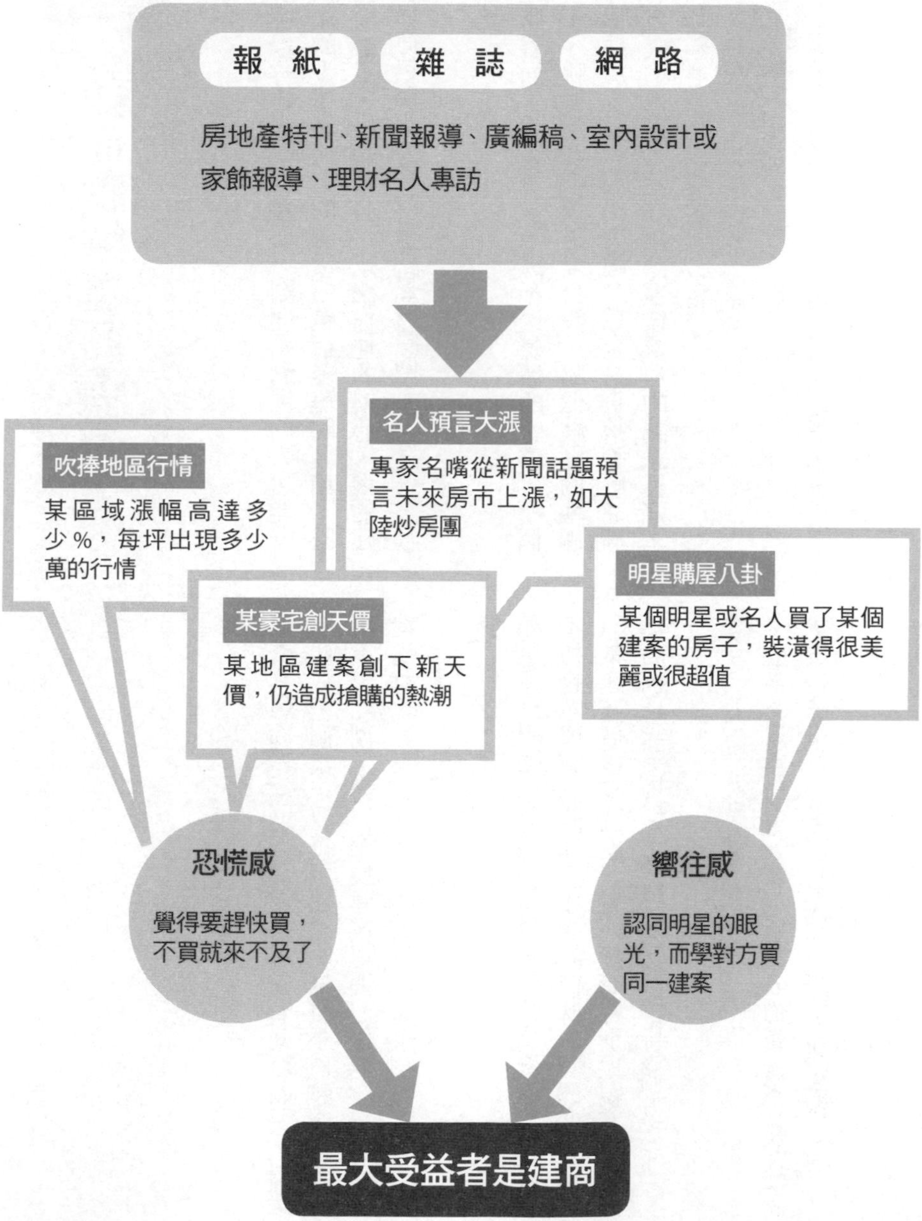
報紙
雜誌
網路
房地產特刊、新聞報導、廣編稿、室內設計或家飾報導、理財名人專訪
吹捧地區行情
某區域漲幅高達多少%，每坪出現多少萬的行情
名人預言大漲
專家名嘴從新聞話題預言未來房市上漲，如大陸炒房團
某豪宅創天價
某地區建案創下新天價，仍造成搶購的熱潮
明星購屋八卦
某個明星或名人買了某個建案的房子，裝潢得很美麗或很超值
恐慌感
覺得要趕快買，不買就來不及了
嚮往感
認同明星的眼光，而學對方買同一建案
最大受益者是建商

Q10 如何瞭解建商信譽？

買房子挑選「建商」很重要，剛開始看屋的人可能一看到氣派的大樓、便宜的總價或美侖美奐的裝潢，眼睛就被蒙蔽了。好的建商可以讓你住的安心，壞的建商會讓你荷包傷心。誰能幫你瞭解建商？

報章雜誌

不肖建商若捅了大簍子多半逃不過媒體的報導，哪個房子倒了、哪個建商把車道變公設、哪個社區的地磚裂了、哪棟房子地震震出問題？這是最直接瞭解建商信譽的方式。但是，若該建商事後處理的誠意良好，不妨列為觀察名單，而非黑心名單。

網路搜尋

在網路上寫抱怨文已經成為受害住戶一吐怨氣的管道，上網隨意敲幾個關鍵字：不肖建商、黑心建商，就可以查到建商過去的惡行惡狀。當然有些是誇大的言論，有些只是個案，要特別注意的是有不肖建商會改名字再重出江湖，蓋一個爛建案再換一個名字，小心「一案建商」。

仲介口碑

如果你打不定主意到底是買新成屋好還是看中古屋好，不妨趁看屋時詢問仲介建商的口碑，有的仲介會告訴你某建商價格特別硬、有的建商特別重視石材、有的建商就是愛羅馬柱，多跟仲介聊聊也是個方法。

公平交易委員會

「公平交易委員會」會不定期公佈廣告不實的建商名單與違法事實，是較為客觀公正的資訊來源。

「台灣誠信建商」優良品牌認證

www.formosa21.com.tw

1. 為「公司組織」，加入「建築開發公會」
2. 具有固定「公開對外」的營業場所
3. 定期繳納「國稅及地方稅」
4. 與金融機構往來「信用記錄」正常
5. 公司設立時間 3 年以上
6. 資本額 2500 萬元，已有取得使用執照之「業績」30 戶或銷售金額 2 億以上
7. 近 5 年內，未曾違反公平交易法規而被「處分確定」
8. 與客戶產生消費爭議時，「勇於負責並積極處理」
9. 在消基會無消費者申訴暨未結案件
10. 在各級法院中無重大「購屋糾紛訴訟」案件

得獎紀錄

很多人認為得獎紀錄不可信，但是對相對弱勢的消費者而言，獲獎的建商總比什麼獎都沒有的讓人安心。「國家建築金獎」及「國家建築金質獎」等，都是頗有公信力的獎項。

代銷業者

代銷業者當然不會說自家的建商是黑心建商，但是可以藉由代銷的說明瞭解該建商過去蓋過哪些房子，回頭再透過其他管道查詢那些建案的評價。

住戶口碑

該建商的住戶是最能真實瞭解建商信譽的管道，不妨到該社區跟管理員和住戶聊聊有無糾紛；或是到建案林立的地區去用餐，有人因此而聽到跑單小姐不小心說出建商的真面目喔。

眼見為憑

實際到你有興趣的建案基地瞧瞧，看看是怎麼施工的？鋼筋有沒有亂綁？工人的素質如何？從中也可略窺建商良莠一二。

Q11 跟誰買房比較好？

買房管道何其多，根據調查有約八成的民眾是透過房屋經紀公司，也就是房仲業者購屋，難道找屋主自售或親友買房子不好嗎？無論你選擇哪一種方式，都可找地政士幫忙在銀行開立「不動產買賣價金履約保證專戶」（簡稱履保專戶），由買賣雙方支付開戶費用，費用約總價金的萬分之六，就能保障交易安全。

跟房仲業者買房

• 優點：有品牌的房仲可提供完善的看屋與購屋服務，對消費者較有保障。而且事先會進行產權及屋況調查，更是買賣雙方議價與溝通的橋梁。房仲也可協助申請房屋貸款或拉高貸款成數；也有合作的地政士可協助進行過戶、支付稅費等事宜。能完整服務到買賣雙方兩造結清、交屋為止，若有問題大多還有半年的保固服務。

• 缺點：找仲介，買賣雙方都得付仲介費。若遇到黑心仲介可能跟屋主勾串或大玩兩面手法，藉此賺取價差和仲介費。更可怕的是，有些炒房的大咖投資客也加盟仲介，甚至乾脆當老闆，你買到的可能就是投資客貴貴的房子。

跟廣告代銷公司買房

• 優點：大多是專業承攬建商的案子，因此從屋況到交屋都有專業的管理及買賣流程。

• 缺點：跑單小姐一張嘴可以把死的說成活的，有時很難分辨房子的好壞，容易被沖昏頭。

跟自建自售的地主買房

• 優點：可省去仲介費、相談甚歡時有可能可以談到低於市價很多的漂亮價格。

跟誰買房好，超級比一比！

	優	缺
房仲業者	專業、服務完整	· 買方要付 1%～2% 仲介費 · 賣方要付 3%～4% 仲介費 · 投資客可能就是房仲業者
代　銷	專業，服務完整	· 可能被跑單小姐的言詞蒙蔽
自建自售地主	可省去仲介費並有機會買到低於行情價的房子	· 可能遇到假屋主 · 房子的相關調查資料得自己來 · 鮮少後續服務
親朋好友	熟悉屋況與環境，品質較安心，還有機會談到好價格	· 親友有時候反而難議價 · 後續流程都得自己想辦法

・缺點：可能遇到假屋主，真仲介；若是真地主，屋況、產權調查、簽約用印完稅等都得自己找地政士幫忙。鮮少有後續服務，若屋況有任何問題，買方得自行負責；屋主可能會覺得銀貨兩訖，那是你的問題。打電話給屋主，屋主可能已經移民或假裝沒接到後續電話。

跟親朋好友買房

・優點：可省去仲介費，若是親友的房子，對屋況、環境都較為熟悉，比較不容易買到有問題的房子。

・缺點：親友難議價，而且可能為了賣給你，一味說正面的優點；後續買賣交易流程都得自己想辦法處理或花錢請地政士幫忙。

Q12 Why 你為什麼想買房子？

「你為什麼想買房子？」這是一個很關鍵卻很容易被忽略的問題，當你想清楚自己買房子的出發點後，才不會被媒體、代銷、房仲、名嘴……眾多紛擾的聲音牽著走。不會在「房價即將高漲」與「房價即將泡沫化」兩股拉扯的聲浪中迷失，更不會為了買房子而買房子，卻忽略本身的條件與還款能力。

為了自用

如果你買房子是為了自用，思考判斷的重點請回歸本身需求：是因為結婚成家？還是想換屋？是想擁有一個獨立自主的空間？還是要當辦公室？例如：有小孩的自住型購屋，要找有學區、課輔班等環境。根據不同的需求，選擇的房屋類型也不同，考量的關鍵也不同，必要時得犧牲某些太過完美的夢想。

想投資理財

如果你買房子是為了投資，地段絕對是加分要點，投資客間流傳一句名言：「寧可買A級地段的D級房子，也不買D級地段的A級房子。」因為地段代表增值潛力與熱門搶手度，若地段差就很難轉手。

購屋若以投資理財為出發點，還需審慎評估個人資金調度以及政府課徵奢侈稅的問題，若兩年內轉賣，投資報酬率有可能不敵要繳的稅費，若再加上裝修費用，整體的投資成本勢必大幅增加，可考慮延長持有時間，改賣為租。

想當包租公

當包租公很吸引人，也有不少人是買房子「請房客付租金繳房貸」的；然而，如果你每月租金收入只能勉

購屋目的不同，要考慮的也不同

強跟房貸打平，就必需把房屋裝修、添購熱水器、舟車勞頓收租、處理租賃糾紛等支出也視為成本，整體的投資報酬率就未必划算。

買給子女

如果你是為了兒女買房，最好能跟子女溝通清楚彼此的期望值，以免好心變傷心。長輩希望離家近，兒女卻可能希望離公司近；長輩覺得透天獨棟好，全家可以一戶一層樓，兒女卻可能希望住電梯大樓。此外，頭期款誰出？貸款誰付？登記誰的名字？都要先有共識，多溝通才能買到皆大歡喜的好房子。

此外，若是以贈與的方式為子女置產，可把握每年兩百二十萬的免稅額。

Q13 What 你想買哪種房子？

房子的分類如果用專業的方式來談，以前的「樓ㄚ厝」、「別莊」、「透天」就變成聽起來很無趣的「獨立住宅」、「集合住宅」等分類，簡單說，住很多不同住戶的就是集合住宅，公寓、套房、電梯華廈、社區大樓等都算；從地下室到屋頂都是你家的透天厝或別墅就是「獨立住宅」。

公寓坪數實在

「公寓」通常泛指只有四、五層樓的住宅，通常沒有電梯，也沒有管理員，樓梯間的打掃也得自己來，電燈壞了記得拿梯子上去換，停車位得另外租，信件沒人代為簽收……。如果你是有小嬰孩的家庭，得想想日後得拎著小孩跟滿手戰利品爬上樓的慘狀。此外，沒有管委會，所以敦親睦鄰很重要，不然樓上馬桶堵住，你家遭殃。

不過公寓也有許多優點，比如公設比低，不用繳管理費，房價比新成屋便宜。

電梯華廈公設比低

「電梯華廈」重點在於有「電梯」，台灣規定六層樓以上的住宅必須裝設「電梯」，所以對有小孩或老人的家庭很方便；依據戶數多寡又有雙拼、三拼等區別，公設約十三％到二十五％不等。華廈不見得都有管理員和停車場，住戶間說好分攤多少公共水電、請人打掃樓梯，輪流去繳錢就ＯＫ了，所以部分缺點跟公寓類似，也沒有游泳池、健身房等公設。

社區型大樓住戶多

具有規模的社區型大樓式的集合住宅有管理員、有門禁、有社區清潔服務、停車位、可能有健身房和花園

台北市買電梯住宅的人最多

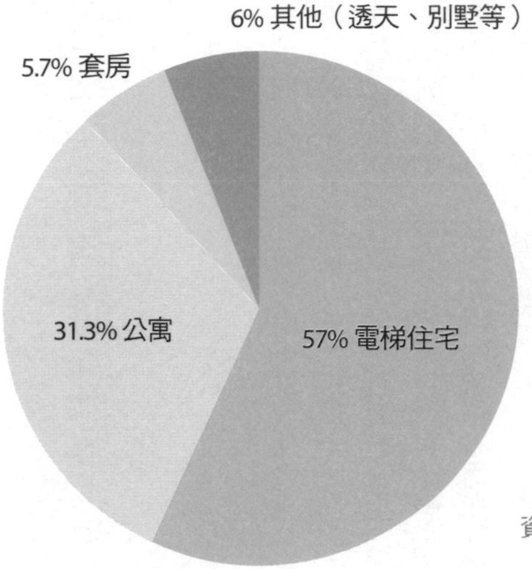

99 年 1~11 月間
台北市電梯住宅產品佔總成交量體的 57 %，居第一名；公寓產品為 31.3% 居第二名；第三名的套房產品僅佔 5.7%。

資料來源：太平洋房屋物件成交資料

等設施，工作再晚也不用擔心垃圾車跑掉，因為有集中處理區，安全性與管理較好，也有雙拼、三拼等規格。缺點是每坪要繳五十到一百元不等的管理費，房價內含三十%以上的公設，還有龍蛇雜處的住戶群。

套房總價低

買小套房的若不是投資客，那可能就是單身貴族或新婚小夫妻。小套房坪數不大，從五坪到十五坪都有，也有建商推出坪數較大的「豪宅小套房」，有的公寓內隔成套房賣，有的社區刻意規畫一小間一小間的套房鴿子籠產品。要注意的是，套房貸款成數較低，而且要脫手轉賣不易。

透天厝最自在

透天厝的好處是獨門獨戶，不用擔心鄰居素質，也不用繳管理費。從地下室到屋頂都是自己的，車子愛停哪就停哪，想種花就種花；子女多的大家庭還可以分層住，彼此關心卻不影響隱私……不過，安全性沒有社區大樓好，而且打掃起來很累人。

Q14 Who還有誰要住進來？

在挑選購屋地點時你應該同時考慮「誰要住進來？」而這個「誰」最好往後多想個五到十年以上，你的人生規畫藍圖長怎樣？同時也應考量是否有社交上的需要？例如親友常來你家聚會嗎？未來是否有結婚生子的打算？父母長輩的身體狀況如何，會不會需要你就近照顧？甚至是……有沒有養寵物？

單身貴族和三代同堂的家庭需要的住宅規模大不同，當然，你可以一個人住一棟透天厝，但房子太大晚上總會有點寂寞有點冷；小家庭也許可以窩在一間小套房裡，但隨著孩子長大，擠來擠去也會擠出磨擦來。

■單身貴族：套房

如果只有一個人住，可以選擇總價低、負擔小、交通便利的套房，最好有合法挑高夾層，空間較有變化。然而套房因為戶數多、租客多，居住分子會比較雜。

■小家庭：二至三房

許多人買房子是為了結婚，這時最好選擇兩房到三房才夠，多出來的房間可以做書房、客房或儲藏室，未來若生小 Baby 也可以彈性始用；若計畫生兩個以上的小孩，那麼考慮到小朋友長大後的空間需求，以及未來要招待、照顧長輩等，三房是最普遍的需求。

■三代同堂：四房以上或透天厝

為了讓三個世代的人都有自己的獨立空間，建議選擇四房以上的大坪數，或是買兩戶打通變成大空間。如果長輩的身體還硬朗，不怕爬樓梯，透天厝也許是更好的選擇，因為一整棟都是自己的，不需顧慮上下層的鄰居，使用最自在，又能夠保有自己的小空間。

連連看，你該買哪種房？

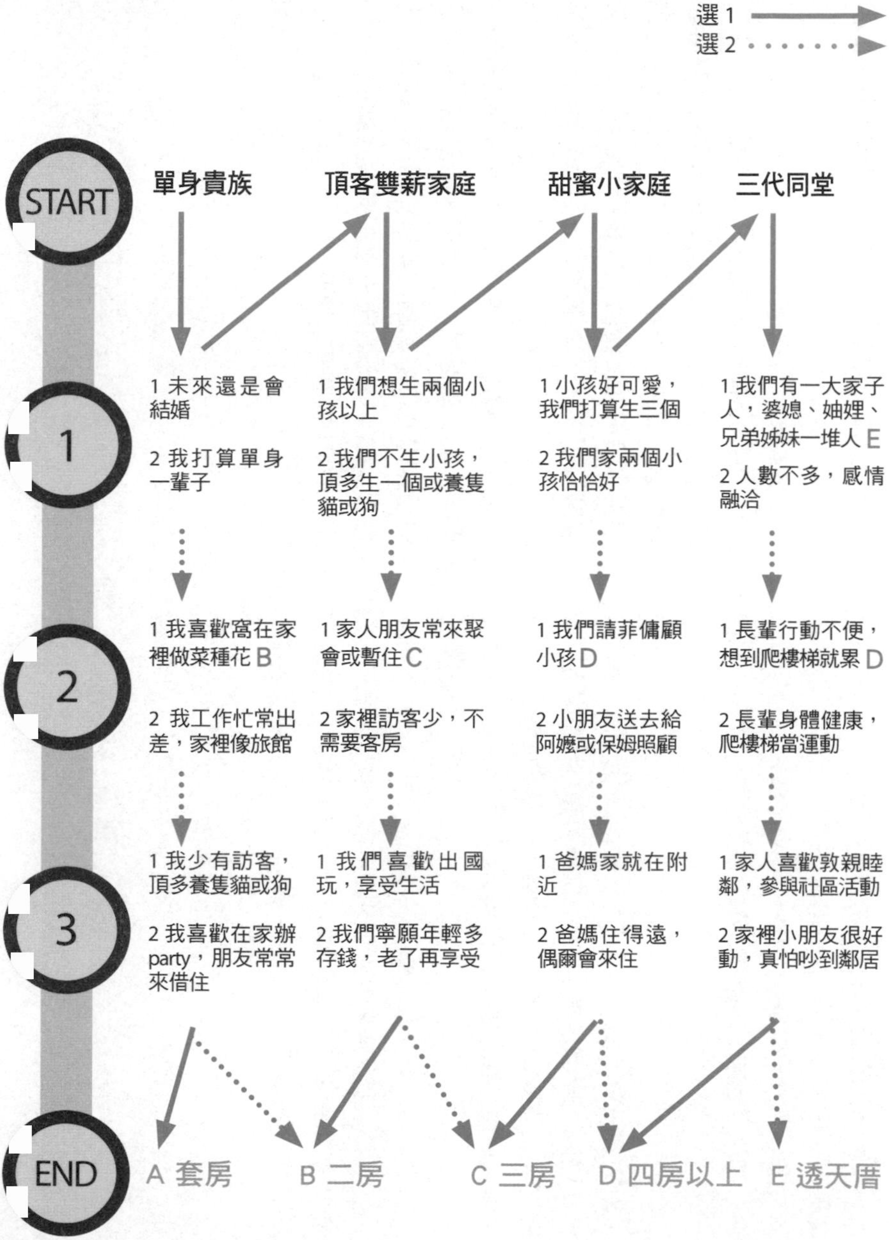
選 1
選 2
START
單身貴族
頂客雙薪家庭
甜蜜小家庭
三代同堂
1
1 未來還是會結婚
2 我打算單身一輩子
1 我們想生兩個小孩以上
2 我們不生小孩，頂多生一個或養隻貓或狗
1 小孩好可愛，我們打算生三個
2 我們家兩個小孩恰恰好
1 我們有一大家子人，婆媳、妯娌、兄弟姊妹一堆人 E
2 人數不多，感情融洽
2
1 我喜歡窩在家裡做菜種花 B
2 我工作忙常出差，家裡像旅館
1 家人朋友常來聚會或暫住 C
2 家裡訪客少，不需要客房
1 我們請菲傭顧小孩 D
2 小朋友送去給阿嬤或保姆照顧
1 長輩行動不便，想到爬樓梯就累 D
2 長輩身體健康，爬樓梯當運動
3
1 我少有訪客，頂多養隻貓或狗
2 我喜歡在家辦 party，朋友常常來借住
1 我們喜歡出國玩，享受生活
2 我們寧願年輕多存錢，老了再享受
1 爸媽家就在附近
2 爸媽住得遠，偶爾會來住
1 家人喜歡敦親睦鄰，參與社區活動
2 家裡小朋友很好動，真怕吵到鄰居
END
A 套房
B 二房
C 三房
D 四房以上
E 透天厝

Q15 Where1 住哪裡好，地段真的是王道嗎？

地段是首要條件？

美國富豪川普的名言：「Location, Location, Location」是許多人奉為圭臬的購屋指引，但若要以此做為購屋的標準，上班族除了縮衣節食外還得犧牲坪數及對生活品質的要求。問題是，所謂的「好地段」符合你的需要嗎？更重要的是，你心目中認為的「好」是什麼？

投資客常說：「寧可買好地段的爛房子，也不買爛地段的好房子。」然而，如果你不想讓自己變成一味追逐好地段的「屋奴」，最好還是先墊墊荷包斤兩，換算一下哪些周邊條件是可以割捨的，用時間換取空間和金錢，找一個中間值，才是合理又務實的做法。

交通

鄰捷運站是大家的最愛，但假使你每天上班在內湖，下班要回永和婆家接小孩，假日又要回北投的娘家吃飯，相信就算是信義區捷運站的房子，也會被你打個叉。所謂的交通方便，還要看你的生活圈而定。

環境

前有河景後有公園，這樣的生活環境聽起來真是愜意，但，你一個月實際去公園幾次？還是每個周末都被做晨操的音樂聲吵醒？想清楚，你需要的究竟是夜市還是公園，是美麗的河景還是一坪可省下五萬出國旅遊？

生活機能

你有小孩嗎？務實點，離學校近才是你的好地段。如果附近又有市場、醫院、商圈、銀行那更好，你可以一個早上就把送小孩、買菜、陪長輩看醫生、跑銀行等待辦事項全部辦好；缺點是得忍受擁擠的人潮。

勾勾看，哪些是你的「好地段」

交通

□ 捷運	你能否接受捷運周邊出出入入的人潮？ 距離捷運出口幾分鐘是能接受的範圍？
□ 其它交通設施	公車站、火車站或高鐵站都很方便 開車族可挑容易上高速公路、快速道路的地段
□ 離長輩家近	有長輩要就近照顧？ 有小孩需要娘家或婆家就近照顧？
□ 工作地點	嚮往「離家近」的工作嗎？通勤時間多久是你可以接受的範圍？

環境

□ 靜巷	馬路後第一排的靜巷宅離交通要道不遠，又沒有車聲噪音和飛揚的灰塵，是許多人的最愛
□ 馬路	緊鄰馬路的住宅雖然較吵，但還是優於面對防火巷或死巷的房子，記得選好一點的氣密窗，隔絕噪音
□ 公園	你會去公園散步？運動？遛狗？帶小孩去溜滑梯？ 還是為了買一個感覺？
□ 景觀	海景：海風大，家具、電器、建材的壽命會比較短 山景：濕氣重，常會有壁癌塵蟎，及土石流的隱憂

生活機能

□ 學區	有小孩的家庭，學校是重要的考量， 但是你能忍受每天早晚噹～噹～的鐘聲嗎？
□ 市場	你家開伙嗎？還是有便當店就可以了？ 你習慣到傳統市場買菜還是連鎖超市？
□ 醫院	有長輩跟小孩的家庭，最好不要離醫院太遠
□ 商圈	聽起來很方便，但你想天天逛街嗎？ 還是希望逛街的人天天在你家附近出沒？

Q16 Where2 住哪裡好，哪一類的房子勝出？

台灣只有三萬六千一百八十八平方公里這麼大，在有限的土地上，要興建新的住宅只有兩條路可選擇，其一是拆掉舊的，蓋新的；其二是往都市周邊發展，也就是發展所謂的新市鎮、新特區、重劃區。在思考住哪裡好這個問題時，你也可以從「類型」來篩選。

成熟的住宅區

如果你希望住在生活機能等條件相對成熟的地區，那就往人口稠密的地區找房子，除了屋齡、屋況新舊、地點等因素外，社區戶數多寡也要注意，人多口雜，也會影響房價。

都市更新的老屋

都市更新題材炒的沸沸揚揚，住在舊公寓舊社區的民眾多希望自己住的地方有機會被更新一下，四十坪的房子瞬間變成一百坪以上，你是否也動過「買間黃金地段可能都更的舊房子，等著蓋大樓換大坪數兼數鈔票」的念頭？等等，你知道都更要花多少時間規畫、溝通和協調嗎？你買的房子會不會更新是一回事，有機會更新，如果遇到釘子戶不肯搬又是另一回事，等到建商大興土木交屋又是好幾年以後的事情了，如果你不是錢多多的投資客或不在乎等多久的人，還是別把青春浪費在這上頭吧。

特區、重劃區、新市鎮

住在某副都心、某重劃區、某特區或某新市鎮好不好？若以市中心為同心圓，上述這些地區大都屬於都市外圍新開發的住宅區。市中心的房子貴，人盡皆知；如果你的預算有限，也能忍受較長的交通時間，也不太在乎周遭生活圈是否十分成熟，這些新地區不失為選

成熟地區超便利，新市鎮相對便宜

	成熟的住宅區	都市更新地區	特區、重劃區、新市鎮
生活機能	成熟	成熟	逐步發展中
位置	都市內	都市內	都市外圍
交通	便利	便利	離市中心遠
房價	貴	未來看漲	相對便宜
住宅稠密度	稠密	稠密	較空曠，整齊有規畫
增值潛力	看地段	看漲，但曠日廢時	不一定

項，畢竟，房價跟成熟的市中心相比，相對便宜許多。但是，如果你是因為廣告說：某某特區即將上漲、未來增值潛力無限、擔心此時不買未來更貴等因素而購屋，而非個人實際上的需求，那請你三思而後買，也可以多問問已經入住的過來人「住屋心得」。

Q17 How 頭期款從哪裡來？

近年房價屢創新高，我們常常在報紙上看到，上班族想買房，要十幾年不吃不喝才買得起。這當然只是誇張的說法，卻也反映出小市民面對高房價的無奈。

實際上除了極少數大財主有可能用現金買房外，大部分人買房子的資金都是透過銀行貸款。向銀行申請七成的房屋貸款並不難，真正困難也最讓購屋者頭痛的，是「頭期款從哪裡來」？除了把死薪水日積月累存起來之外，還有別的辦法嗎？

金主親友慷慨相助

採訪理財專家朱成志時，他曾經提出一個論點，他建議青年朋友可以先買小屋再換大屋，而且要懂得善用「買房子」這個名正言順的理由，大膽跟手頭寬裕的父母或岳父母借錢，長輩普遍樂見子女「成家立業」，成功借款的機率頗高，不但還款時間和利息都好商量，有了房子這個「資產」後，還會進一步敦促你存款還錢，避免亂花錢等「負債」行為。

啟動理財計畫

購屋不是靈光一閃，刷一張卡就有的事情。購屋前就要仔細評估個人或家庭的理財版圖，精打細算哪些是必須生活費、哪些是可有可無的支出、是不是賣車改搭大眾交通工具等等。同時啟動積極面的投資計畫，例如買股票、基金，抑或是要走傳統的「標會」攢錢法？還是要兼差賺錢？一分一毫都要錙銖必較，購屋基金就是這麼來的。

善用婚禮收入

俗語說「結婚成家」，結婚收到親友的祝福「禮金」、

頭期款要怎麼存？

開源	節流
向親友借錢	把結婚收入存起來
買股票	省吃儉用
買基金、外幣、黃金等	記帳
買樂透	克制物慾
標會	減少交際應酬
兼差	自己帶便當
以屋養屋	搬回家住省房租
把不用的東西賣掉	銀行定存
信用貸款	
保單質押借款	

父母給的嫁妝、公婆送的大小聘金……甚至是金飾銀飾，這些婚禮祝福也是「成家」預備金，只要夫妻雙方有能力支付後續貸款費用，結婚收入正可做為置產的頭期款呢。

以屋養屋

對於已經擁有第一棟房子想換屋的人，可以考慮先把現在的房子租給別人，讓房客付房租替你繳房貸，自己則是先去租便宜的房子或是隔間分租；不僅手頭較寬裕，也能藉此累積買第二間房子的資金，有不少人就是用這個方法「以屋養屋」而順利擁有第二間房子的唷。

Q18 When 何時是最佳購屋時機？

三二九、九二八，這不是樂透報明牌，而是房地產界約定俗成的房市銷售黃金檔期，上半年落在過年後，下半年則是暑假結束後。不過，景氣起起伏伏，加上最近因政策性打房，導致「檔期效益」遞減。自住客應該設定自己的購屋價格帶，把握利空時機出手購屋，但不要一心奢望房價長期利空。看到喜歡的好房子，還是要趕緊把握。

三二九，九二八檔期

在房地產業有所謂的三二九檔期和九二八檔期，這兩個時間點其實就像是百貨公司的周年慶，各家業者莫不摩拳擦掌、大打廣告推案，推出看屋禮、賞屋表演等活動，希望吸引更多來客看屋。

過去沒有周休二日，所以房地產業者選在第一季末、農曆春節過後推案，以測試該年度的房市水溫；下半年則挑過完農曆七月跟暑假推案；久而久之，就變成約定俗成的兩大檔期，藉此拉抬買氣。不過，現在人買房子的時間點已經不這麼集中，兩大黃金檔期只能視為案量比較多的時間點。

農曆七月輕鬆談價格

傳統農曆七月是俗稱的「鬼月」，被稱為「諸事不宜」的月份，不宜徙移（搬家）、不宜入宅（喬遷）、不宜出火（遷移祖先或神明牌位）、不宜安門、不宜安床、不宜安灶（爐具）、不宜作廁（修廁所）等等。但如果你沒有鬼月買屋的禁忌，仔細翻開農民曆，七月的好日子還真多，不防挑此時搶便宜，競爭的人少，價格也好砍。若心裡還是毛毛的，也可在農曆七月先看屋、簽約、過戶，等鬼月結束再搬遷入宅。

鬼月看屋注意什麼？

宜	不宜
・可看房屋 ・不論預售、成屋或中古屋，皆可下訂 ・可簽約 ・可過戶	・不宜徙移 ・不宜出火 ・不宜修改格局 ・不宜入宅 ・不宜安門、安灶、安床

萬一不得已需要搬家或修改格局，仍有變通之道，最好找黃曆擇吉時搬家，再以鮮花素果或小菜，祭拜神明或土地公，即俗稱拜「地基主」。

把握即將完銷的最後一戶

在建案即將收尾、完銷的階段也是搶便宜的時機。不過，通常這類房子的樓層、座向等條件都沒有太多可選擇的，如果你不介意，也可以多注意喜歡的建案何時即將完銷，代銷業通常因為想快點結案，加上先前賺的「溢價」，最後幾戶是有可能以低於行情的價格出售的。

在景氣下降或持平時買預售屋

很多人想知道買「預售屋」會不會比新成屋便宜？這個問題需跟當時的房地產景氣一起看，如果建商看好兩三年後交屋的景氣，預售屋的價格未必會比較便宜，因為你買的是未來漲價後的房子；但是如果景氣持平或房價下跌中，買預售屋就有可能比新成屋便宜。

政策利多時

當房市過熱，央行與政府都會出面干預，不論是緊縮建商的貸款額度或是課徵奢侈稅、空地稅，對購屋者而言正是利空的購屋好時機。

19 用時間換取空間跟金錢 眼光精準的上班族媽媽真心話

真心人物
第一次買房的上班族媽媽　李雲（匿名）

一定要把底線講清楚，讓對方知道你的口袋就這麼多，再多也沒有了。

住在高雄的李雲，因為跟老公長年在台北工作，所以長期在台北永吉路附近租屋而居，每個月要付兩萬元的房租，一年前因為租約到期，房東要漲房租，所以跟老公商量乾脆買一間房子算了，省得錢給別人賺還要被趕來趕去的。

先搞清楚自己的需求

因為李雲跟女兒都有過敏體質，所以希望住家的空氣品質好一點，她一開始就先鎖定台北市郊區看屋，先後看過新北市三峽區、樹林、新店等地的房子，發現房價已經上漲了一段時間，以每坪二、三十萬的價格買這樣的地段，讓她有點不情願，因此轉往林口看屋，因為擔心自己無法適應林口的生活環境，因此跟老公講好，先買兩房，以免花了大錢卻不適應新家。

前前後後總共看了半年的房子，自從決定以林口為目標後，就採取積極主動的方式看屋，只要看到喜歡的就打電話給房仲，所以幾乎有品牌的房仲她都找過。她後來以低於屋主開價兩成的成交價買到遠雄的某未來系列房子，戶數只有兩百戶，十分單純，現在每天花三十分鐘開車接送女兒上下學以及到台北工作。李雲非常喜歡現在的新家，格局和採光都良好，而且空氣清新，她女兒的過敏問題不藥而癒。她大嘆：「當初應該買三房的。」

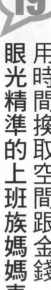

算一算，一坪若省下二十萬，二十五坪就省了五百萬，拿五百萬來當交通費，綽綽有餘了。

只看空屋

李雲是一個很理性的購屋者，「我一開始就跟仲介說好只看多少價位的房子，而且我不喜歡那種有幾千戶的大社區，加上只要兩房，所以目標很清楚。」

而且她「不看有裝潢的房子」，一來屋主的裝潢品味未必跟自己相符，二來裝潢可能是屋主或投資客掩蓋缺點的障眼法，三來屋主可以藉由全新裝潢的名義墊高房價，明明只花三十萬裝潢卻硬說是百萬裝潢，所以她只看空屋。

用數據來殺價

「我很幸運，剛好看到這間房子在預售期間的新聞，媒體有報導當初的售價。」李雲因為在網路上查到相關行情，所以對房仲提出的價格大感吃驚；她又輾轉透過在某大建設公司工作的朋友，查詢該路牌的「屋價指數」，得知該社區前一兩個月的最新成交行情，所以她二話不說，立刻大砍了仲介兩成的房價。

李雲看到我欽佩的眼神，連忙說：「還有人說應該從三成砍起的。」因為心中已經有了一把成交的行情尺，所以不管房仲怎麼說目前的行情多少，她就是不鬆口。

「你難道不會因為很喜歡這間房子就多少加一點嗎？」我問。

「不會耶，大概是我很理性吧。」所以當最後她終於跟屋主見面，為了最後二十萬的尾數僵持不下時，她就以「預算就這麼多」、「該地區的成交價」和「家人反對」等三大理由成功說服屋主，買到她心目中的理想家。「也有人用挑毛病的方式來殺價的啦，」她補充。

堅持底線

「房仲當然會想要賣貴的房子給你，這樣他們佣金才賺得多，但是你一定要把底線講清楚，讓對方知道你的口袋就這麼多，再多也沒有了。」李雲露出堅定的眼神說。

Part 2
房子這樣買
出發去探索

Q20 預售屋、新成屋、中古屋優缺超級比一比？

想清楚自己的購屋需求後，接下來讓我們出發去探索，比較一下預售屋、新成屋和中古屋的優缺點。以目前的房地產交易量來看，中古屋仍是最多人的選擇。

預售屋

走進裝潢高雅的預售中心，是買未來夢想的開始。因為還沒施工，你只能憑著現場的３Ｄ立體圖、建材展示和漂亮的「樣品屋」來判斷未來住宅的樣貌，因為沒看到實際成品，也無法保證品質良好。

實際交屋大約要等一到三年不等。最大的風險在於如果碰到不肖建商，蓋一半就落跑，消費者有可能錢去樓空，好在二〇一二年五月開始政府規定建商必需開立「履保專戶」，可保障購屋者權益。

預售屋的好處是，錢可以慢慢繳，適合自備款不足又不急著搬家的人。

中古屋

只要住過的房子就算是中古屋，因此四十年的老公寓與幾乎沒人住過的新社區大樓都是「中古」；價格比新成屋便宜，但是可能有年久失修，漏水或管線需重牽等屋況不佳的問題，還需要額外增列一筆整修費用。

新成屋

全新落成的房子和預售其間沒賣完的房子都算是「新成屋」，屋況較佳，價格較高，較少購屋糾紛，但是因為沒人住過，房子也尚未經過風吹雨打的考驗，所以無法判斷真實的品質。好處是可以立即入住，省掉漫長的裝修等待的時間。

新屋、舊屋還是預售屋？

	預售屋	新成屋	中古屋
	買一個未來的家	看得見的夢想宅	別人住過的房子
優點	・錢可以慢慢繳 ・可以改變格局、廚具衛浴等	・新 ・可立即入住	・便宜 ・可得知鄰居素質
購屋風險	・施工時間長達1到3年，無法立即入住 ・蓋好跟預售藍圖可能不同 ・不肖建商蓋一半就落跑，消費者錢去樓空	・沒有人住過，無法得知施工品質是否有瑕疵	・可能住到有問題的房子 ・屋況老舊，需額外增列一筆整修費用 ・房屋的平均使用壽命只有50年，要注意結構上的安全性
自救之道	・到現場監工 ・保留所有廣告文宣，一一清查是否和當初規畫的一樣 ・選擇有信譽的優良建商	・若有問題可訴請管委會出面與建商協調	・可請仲介提供屋況說明，並上凶宅網查詢 ・善用仲介六個月的保固期處理漏水壁癌等問題
屋況	無法預知	眼見為憑／佳	良莠不齊
售價	高 （買未來的房價）	中	低
仲介費用	無	無	1-2%
自備款	低 有些還有「工程期零付款」等優惠	中 約佔總價二到三成	高 約佔總價三到四成

Q21 買自地自建自售的房子好不好？

自地自建自售的房子以台灣中南部最為常見，一方面是土地比北高等都會區容易取得，二來是在地的居住習慣使然。目前已經是一個專業分工的時代，因此，「地主」自地自建自售的狀況已經逐漸被「中小型建商」自建自售所取代。換言之，從土地取得到營造銷售的流程跟大型建商別無二致，最大的差別在於「品牌」與「品質」。

品質良莠不齊

某種程度來說，小型建商也就是地主，小型建商向地主買地後，在相對小的土地面積上蓋房子，再委託銷售人員賣給你，所以消費者的對話窗口還是銷售人員而非地主；由於小型建商較缺乏品牌知名度，消費者比較難判亂良莠，如果是第一次自建自售的地主，消費者更要格外小心，請仔細看看「建築師」、「營造廠」等資料，才能確保買到好品質的房子。除非地主本身有營造相關的人脈，否則，不諳營建的地主要蓋房子賣你，還真有幾分風險呢。

好在，自地自建自售的房子大多是「邊蓋邊賣」，或是「蓋好才賣」的新成屋，消費者可眼見為憑，也比較不用擔心地主可能蓋一半就跑掉的「預售屋」問題。

議價空間大

因為中小型自地自建自售的房子「起造人」是個人，所以要繳的契稅比建設公司便宜，而且不會有額外的品牌光環而墊高的費用，加上小建案的管銷花費比大型建案少，所以還是有較多的議價空間，不過，如果建案本身的地段等條件都很優，或是地主財力雄厚，要求相對利潤，房價未必會比大型建商來得便宜。

買大還是買小？

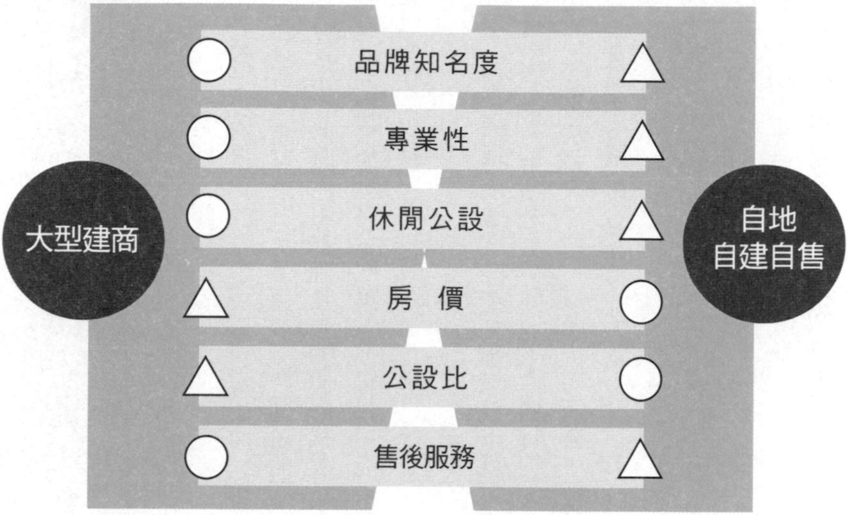

哪裡找自地自建自售的房子？

自地自建自售的房子大多屬於「區域性」建案，又以中南部居多，小型建商不太會砸大錢用大眾媒體銷售，宣傳方式包括：

- 建案現場路旗
- 放置定點廣告招牌
- 使用地區性媒體，例如派報、發 DM 等
- 刊登網路售屋訊息

Q22
月薪只有四萬，買得起房子嗎？

許多人在思考是否有足夠的資金可以買房子時，會擔憂地問「我月薪四萬可以買房子嗎？」在問這個問題之前，你應該先評估自己與銀行往來的信用狀況是否良好，然後再倒過來想：月薪四萬，你每月可以存幾萬？現在已經存多少錢了？

拿出計算機，跟著左邊的算式一起加加減減，就可以算出你的購屋資金。重點是至少要留下六個月的生活開支，切忌把資金都投入房市，以免周轉不靈，導致生活困難，那就失去購屋的初衷了。

評估購屋與還款能力，把握三三五原則

自備款：至少準備三成自備款

每月貸款：不超過家庭月收入的三分之一

購屋總價金：不超過家庭年總收入的五倍

省錢思考術

月收入四萬可以買房子，但月收入十萬卻可能買不起房子；關鍵在於能「存多少錢」，想想看，你有哪些錢是可以省下來的？當購屋計畫啟動，省錢計畫也必須同步啟動。

- 在家看電視、上網取代看電影，或是改看二輪電影。
- 在家開伙取代外出吃大餐。
- 國內旅行取代國外旅行，或是利用旅展搶便宜。
- 改用年繳保險費取代月繳保險費。
- 手機費用調為最低金額，並降低手機聊天時間。
- 多走路，改搭乘大眾交通工具取代開車養車的花費。
- 請婆家或娘家幫忙帶小孩省下保母費。
- 隨手關燈、降低用水量，力行節能減碳的綠生活。

購屋能力評估

算式 1. 我家目前總共有（ A+B+C）可用資金。

・**資金來源：**

A. 金融機構的存款 （活存＋活儲＋定存＋商業本票等）共：_______ 元
B. 金融商品資產 （股票＋基金＋期貨＋黃金存摺等）共：_______ 元
C. 可變現的資產 （汽車＋骨董＋珠寶金飾等）共：_______ 元

算式 2. 全家半年的生活開支需要（ a+b+c ） _____ 元。

・**生活開支明細：**

a. 食衣住行育樂固定開銷共：________ 元
b. 父母的孝養金＋子女教育費共：______ 元
c. 可能的重大支出（繳稅、保險費、婚喪喜慶、換洗衣機…）共：______ 元

自備款公式 = 總資金（A+B+C）－ 總開支（a+b+c）

簡易試算範例：

Step1：全家的總資金（A+B+C）共 200 萬

Step2：全家半年總開支（a+b+c）共 50 萬

Step3：三成自備款 =200-50=150 萬，預估七成貸款 =350 萬

Step4：上房仲網站輸入 350 萬貸款金額，若以郵局的「本息平均攤還法」計算，20 年，每月需支付 1.75 萬元，約佔薪資的四成。
若貸款 270 萬，每月只需支付 1.35 萬元，約佔薪資的三分之一。
（簡易計算：每貸款一百萬，每月本利攤約繳 5000 元。）

總結：月薪 4 萬，每月付 1.35 萬元左右的貸款（依照各家銀行而定），可買 420 萬的房子（150+270）。若有把握未來會加薪或有其他業外收入，還可往上調整。

Q23 到底得準備多少頭期款和貸款才夠？

除非你手中握有大筆現金，否則一定得向相關金融機構申請貸款。不同類型的房子需要準備的自備款和貸款額度不盡相同，台北都會區與其他縣市也會有差別。

全額貸款＝房貸＋信用貸款

你能貸到多少錢？銀行的鑑價是以房子的「殘值」來看，而不是房子的售價，所以千萬不要相信建商或仲介吹噓的「全額貸款」或是可「超貸」；基本上，貸不下來的部分就是動用「信用貸款」。

小套房貸款成數低

要注意的是，如果你買的是十五坪以下的「小套房」，公營的金融機構核貸的成數只有六成，而且利率高，購屋者得多準備一些自備款，否則就只好改挑選其他類型的房子囉。

影響貸款的變數

在個人信用良好的前提下，若房子條件極優，經銀行鑑價評估超越行情，貸款的額度有可能變高。若是買第二間房，因應政府「打房」政策，可貸成數會比第一間低；如果你又選在「某特區」，恰恰是政府觀察房價是否過高的重點區域，貸款成數更低。

低自備款的迷思

當廣告打出，「只要自備十九萬，立刻輕鬆成家」的廣告時，你心動了嗎？小心後續付款問題。低自備款的建商往往透過與特定銀行配合，設法取得較高成數的房貸；若銀行貸款額度仍不足，建商透過「公司貸」借款給購屋民眾，由建商先撥款支付貸款不足的金額，通常會規範承購戶必需在一到五年內「清償」這筆錢。所以，只是借錢的對象變成建商，成家並不輕鬆。

購屋貸款能力評估

	預售屋	新成屋	中古屋
WHO	自備款較不充裕者	自備款較充裕者	自備款較充裕者
自備款	分成四階段繳清（訂金、簽約金、開工款、工程期頭款）	簽約後一個月內付清	簽約後一個月內付清
自備款金額	約佔總價的15%～30%	約佔總價的20%～30%	約佔總價的30%～40%
貸款	約佔總價的70%～85%	約佔總價的70%～80%	約佔總價的60%～70%
提醒	・只要一點點自備款就可以擁有房子，有些建商還推出免繳開工款或工程期零付款的優惠。 ・有些建商加速施工進度，導致工程期間隔縮短，購屋的民眾短時間要繳出的金額變多，造成購屋壓力。	・新成屋的價格通常比中古屋高，雖然自備款比例可能比中古屋低一點，但是若換算成實際的購屋現金，不一定會比較少。	・選購中古屋需要準備較多資金，還需額外增列一筆整修費用。

Q24 到站就到家，買超夯的捷運宅好不好？

捷運不只是話題，更具備實質上的交通便利性。隨著捷運四通八達，「逐捷運而居」的風潮益發熾熱，要怎麼評估捷運宅的優缺點？花長時間搭捷運真的是聰明的選擇嗎？

捷運宅，具交通優勢

有交通優勢的捷運宅，有一類是樓下就是捷運的「捷運共構住宅」，不但具有「到站即到家」的特性，甚至有建商預留大門出入口，讓民眾免出捷運站，直接通往社區大門。

另一類則是「泛捷運宅」，根據富比士網路在二〇一〇年十月所做的調查指出，目前距離捷運周邊三公尺到五百公尺的「泛捷運宅」已超過三萬戶；信義房屋的調查也指出有高達八成的退休族與通勤族對捷運宅情有獨鍾，更多專家預測隨著環狀捷運的發燒，「雙捷運站」周邊將是未來的熱門購屋據點。

捷運宅的缺點

不過，值得注意的是，捷運共構宅出入份子較複雜，而且有些沒有停車場、公設和室內坪數相對較低，這都是消費者要考慮的。如果選在「高架捷運線」附近的房子，還要面臨噪音問題。

計算「時間房價」的效益值

選擇捷運宅也並非全無風險，因為有交通優勢未必代表價格優勢，要如何衡量兩者得失？選擇末端的捷運站，用時間換取價格真的比較划算嗎？建議大家在思考這個問題時，可以換算「時間房價的效益值」，找出最能承受的通勤時間與價格帶。

時間房價的效益值

方法一
用兩地價差 ÷ 時間（判斷選在哪一站最有利）

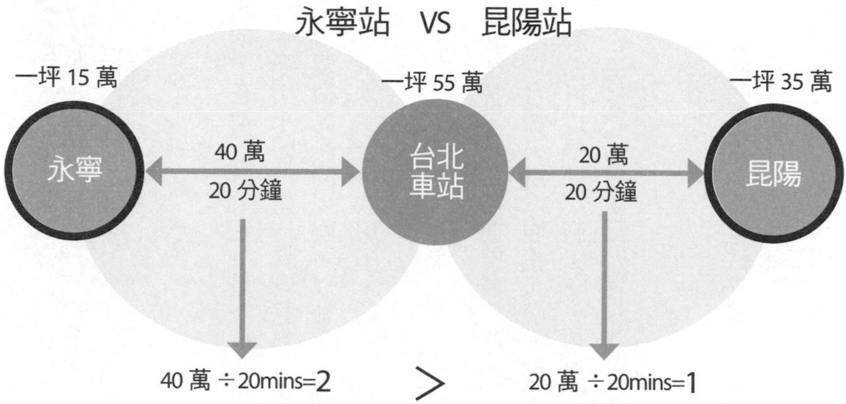

結論：永寧站每分鐘的「時間房價效益」高於昆陽站

方法二
用同樣時間 ÷ 房價（可忍受的通勤時間的房價）

可忍受的通勤時間是 20 分鐘，若以台北火車站為中心，以每站 2 分鐘計算，依據個人購屋能力，分別可選擇買這些地點。

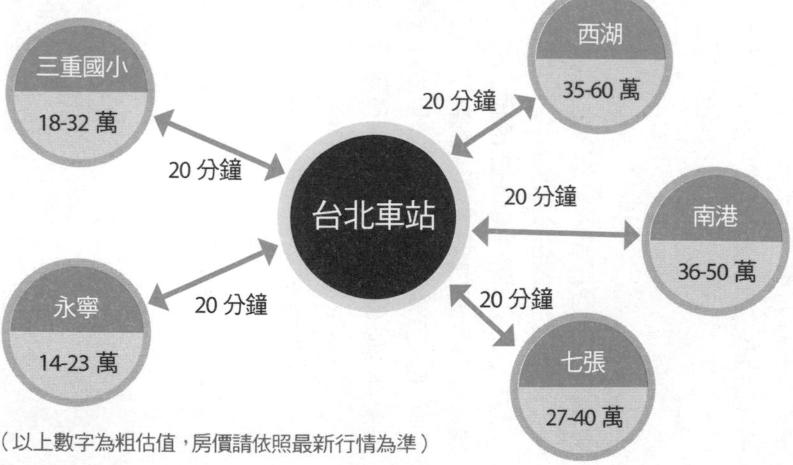

（以上數字為粗估值，房價請依照最新行情為準）

Q25 一層當兩層用，買夾層屋有沒有問題啊？

夾層屋就像三明治，在地版與天花板這兩片土司中間又夾了一塊肉排，多出來的「這一層」好料，頓時變成空間魔法師，只要樓高夠高，就可以往上再隔一間小臥房或儲藏室，原本二十坪的房子，頓時多出六、七坪，多好！

但天下沒有白吃的午餐。大家都期望多一層，卻不希望價格多兩層，所以合法夾層屋屈指可數。如果建商只敢小聲偷偷暗示你可以「二次施工」，那百分之百是違法的夾層屋，一旦被查報，將面臨拆除的命運。

分辨合法夾層屋

要怎麼分辨自己買到的是否為「合法夾層屋」？根據建築法規的規定，夾層屋的每層樓高必須達三米六以上，而且不能超過當層樓地板面積的三分之一或是低於一百平方公尺的夾層。只要建商在申請建照時也一併提出申請，並在所有權狀上登記夾層屋的面積，不管是樓中樓還是挑高五米，通通是合法的夾層。

那，為什麼建商不申請？還要讓消費者擔心受怕變成違建呢？很簡單，因為「容積率」。如果把夾層屋的樓地板面積也算進去，建商能銷售的戶數就得跟著變少，這等傻瓜事，建商怎麼願意做？所以市面上的夾層屋只有少數是合法的。但是建商又想賣給消費者「小坪數，大空間」的美夢，所以二次施工的非法夾層屋就應運而生。

夾層屋的結構安全隱憂

夾層屋最讓人擔心的是建築結構的安全性，因為大多是違法二次施工，所以設計師未必瞭解該建築的相關

挑選合法的樓中樓

夾層屋		樓中樓
非法違建	合法	合法使用執照
挑高 4 米 2 到 3 米 6	挑高	挑高可達 6 米
二次施工	施工	一體施工建造
不計坪數	權狀	計入權狀面積
買賣時被視為裝潢	買賣	可依實際坪數買賣
樓地板採非永久性結構建造	建材	樓地板採永久性結構建造
不安全	安全性	安全
有壓迫感	舒適度	無壓迫感

結構強度，施工時免不了敲敲打打傷害梁柱結構，或是焊接鋼筋等施作，若屋主在夾層放置重物或遇到強烈地震，恐有損毀的疑慮。

峰禾建築與室內設計群建築師倪柏聰指出：「非法夾層屋的淨載重（樓板、建築等）與活載重（人員、寵物）都會增加，一但發生地震，樓版的『應力』會重新分配，如果地震的力量被分配到夾層屋旁的梁柱時，就可能導致梁柱扭曲或斷裂，若再遇上颱風，房子就會開始漏水，後續就會產生壁癌，不可不慎。」

Q26 小心被舉報，要怎麼選有頂樓加蓋的房子？

「視野佳、格局方正，總價九百八十萬，使用四十三坪」，換算下來，一坪好像不到二十三萬，哇！有這麼便宜的事。看到這樣的廣告文宣，你的心臟是不是微微緊縮了一下，很想馬上衝出去看房子？

使用坪數的秘密

請注意文宣上兩個關鍵字「使用」，換成白話文就是說：這不是房子的權狀坪數，而是你可以使用的坪數。兩者的差別何在？權狀坪數是貨真價實的合法登記坪數，使用坪數可能把增建或是頂樓加蓋的面積也算進去；使用四十三坪，真正的權狀坪數可能只有二十二坪；有些房屋銷售人員會暗示你：「下面的自住，上面的還能隔成小套房分租，一間收八千，四間就收三萬二，連房貸都幫你省了。」天下有這麼好的事情嗎？

八十四年一月一日以前蓋的，還是違建

「頂樓加蓋本質上就是違建」。建築法規明定：民國八十四年一月一日以前的頂樓加蓋屬於「既有違建」，被列為「暫緩拆除的違建」，而非合法違建，如有「影響公共安全、破壞結構安全、威脅整體住戶的權益與安全」等重大情節，還是可能被拆除的。

至於八十四年一月一日以後的頂樓加蓋，一律屬於「新違建」，一經查報，就立即拆除。因此，消費者在考慮選購頂樓加蓋的房子前，第一步：請先瞭解違建時間。

取得各住戶的「分管使用同意書」

第二步：請搞定所有住戶。頂樓加蓋的房子大多是老公寓，也許第一任屋主曾經取得各樓層住戶的「分管

頂樓加蓋請注意！

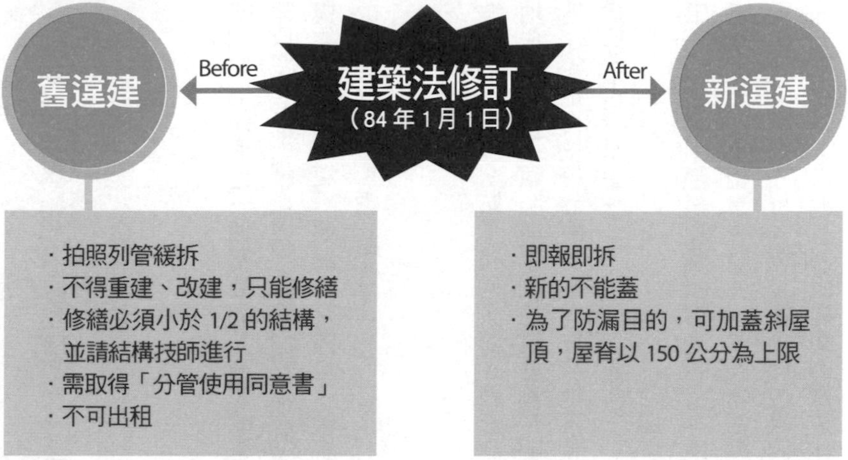
舊違建
Before
建築法修訂
（84 年 1 月 1 日）
After
新違建
· 拍照列管緩拆
· 不得重建、改建，只能修繕
· 修繕必須小於 1/2 的結構，並請結構技師進行
· 需取得「分管使用同意書」
· 不可出租
· 即報即拆
· 新的不能蓋
· 為了防漏目的，可加蓋斜屋頂，屋脊以 150 公分為上限

資料來源：《台北市違章建築處理要點》、《公寓大廈管理法則》

使用同意書」，同意頂樓加蓋。但，隨著時間荏苒，許多樓層可能已經易主，樓下的新屋主未必同意，貪心的，甚至會要求分享頂樓加蓋出租套房的利益才簽署。萬一，有住戶要求取回使用所有權而舉報的話，頂樓加蓋還是難逃被拆的命運；若沒有同意書，你又搞不定所有住戶，還是少碰頂樓加蓋吧。

違建沒有產權，不能出租

台灣房屋總管理處執行長謝萬雄提醒：買房子除了看坪數，還要看產權，「頂樓違建沒有產權」，同樣是花大把鈔票，但是加蓋的部分不算你的產權，你願意花錢只買使用權嗎？購屋前務必三思。

此外，頂樓加蓋也不能隔成小套房出租，因為大肆隔間會影響結構安全，同時私自接配電供租戶使用，更可能造成公共安全的危害。因此，如果是在新北市，只要查證出租情事屬實，都會被列為優先執行拆除的對象。

Q27

買山坡地住宅要注意哪些事？

遠離塵囂的山坡地住宅是一柄雙面刃，清新的空氣讓人神往，山坡的地形卻讓人傷神。購買山坡地的房子，地質與結構的安全性是第一要務，交通是否便利是第二順位，優美的風景則是第三順位。

瞭解地質與坡向

你買的山坡住宅安全嗎？為了長治久安，務必請建商提供山坡地住宅的使用執照與相關地質檢測，明確告知該山坡地住宅是否位於危險的順向坡？地下是否有坑道？是否位於大坍方區之上……等重要訊息。

潤弘精密工程業務部副總經理蔡順吉表示：「地質鑽探資料對建築設計安全相當重要。」建商需針對建物配置妥善安排地質鑽探孔位，並且派人於現場確實監督地質鑽探的確實性，將資料回饋建築師做最佳的結構型式及工法建議。對於有地質疑慮的建案，購屋者可要求建商提供中央地質調查所的檢測資料，甚至是發文給礦務局確認地質，或請建商提供精密的地質鑽探資料以確保安全。

危險山坡住宅的警訊

實際走一趟山坡住宅區，一棟棟延著山形而建的建築，在美景下處處暗藏玄機：一、如果看到擋土牆下岩層裸露，有泥塊崩塌的痕跡，表示地基可能鬆動。二、如果高聳的擋土牆跟建築物之間的距離太近，一旦大雨滂沱而下或土石流動，房子的安全性堪慮。三、若發現靠近山側的外牆有滲水發霉現象，瓷磚或梁柱似乎出現裂縫和浮凸，排水溝出現不明的淤塞問題……種種跡象都是危險的警訊。四、此外，美麗的邊坡綠樹，野草特別茂密，小心可能有蛇類出沒。

順向坡的房子，土石易流動

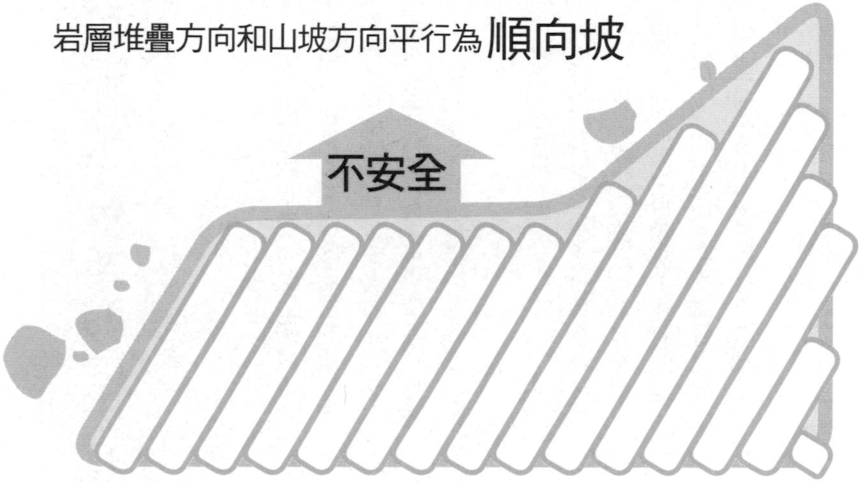

岩層堆疊方向和山坡方向平行為 順向坡

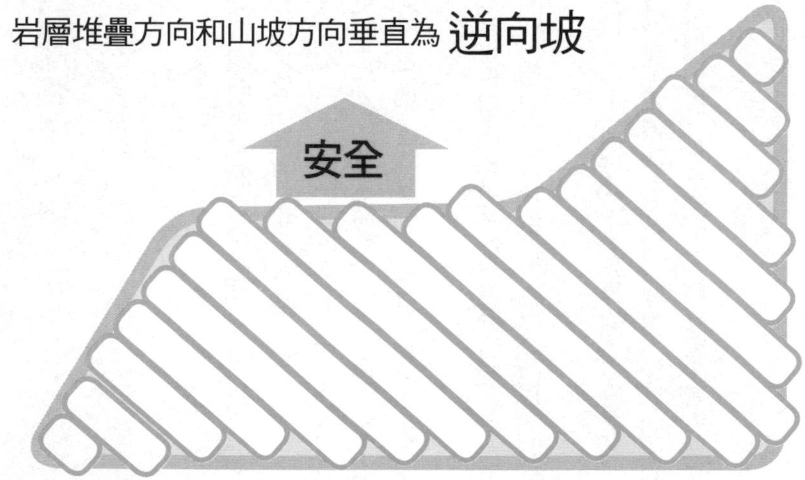

岩層堆疊方向和山坡方向垂直為 逆向坡

Q28 買可能都市更新的房子有哪些風險？

「都市更新」是這一兩年最夯的話題，老房子似乎一夕之間成為新寵。都市更新是將都市內老舊的房屋和社區，進行重建或整修，以改善居住安全及都市環境。然而，什麼樣的情況可以進行都更？都更要注意哪些事情？買這樣的房子，真的如仲介說得那麼好嗎？

不是老就有機會都更，土地還要夠大

一般人想到都更，大概就以為是老房子拆掉重建，事實上，舉凡老屋重建、拉皮及美化綠化社區都算都更，只不過老屋重建的預期利潤最高。但是必須注意的是，至少要有一千平方公尺以上的土地範圍才比較可能成為都更候選人，所以不是房子夠老，就可以申請都更。

都更的殘酷現實面

當房仲天花亂墜地告訴你都更美夢，暗示你可以掏錢買下眼前這間四十年的老公寓時，請把快飛上天的美好心情拉回現實，現實的世界就是：

- 都更因土地範圍要求需整合附近住戶同意，所以曠日廢時，少則三年，多則十年以上都不一定能完成。
- 都更八十%以上都是住戶與建商合建，要如何協調彼此的利益而不會傻傻被坑，是一門複雜的學問。
- 都更是以「土地持分」來計算的，不管你的房子是否有擴建、頂樓加蓋等可用面積，好心的建商頂多進行拆遷補償，你分到的室內坪數不會因此增加。

都更有容積率獎勵

假如一切順利，沒遇到釘子戶、又取得五分之三的住戶同意，就可以開始辦理都更，記得要多找一兩家建商談條件，多比較以保障住戶權益。

都市更新有容積率獎勵，舉例來說，屋齡三十年以上，四、五層的老舊公寓若都更，台北市從二〇一〇年八月起，獎勵額度從原本的一點五倍提高至二倍。原本三千建坪的老社區，多出零點五倍也就多出一千五百建坪，假設該地每坪售價六十萬，總銷售額就可因為這項政策，而暴增十億。

也因此，即使都更過程繁雜冗長，利之所趨，人人懷抱都更夢。（其他各縣市有各自的都更獎勵辦法，可洽詢該縣市都更局／處。）

建商住戶，共分一杯羹

都更若順利完成，住戶跟建商都可以分到相當比例的坪數，但是確切可換的數字則會跟建案坐落的地段、樓層、交通位置、戶數……有關，無法一言以蔽之。

但，可以確定的是：原本鄰近主幹道的房子，都更後較易分配到後較好的位置；原本住在一樓或頂樓的住戶，房子的價值相對比其他樓層高。實際分配狀況還是要看土地持分而定，以下是常見的五種分配及處置方式：

一、都更後分配到的室內坪數大於原本室內坪數，這是最完美的結果。

二、公設外加，總坪數變大。若原本室內坪數為五十坪，都更後含三十%公設比，所以新總坪數就變成六十五坪。

三、權狀一坪換一坪，實際室內坪數卻變小。若原本為五十坪無公設比的老房子，都更後含三十%公設比，實際可使用坪數就只剩下三十五坪。

四、補貼差額給建商，換取一樣大的室內使用坪數。

五、將分配到的部分坪數賣給建商。

都更過程龐雜，除了可請都更局協助外，也可諮詢坊間都更顧問公司，切忌盲目投入炒都更的戰局。

民間推動都市更新時程

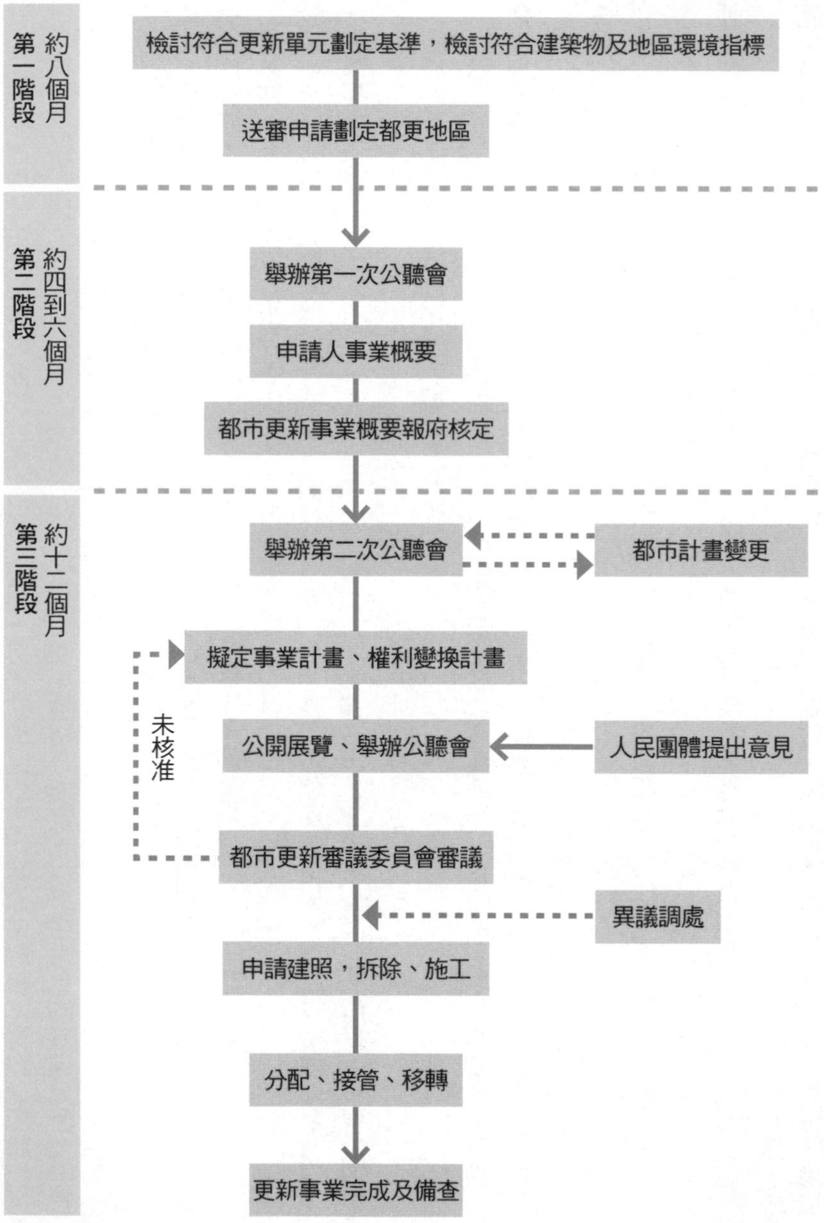
第一階段
約八個月
檢討符合更新單元劃定基準，檢討符合建築物及地區環境指標
送審申請劃定都更地區
第二階段
約四到六個月
舉辦第一次公聽會
申請人事業概要
都市更新事業概要報府核定
第三階段
約十二個月
舉辦第二次公聽會
都市計畫變更
擬定事業計畫、權利變換計畫
未核准
公開展覽、舉辦公聽會
人民團體提出意見
都市更新審議委員會審議
異議調處
申請建照，拆除、施工
分配、接管、移轉
更新事業完成及備查

都市更新作業流程

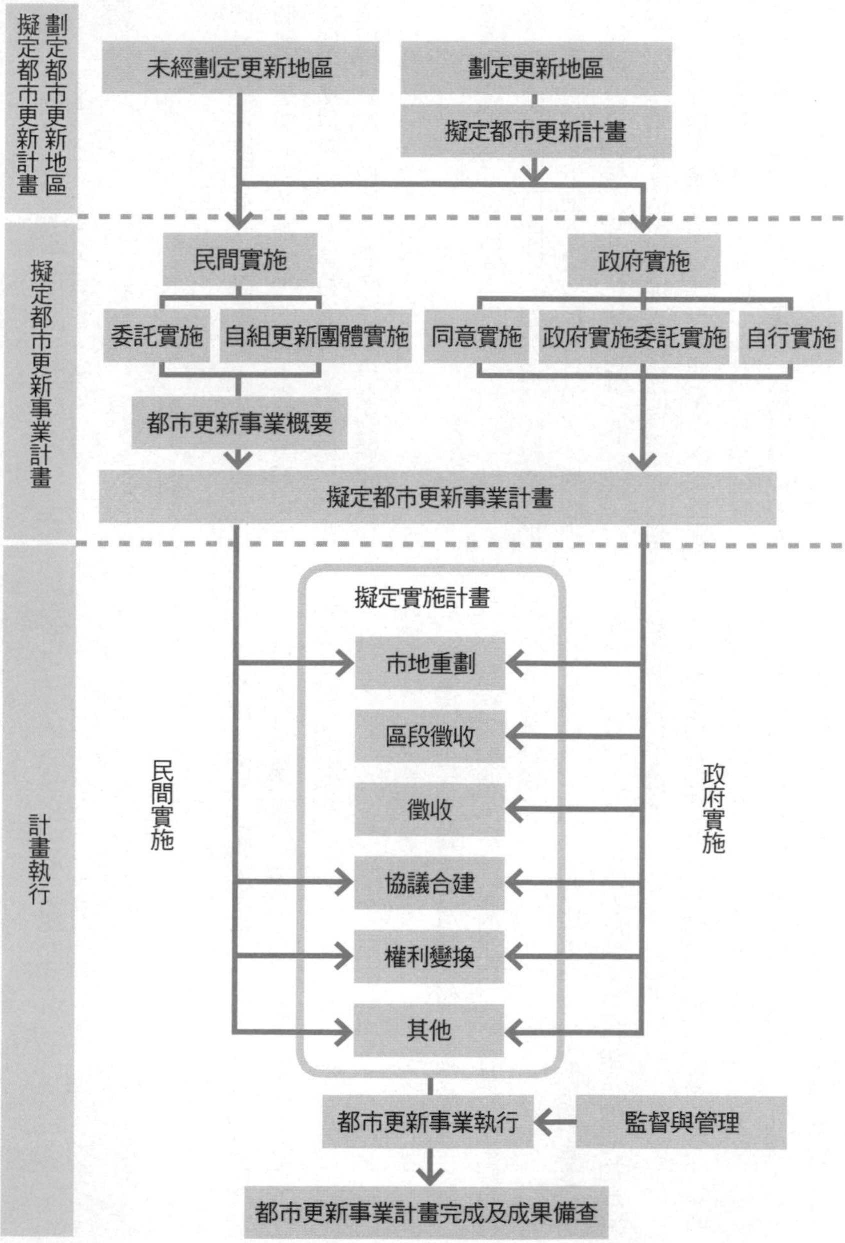
劃定都市更新地區
擬定都市更新計畫
未經劃定更新地區
劃定更新地區
擬定都市更新計畫
擬定都市更新事業計畫
民間實施
政府實施
委託實施
自組更新團體實施
同意實施
政府實施委託實施
自行實施
都市更新事業概要
擬定都市更新事業計畫
計畫執行
擬定實施計畫
市地重劃
區段徵收
徵收
協議合建
權利變換
其他
民間實施
政府實施
都市更新事業執行
監督與管理
都市更新事業計畫完成及成果備查

Q29

聽說買法拍、銀拍、金拍屋可以撿到大便宜？

除了透過一般的房屋交易管道購屋外，「法拍屋」也是另一個熱門選擇。由於被法拍的房子售價普遍低於市價約二成，所以吸引了許多投資客。但是購買法拍屋的程序相當繁雜，初學者最好先跟專業的顧問公司請益，以免標到問題多多的房子。

法拍屋、金拍屋、銀拍屋

- **法拍屋**：原屋主因法律問題，如欠債、欠稅或遭抵押債務不還等狀況，不動產遭法院查封拍賣，透過拍賣房屋變現以清償債務，底價約比市價低一到二成。
- **銀拍屋**：經法拍程序但流標或未投標的房子，經債權銀行買下自行拍賣處分，變成「逾放屋」，屬於銀行資產，產權清楚、沒有點交問題，簡稱「銀拍屋」。銀行會舉辦「逾放屋拍賣會」，是唯一採現場口頭喊價的拍賣，不小心會因為氣氛熱絡而喊出過高的價格。
- **金拍屋**：因為法拍屋眾多，所以台北地方法院委託「台灣金融資產服務公司」拍賣，程序跟法拍屋類似，都是採「密封投標」。

買法拍屋要注意什麼

- **詳讀法拍公告內容**：看清楚底價、抵押權是否塗銷、點不點交等問題。法拍屋的訊息可至各地方法院投標室外面的公佈欄查詢。
- **分析價位**：法拍屋雖然比市價便宜，但是到底要「標多少」？就得花時間研究評估，免得錯估標的物或隨雞起舞盲目追高。
- **撰寫投標文件**：投標的標單、程序都有規定，不符標規就算出價再高，也是廢標一張。
- **繳稅**：包括房屋稅、地價稅、契稅、印花稅、土地增值稅、地政規費、書狀費、代書費、工程受益費等等。

購買法拍屋的流程

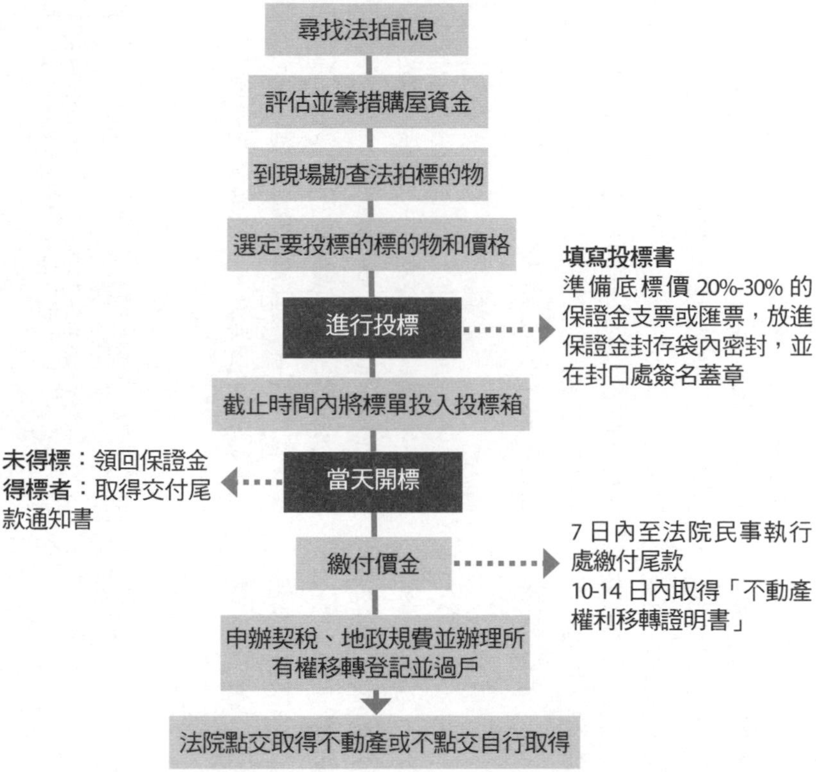
尋找法拍訊息
評估並籌措購屋資金
到現場勘查法拍標的物
選定要投標的標的物和價格
進行投標
填寫投標書
準備底標價 20%-30% 的保證金支票或匯票，放進保證金封存袋內密封，並在封口處簽名蓋章
截止時間內將標單投入投標箱
當天開標
未得標：領回保證金
得標者：取得交付尾款通知書
繳付價金
7 日內至法院民事執行處繳付尾款
10-14 日內取得「不動產權利移轉證明書」
申辦契稅、地政規費並辦理所有權移轉登記並過戶
法院點交取得不動產或不點交自行取得

標法拍屋的風險

買法拍屋，最怕遇到難點交的房子，例如，房子內還有房客，基於「買賣不破租賃」的民法規定，你也只能乖乖等租約到期；又或者法院點交的時間冗長，拖了好幾個月還無法順利點交完畢；最怕的就是遇到俗稱的「海蟑螂」，霸佔房屋不肯搬走或是故意製造麻煩，強索搬遷費，資深房地產投資人楊德芬就曾經摸著鼻子給海蟑螂八十萬，才順利點交房子，這種不可預期的費用也得估進投標的購屋預算中。

Q30 戶外風水有哪五大禁忌？

你相信「風水」嗎？別急著搖頭，有些風水禁忌若佐以科學的眼光思考，還真有幾分道理，不好的風水會影響健康和情緒，當身心靈都欠佳，連帶的當然也就會影響你的運勢。你不一定要帶著「風水老師」看屋，但是可以先做功課，避開以下五類戶外風水禁忌！

■煞很大

對面的玻璃帷幕大樓的強光是否射進你家，讓你眼睛都快睜不開啦？這是風水上的「光煞」，不妨掛起窗簾避光。住家也盡量不要選在基地台、高壓電塔旁，電磁波對人體不好，也屬於煞的一種。此外，現在高樓林立，房子正面若遇到對面建築的尖角，在風水上則稱之為「壁刀煞」。屋宅外如有水塔，在風水上取其形、意、象，有上醫院打點滴等意象，可在陽台種植盆栽檔掉。

■沖很大

如果大馬路正對你家門，一開門就有車來車往的壓力，還有廢氣與噪音問題，這是最常見的「路沖」；不過若家門已經過社區的中庭花園等空間，才面對馬路口就不算路沖。如果房子還正對著電線桿，也屬於沖很大的一種。

■陰很大

屋子狹長、採光不足的房子或陽光少、陰氣重的房子，住在裡面人當然不會舒服了，所以殯儀館旁、隧道旁、墓園旁的房子能避就避。廟宇也屬於陰很大這一類，因為看不見的好兄弟，也喜歡聚集在廟宇附近，而廟宇的尖角若對著你家，看了也不舒服，也有煞到的疑慮。

風水禁忌列舉

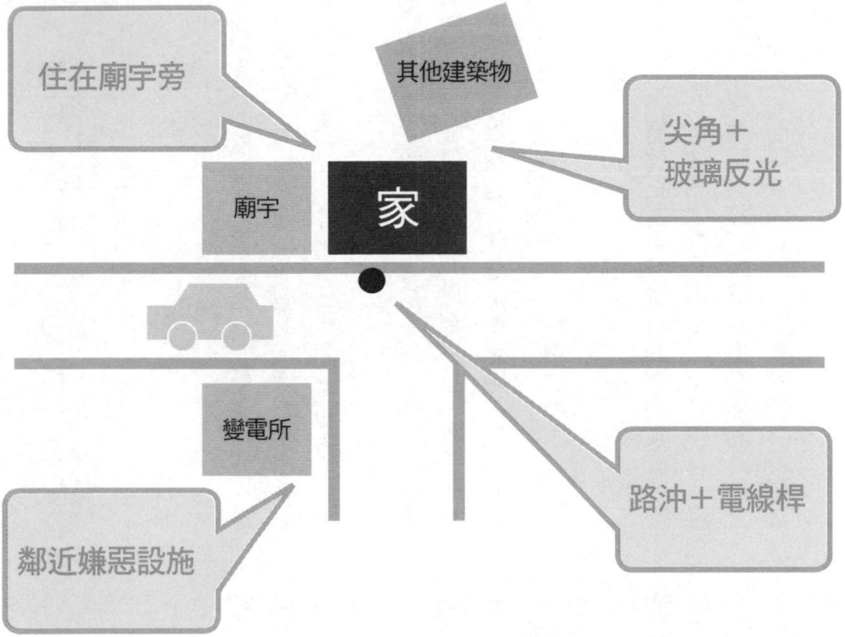

斷很大

交通便利對房價有增值效果，但是如果你住在高架道路旁，呼呼的車聲跟煙塵對身心都不好，在風水上也有「沖斷」財運官運的意味。還有一種是「路脈斷」，例如無尾巷，消防車不容易進出，穢氣也不容易散去。

擋很大

「我家門前有小河，後面有山坡」，這首童謠竟說出了「坐山看明堂（客廳）」的好風水，住家後面有山給人穩定的可靠感，住在裡面自然舒服可靠。反之，如果門前有小山坡「擋很大」，住在裡面多少會有點壓力，風水說：「前高低，一生被欺」，不想被欺的人還是找後面有靠的房子吧。

Q31 室內風水有哪十大禁忌？

看完了外在環境的風水禁忌，室內的風水問題更是百百種，有的人要看風水座向，有的人要搭配事業命格，而各門派風水老師的說法更是讓人眼花撩亂。

其實，最簡單的風水評估方法就是：你走進這間房子的第一個感覺是否覺得舒服？有沒有一種「賓果」的感覺油然而生？如果沒有，建議你還是跟著基本的十大室內風水禁忌，仔細推敲囉。

■ 一根腸子通到底的「穿堂煞」

打開你家大門，大廳就正對著後陽台的門，強風呼呼灌進屋內，這樣的格局就叫做「穿堂煞」，被視為「陽宅第一煞」，穿堂煞將導致屋內氣場不斷受到干擾，住在裡面不舒服，也難以聚財。可以在大門口設置玄關或屏風遮擋。

■ 開門見樓梯，財氣洩千里

大門是我們平日的出入氣場，若正對往下走的樓梯，有洩氣的疑慮，在風水上稱之為「牽牛水」或「捲簾水」，比較不容易聚財，家中的人口也容易往外跑。

■ 梁柱穿心過的「穿心煞」

巨大的梁柱讓人備覺壓力，如果大門上有梁，而且還從大門外垂直穿入大門內，甚至穿入住宅其他房間，就是「穿心煞」，對事業恐有影響。

■ 廁所廚房勿在房中央

屋子的正中央在風水上稱為「中宮」，猶如人的心臟，廁所若位於此處，穢氣較不易散出，對健康不好；廚房瓦斯若位於此處，會形成「火燒中宮」的格局，廚房油煙在家中飄散也不是件好事。

客廳主臥下有車道

現在的社區大樓大多有地下車位，若客廳或主臥房下面剛好正對車道，轟隆轟隆的車聲容易讓人睡的不安穩，風水上認為會中斷「地氣」；不過，曾經有屋主指明要找這樣的房子，因為家有過動兒，怕吵到左鄰右舍，所以風水還是見仁見智見需要。

門對門

門對門可以分為兩種，如果是兩家住戶大門相對，出入容易互相干擾，而且會影響彼此的運勢。如果是家中的門對門，家人容易產生口角；主臥房若對著子女房，據說子女容易不聽話，可以懸掛長門簾隔開。

床靠牆，勿靠窗

床怎麼擺也有學問，睡覺圖安穩，頭有倚靠比較好，不宜靠在窗戶旁，半夜容易驚醒，最好擺在靠牆等安靜的面向比較安穩。床頭靠廁所也不宜，因為廁所牆壁溼氣重，長久下來會影響建康，加上浴室水管嘩啦嘩啦響，也會干擾睡眠。

房中有房，小心二房

有些室內設計特別在主臥房中再隔一間更衣室，這類「房中房」的設計，小房空氣容易不流通，在風水還有「房中有房，必有二房」一說，認為男主人會有爛桃花。

樓梯下方不宜鏤空

透天厝跟樓中樓的房子大多有室內樓梯的設計，樓梯最好不要鏤空，走起來不安穩，暗喻行事也不踏實，可以請設計師在下方設計櫥櫃或其他實心的設計。

天花板壓頂的「天羅格局」

現在的房子樓高大約三米二，天花板若太低或是橫梁交錯壓在上面，讓人很有壓迫感，心情也容易不開闊，在風水上稱為「天羅格局」。

門對門

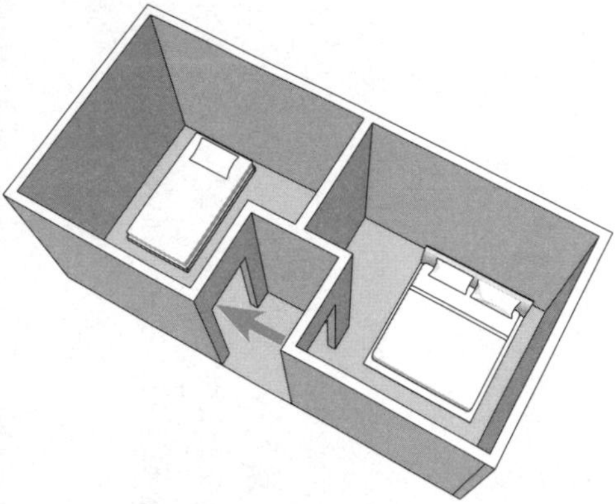

房中有房

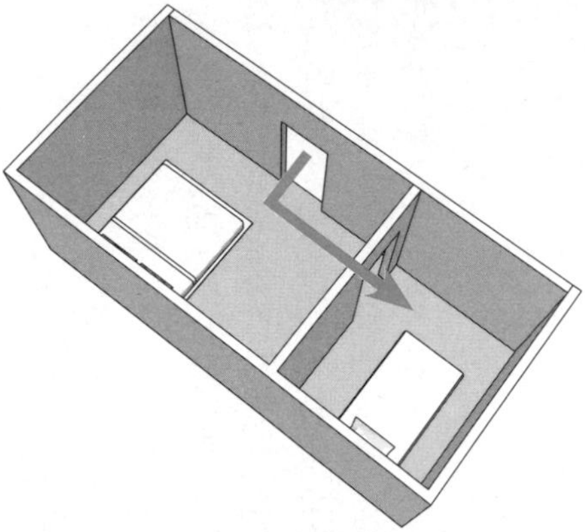

樓梯下方不宜鏤空

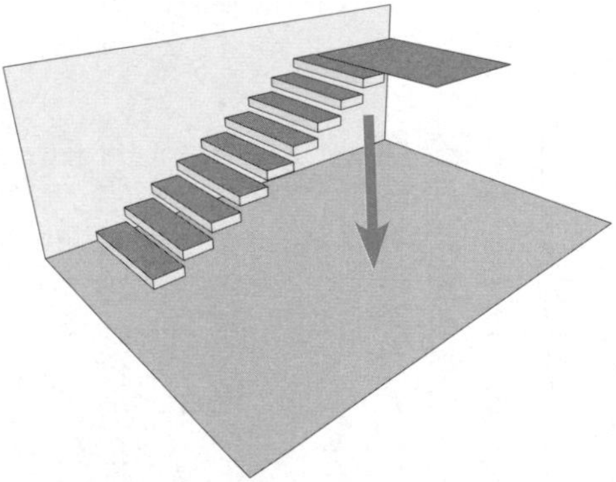

廁所、爐灶忌在中宮

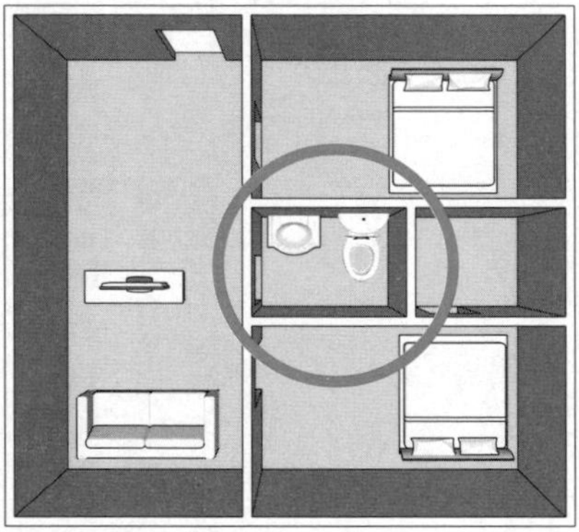

天花板壓頂的「天羅格局」

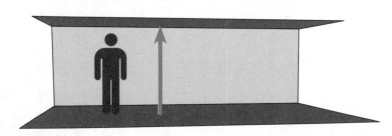

十大室內風水禁忌

穿堂煞

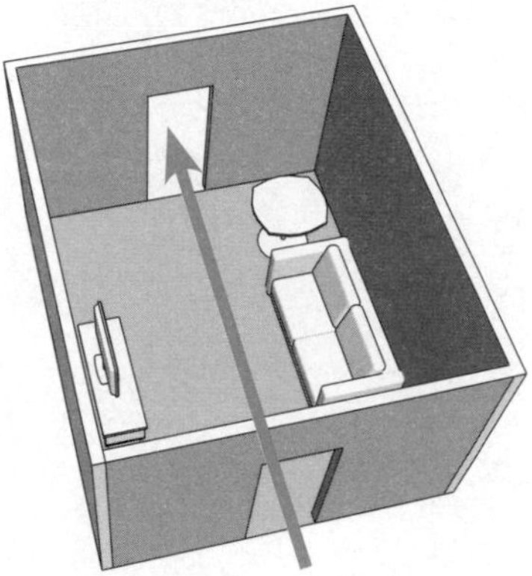

客廳主臥下有車道

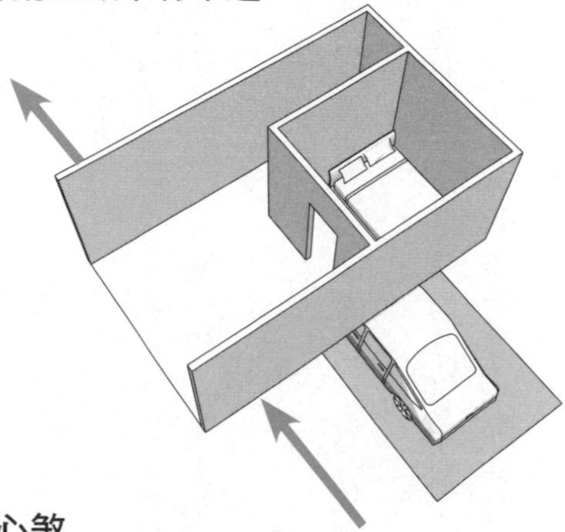

穿心煞

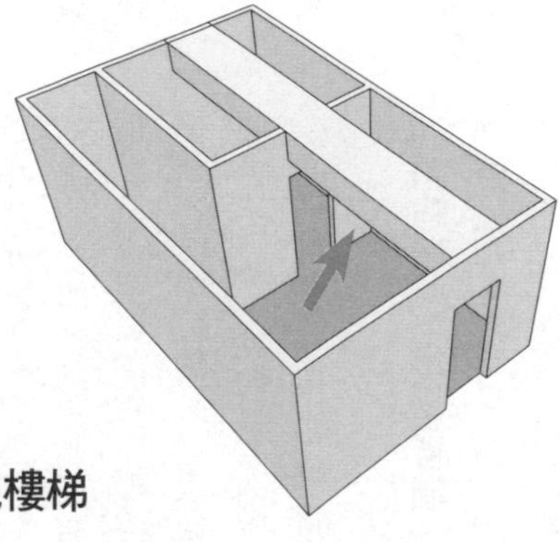

床靠牆，勿靠窗

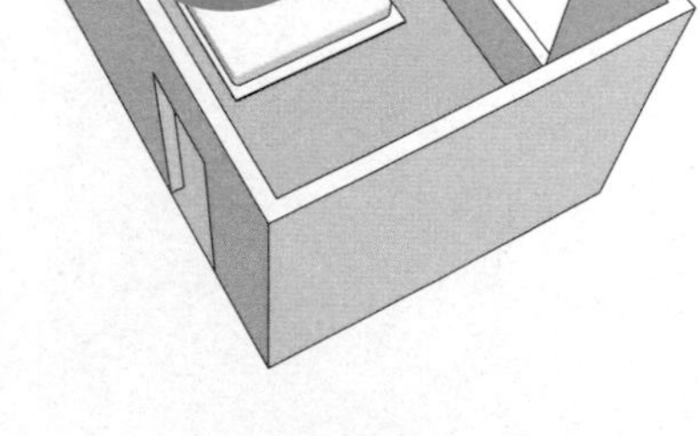

開門見樓梯

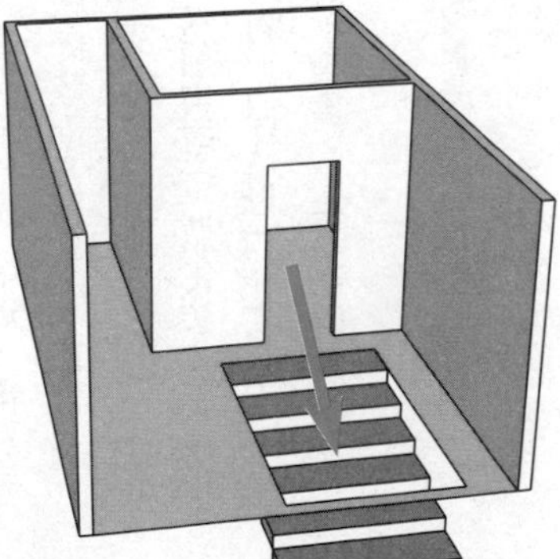

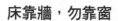

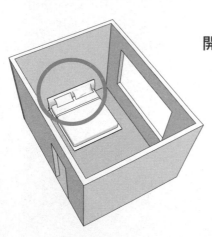

Q32 不可不知的最新不動產相關法規？

為了保障消費者的購屋權益，與房地產相關的法規日新月益，購屋前請務必多瞭解，民眾購屋前可上內證部與財政部網站查詢。

預售屋，內政部版定型化契約重要修定事項

二〇一〇年五月一日實施

內政部修定「預售屋買賣契約書範本」、「預售屋買賣定型化契約應記載及不得記載事項」有幾大重要修訂事項：

一、增訂契約審閱期不得少於五日。

二、明訂主建物、附屬建物及共有部分，應分別列明面積及售價。

三、增訂主建物面積占本房屋登記總面積之比例。

四、現行「房屋面積誤差在百分之一以內互不找補」，修正為「有誤差就互相找補」。

五、買方遲延利息從「萬分之五單利計算」，調降為「萬分之二單利計算」。

預售屋履保制，不用擔心建商財去樓空

二〇一一年五月實施

買預售屋最怕就是繳了錢，建商卻捲款潛逃，消費者一生的心血存款化為烏有。內政部及行政院消費者保護委員會依消費者保護法第十七條之規定，將實施「預售屋履約保證機制」，並納入預售屋定型化契約範本；換言之，未來消費者所繳交的工程款將「專款專用」，建商不得挪作他用，消費者不用擔心血本無歸了。

「預售屋履約保證機制」的履保方式有兩種選項，由消費者擇一採行，包括內政部同意之履約保證方式以及其他替代性履約保證方式，例如「價金返還」、「價

金信託」、「同業連帶擔保」、「公會連帶保證」等四種。最重要的是：建商在與消費者簽定預售屋買賣契約時，賣方應提供「不動產開發信託」的證明文件或影本給予買方。

屋簷雨遮，只能登記不能計價

二〇一一年五月一日上路

預售屋的屋簷雨遮採取「登記但不計價」方式辦理。內政部對於屋簷及雨遮定義為：屋簷為從屋頂平台延伸，用來遮陽、遮雨的構造物；雨遮則是窗戶或開口上方，距窗戶或開口上緣不超過五十公分的構造物，範圍自窗戶或開口兩側外緣向外起算最多各五十公分，超過五十公分就不納入測繪登記，藉此避免建商虛灌房屋坪數。

奢侈稅

二〇一一年六月開徵

根據財政部提出的「特種貨物及勞務稅條例」草案，持有非自用住宅的房屋及其座落基地、空地，將按照實價課徵稅款。在一年內買賣要繳十五%、一到兩年間買賣要交十%的奢侈稅，目前的條款規定有六不政策：「不展期、不落日、不分區、不定門檻、不論盈虧、不影響房價」；換言之，地不分南北，全台灣一體適用，不管你賣房子是賺錢還是賠錢，只要是短線進出買賣市場都要課稅。不過，只要民眾、配偶、未成年子女名下只有一間自用住宅，臨時被迫搬遷，舊屋持有不滿兩年，只要在買新屋一年內把舊屋賣掉，並不會被課稅。但是，如果你是在法律施行前就買的非自用住宅，在法律實施後要轉賣，二年內都必須課稅。

此外，與購屋相關的「家具」單價若超過五十萬，也要被課徵十%的奢侈稅。

什麼情況不用繳奢侈稅？

1. 自用住宅
2. 換屋
3. 銷售與政府機關或政府機關銷售
4. 經核准不課徵土地增值稅者
5. 公共設施保留地徵收前移轉
6. 繼承或受遺贈取得之房地
7. 營業人興建房屋完成後第一次移轉
8. 法拍屋
9. 銀拍屋
10. 所有權人自住房屋拆除改建或與建商合建分售
11. 都市更新分配房地的轉移

33 蓋厝是良心事業
一位自建自售地主的真心話

真心人物
自建自售的地主　林桑（匿名）

蓋得好不好，還是要看建築師跟營造廠；有經驗的就看過去的作品，那種第一次蓋的要特別小心。

林桑之前曾服務於某大建設公司擔任業務企劃長達二十多年，後來跟幾個朋友決定到南部打天下，當起了買地蓋屋的自地自建自售小型建商。林桑坦言，自地自建自售的房子沒有大建商的品牌光環，在建材施工等專業內容上也比較難比擬，但是優點是住戶不多，很單純，「蓋得好不好還是要看專業、有經驗與否、以及建築師跟營造廠等等；有經驗的就看過去的作品，那種第一次蓋的要特別注意。」林桑熱心的說。

誰愛住自地自建自售的房子？林桑表示南部人比較喜歡有天有地的「透天厝」，受限於容積率，所以樓高大約二層半到四層半，最近也流行五層樓的「電梯豪宅」，會選擇透天厝的人比較喜歡那種獨立門進門出的感覺，反倒是建築師、會計師這些強調隱密性的客戶亦可能選擇電梯豪宅，「因為大樓比較有隱密性、社區整體的質感好，也比較低調啦。」

土地＝原料＝越來越貴

小型建商自地自建自售的房子與大型建商的程序都一樣，從土地取得、申請執照、興建到銷售都是專業分工。台北的土地寸土寸金，建商一定是想辦法蓋到最極限，南部的土地取得成本雖然相對較低，但是林桑哀怨地大嘆：「地主ㄟ『頭看天』啦！」土地越來越不好買，地主漫天開價的狀況越來越多；而且中南部大多是中小型建商，競爭很激烈，「土地就是我們的原料，現在『原料』越來越貴啦！」林桑有點無奈。

獲利不如想像中高

偷偷跟林桑打探：「那，你們蓋房子的獲利大概多少啊？」林桑的回答也很妙，他說「就跟一般行業差不多啦」。不管大小建商都有三大成本：土地取得成本、建物營建成本及人事管銷成本；一塊土地上的利潤還要看「產品規畫」，蓋十層樓的跟蓋二十層的當然不同；用ＳＲＣ結構的跟用鋼構的造價也不同。建商賺多少錢也要看市場的供需。

「跟你講一句很實際的話你要不要聽？」林桑忽然拋出這句話。

聽，當然要聽啦。「其實客戶有時候賺的比建商多」，以前信義計畫區剛開始發展時，在一〇一和世貿對面的某大樓打著高級住宅的名號，一坪開價十來萬，在當時已經是天價了，沒想到等建商蓋好房子，信義區的土地公告現值已經漲了很多，「土地增值稅是建商繳的，有沒有賺到都不一定。住戶現在早就賺翻啦。」林桑說。

以永續經營的態度自建自售

如果自建自售的地主和中小型建商抱持著「永續經營」的心態，品質跟服務也會比較好。以林桑來說，他在南部耕耘了近八年，還成立一支「售後服務團隊」，因為「服務好的話，客戶還會介紹客戶啊」，他很懂得行銷服務的道理。一般來說，根據目前的法規規定，結構體也就是主建物至少也要有十五年的保固，其它固定建材與設備約一年的保固維修服務，一年以上就會收費。在競爭的環境下，林桑說南部地區有的建商甚至還提供「六年的防水保固」，「因為大家住房子最怕的就是漏水。」

在房地產業打滾多年的林桑以「如臨深淵、如履薄冰」的態度在蓋房子，他深呼吸一口氣說：因為「蓋厝是良心事業，很多東西不能再來過，責任很重大。」

嗯，能採訪到有良心的建商，真好。

（後記：打聽其他房地產同業結果，若獲利二十％算合理，還有四十％以上的黑心暴利建商呢。）

Part 3

房子這樣買

累積實戰經驗

Q34 看房子到底要看些什麼？

有的人看一棟房子要花一個小時以上，有的人卻只看兩眼就換下一個物件；走馬看花看房子跟抱持著柯南精神看房子絕對「差很大」。台灣房屋總管理處執行長謝萬雄建議消費者首先應該看的是「建商」信譽，並掌握「由遠而近，由外而內」的大原則，多看幾次房子，以確保該物件在不同時間點的屋況。

由遠而近

先看外在的商圈環境。四周是否有治安死角？是否有暗巷？四周是否有市場、學區？樓下是否有特殊業種？如果是預售屋，還要特別注意建商是否用「大帆布」或巨大的看板遮住周遭如基地台等嫌惡設施。

由外而內

走進大樓前，記得先抬頭看看房子的外觀，建材好不好？有沒有瓷磚剝落或牆面污染？還可以看看晚上住戶的「點燈率」，藉此評估入住的戶數。再看「公佈欄」，住戶欠繳管理費的狀況如何？游泳池或社區巴士是不是公告停用或停開？這些都攸關社區的品質。

看格局採光和安全性

當由遠而近、由外而內都過關後，才進入「看房子」的階段。第一眼先看感覺，踏入房子後身心是否不舒服？接著看格局和採光，看消防逃生等安全措施及路徑，再敲敲牆壁，看建材與施工等細節。

看使用動線

資深房地產投資人楊德芬則建議，看房子要從務實的角度來看使用動線。她曾經看過一間房子，要去後陽台還得從客房穿出去，晒個衣服都要跟屋內的人「借過」，很干擾。還要注意廚房與陽台動線是否順暢？陽台放不放得下洗衣機？有沒有足夠的置物空間？回歸實際生活面的需要，才不會買到「不順手」的房子。

當柯南，房子大體檢

建材	□ RC（鋼筋混凝土）□ SRC（鋼骨鋼筋混凝土）□ SC（鋼構）□有制震或隔震 □傳統磚牆 □輕質隔間
戶數	□全區共 ______ 戶 □該棟一層一戶 □該棟一層兩戶 □該棟一層三戶以上
電梯	□三部以上 □兩部 □一部 □有貨梯
消防安全	□有滅火器等消防設施 □有緊急照明 □有排煙與偵測設備 □無
格局	□方正格局 □狹長格局 □不規則型
採光	□三面採光 □兩面採光 □沒有採光
坐向	□坐北朝南 □坐南朝北 □坐西朝東 □坐東朝西 □其他坐向
梁柱	□主梁柱外推 □內部梁柱規畫良好 □梁柱有高有低
樓高	□三米二以上 □三米 □二米八 □挑高
房數	□四房以上 □三房兩廳 □兩房 □套房
衛廁	□有 ______ 套 □有乾溼分離 □有浴缸 □有冷暖抽風機 □有對外窗 □動線良好
客廳	□面寬長度足夠擺得下沙發桌子 □牆壁與電視的距離達「螢幕對角線的五倍」以上
廚房	□開放式廚房 □有對外窗 □有置物空間 □放得下冰箱
主臥房	□放得下雙人床 □衣櫃空間夠大 □有梳妝台空間 □有更衣室 □有衛廁
次臥房	□放得下單人床 □衣櫃空間夠大 □有梳妝台空間 □有衛廁
陽台	□前陽台 □後陽台 □空間足夠晒衣物 □與鄰居後窗距離很近 □陽台感覺很危險
雨遮	□窗戶皆有雨遮 □部分有 □皆無
露台	□有露台 □無露台

Q35

買房子要瞭解的自然環境問題？

買房子絕對不只是買「那一棟」房子而已，房子的優劣與周遭環境息息相關；房子有增值空間還是會貶值也跟周邊區域有關。這裡要談的是大範圍的自然環境問題，也是最容易被忽略的問題。

翻開地圖，圈出你想住的地方，仔細看看周邊是群山圍繞？還是水波盪漾？購屋前最好對於該市鎮的地勢高低、地理條件有約略的認識。

低窪憂淹水

如果你擔心淹水的問題，就不要買在可能淹水的地區，無論價格再便宜都不要買，因為就算河川已經做了截彎取直的調整，當豪雨來時，還是有淹水的風險。

即便是同一條街道也有地勢高地之分，挑一個下傾盆大雨的時間，去街上走走，你就會知道哪裡會淹水。

高地苦無水

低處擔心淹水，往高處買就不會有問題了嗎？高處的問題也很棘手，尤其是缺水的夏天，某些地處丘陵高地上的建築因為地勢太高，水壓不足以將水源即時送達較高建築，易面臨缺水或水管末端水量稀少的問題。

還有一種易缺水的地區是緊鄰農地或工業區，枯水期一到，農地用水緊縮，民生用水也告急；或是石門水庫泥沙淤塞而影響民生用水，導致民眾提著水桶等接水的畫面幾乎年年上演。

最後一類缺水則是水質問題，打開水龍頭，充滿氯的氣味，雖說可透過濾水設備解決，但還是讓人擔心。

台北市各區積水次數排行

（96 年～ 101 年）

資料來源：台北市積水查報網 rain.tcg.gov.tw/flood

山區愁潮濕

山區普遍較為潮濕，若選擇住在山明水秀的山邊，最好做好衣服容易晒不乾、家具用品容易發霉的心理準備；一台功能強大的除濕機是此類住宅的標準配備。

海邊嘆襲襲

可以遠眺海景的房子帶給人夢幻的休閒度假感，但海風帶有鹽份，容易侵蝕外牆，若建商未使用強化的建材，房子外觀很快就會變得老舊。

Q36 孟母為何三遷？買房子要注意的周遭環境問題？

重視居家與子女生活環境的孟母，如果活在今日住宅密集的都市區，她搬家的頻率可能不只「三遷」。俗語說：「千金買厝殼、萬金買厝邊」，我們且從孟母搬家的故事來抽絲剝繭一個好的居家環境要有哪些元素吧。

孟母第一遷：住在墳墓邊，孟子學人辦喪事

今日思維：嗯，住在荒郊野外的墳墓區是很安靜，但總是令人心理發毛，附近房子的「入住率」應該也不高，而且生活機能不佳；最好選擇交通便利、附近就有菜市場、離醫院診所不太遠的地方，重點是：請你務必依據平日的上下班與生活動線，實際開車走一趟，或是實際搭乘大眾交通工具，藉以衡量時間與空間是否在可容忍的範圍內。

孟母第二遷：搬到市集邊，孟子學屠夫殺豬

今日思維：請注意住家周圍是否有令人擔心的場所，像是暗巷裡的電動玩具店、撞球間、聲色場所等等，請注意是否有某些行業是你不喜歡、不希望孩子靠近、或有安全疑慮的，例如總是很吵鬧的修車廠、神秘的卡拉ＯＫ魔音、人聲和煙霧都鼎沸的熱炒店等。此外，最好能打聽一下鄰居從事什麼行業。如果鄰居總是半夜三更才回家，必定會干擾到你的生活。

孟母第三遷：搬到學校邊，孟子認真讀書

今日思維：看來孟母很早就有「學區」的概念，對有子女的家庭來說附近是否有幼稚園、托兒所、中小學十分重要，這也是為什麼文教區的房價特別高，如果是明星學區那又更吸引人了。此外，如果有公園可以讓孩子跑跑跳跳和運動就更好囉。

孟母精神，社區小環境 Check List

管委會素質

☐ 看社區公設

游泳池　☐有開放 ☐沒水又骯髒 ☐有救生員

健身房　☐器材新穎 ☐器材老舊 ☐透過點數或使用券使用

小劇場　☐有看到電影播放表 ☐幾乎沒有使用

圖書室　☐只有少量書籍 ☐窗明几淨有人使用 ☐有無線上網

交誼廳　☐大門深鎖幾乎無人使用 ☐窗明几淨有人使用

社區巴士　☐有接駁，一天有 ______ 班次 ☐已經停駛

社區植栽　☐花木扶疏，有定期修剪 ☐枯萎且髒亂

電梯　☐燈光昏暗又骯髒 ☐保養良好

樓梯間　☐堆放私人雜物或擺放鞋櫃 ☐乾淨無障礙的梯間

☐ 看公佈欄

住戶欠繳管理費狀況　☐多　☐少

社區活動　☐多　☐少

管委會開會頻率與決議內容　☐時常召開　☐沒什麼活動

☐ 看保全

流動率　☐高，常換新面孔　☐低，和住戶熟識

素質　☐年輕的皇家軍 ☐打瞌睡的老先生

訓練　假裝住戶走進去 ☐暢行無阻，門禁差

☐被攔下來盤問，門禁嚴

Q37

透視裝潢，看見房子的真面目！

雖說情人眼裡出西施，但是若是想找可以長相廝守的房子，最好找卸了妝的西施，經過巧妙裝潢的房子，等你洞房花燭夜時，鐵定嚇到。

資深房地產投資人楊德芬曾和一位友人一起去看一棟位於復興南路的房子，打開門，映入眼中的是一座漂亮的吧台，友人馬上就受到誘惑，夢想著能在這裡悠閒地和朋友喝咖啡，心動之下想立即下訂；最後是被冷靜的楊德芬潑冷水：「你一個月打算在吧台喝幾次咖啡？光洗咖啡杯就把你累死了。」

還好有看屋經驗豐富的前輩阻止，友人才恢復理智，然而一般缺乏看屋經驗的市井小民，又要怎麼抗拒美麗的裝潢誘惑呢？

不看過度裝潢的房子

「千萬不要買過度裝潢的房子！」楊德芬和多位房地產專家都有相同的見解。一來屋主的品味未必符合你的需求；二來裝潢的房子，是掩飾缺點瑕疵最好的方法，漏水、壁癌、龜裂……等問題通通被美美的壁紙遮蓋住，而且房價也會被墊高，明明只花五十萬裝潢，就說是百萬裝潢，明眼人一看就知道是廉價的三夾板和爛油漆，但窗明几淨加上幾幅優雅的畫作，就像灌迷湯一樣，讓你昏頭。

尋找素顏的空屋

能單純看空屋是最好的，雖然重新裝潢費時費力，但整體空間規畫可以依照你的需求，板材油漆自己選也比較有保障。然而有些屋主會附家具，這跟裝潢一樣惱人，書櫃檔住地震後的裂痕、床組下的瓷磚是破的，

房屋看不見的問題

油漆

- 是否使用環保無毒油漆
- 是否以「二底三度」的方式施工
- 油漆是否隱藏了漏水、壁癌

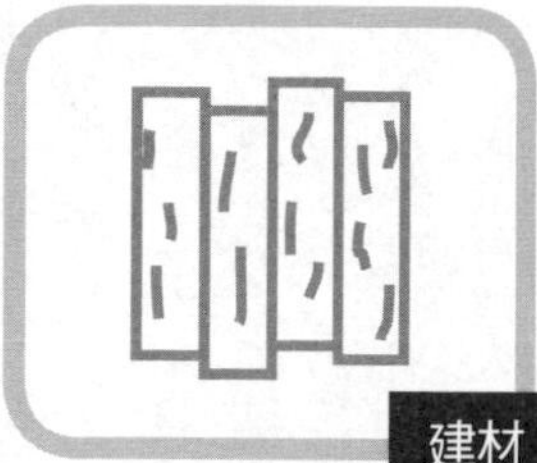

建材

- 是否使用安全環保的建材
- 中古屋管線是否重新更換
- 施工是否有偷工減料

結構

- 是否為海砂屋
- 是否為輻射屋
- 房子整體的結構是否安全

臉皮厚的可以請屋主挪一下重點位置，膽小的就不要選有家具的房子，請找一間素顏的空屋。

■勤勞看屋，透視「晒、漏、吵、光、風」五大問題

新成屋的問題是沒人入住過，所以看不出品質，所以台灣房屋執行長謝萬雄青睞新中古屋，他認為「交屋兩三年的中古屋，管委會也成立了，住戶的口碑也出來了，比較能看出房子的『質』」。

要看出「質」好不好，就要勤勞一點，多看幾次，怕西晒，就挑大晴天的下午去看屋；怕漏水，就挑雨特別大的日子去查屋；怕吵鬧，就在晚上住戶都回家的時間聽聲音；怕光線不好，當然是大白天去探光；怕通風差，就挑最悶熱的夏天午後去吹風，過五關斬六將的房子就有一定的水準。

Q38 要怎麼知道坪數沒灌水？

花錢買屋，求的就是貨真價實；面對格局有長有方有柱有角的房子，購屋者要怎麼知道坪數沒有被灌水呢？如果沒辦法真的「拿尺去量」，還有什麼好方法？

第一招：看建物登記謄本

「這間房子幾坪？」當你這樣問仲介時，答案十之八九是四捨五入後的答案，一般人用眼睛看，根本無法判斷差異，民眾可進入全國地政電子謄本系統申請調閱「土地／建物登記謄本」，這可是比土地或建物所有權狀資料還準確的。

跟坪數有關的是登記謄本上的「標示部」，可分為「建物標示部」：說明主建物與附屬建物（陽台等）的面積，和「土地標示部」（基地面積），單位是平方公尺，可自行換算為坪數（一平方公尺＝0.3025坪）。

不過，一九八二年八月以前的建築法規規定「陽台」不列入計算建築面積，所以老公寓權狀上登記的面積比實際使用的面積小。

第二招：瓷磚換算法

可是，要怎麼知道謄本上寫的和實際上的差不多呢？你也可以用瓷磚丈量法，只要知道瓷磚的尺寸，看屋時把每間房的瓷磚數目都計下來，回家計算看看，雖然無法太精準，但是也不會差太多。

第三招：花小錢請專家丈量

預售屋在預售階段也可先找室內設計師幫忙看平面圖是否有玄機，進一步還可要求建商提供藍晒圖（尺寸圖）或結構平面圖。如果還是不放心，預售屋完工後不妨花點小錢請專業人員到府測量坪數，或是比對竣

透視建商的坪數灌水法

方法1
將地下室的車道及車位面積分攤到所有住戶頭上，這對沒買車位的住戶影響最大。

方法2
將同一層的樓梯間面積，計入主建物的室內面積。看起來公設比降低、室內坪數又變大，但真正能使用的空間根本沒增加。

方法3
把法定空地，例如中庭花園也變成公設。

方法4
把梁柱蓋得又粗又壯，看似有設計感，卻吃掉你的坪數。

方法5
陽台外推，卻把陽台的面積納入主建物內，讓人以為主建物坪數大。

工圖（至建管處申請）與建物測量成果圖（至地政機關申請），原則上一坪以內差距，屬於合理的誤差值。

坪數有爭議時怎麼辦？

根據內政部最新版的「預售屋買賣定型化契約應記載及不得記載事項」規定，主建物與房屋登記總面積若有誤差，不足的部分賣方（也就是建商）應全部找補（把不足的補上）；但總面積超過的部分，買方只需找補二%的金額為限。

Q39

哪些是討人厭的嫌惡設施？

買房子最好避開「嫌惡設施」，這些住宅環境周遭的設施可能在居家安全、身體健康或觀感上不討喜，甚至可能影響房價五%到十五%不等。到底有哪些呢？

性命上的嫌惡

這類嫌惡設施可能危害到住家的安全，例如：飛機場、加油站、瓦斯槽……等，一不小心失事或爆炸就可能造成重大傷亡。

健康上的嫌惡

有的嫌惡設施可能危害身體健康，例如高壓電塔、基地台、變電箱，可能散發輻射波、電磁波等看不見的波。看得見的，買房子時還可以設法避開，有些不肖的業者將基地台架設在公寓大樓內，讓民眾不易察覺，所以民眾購屋前務必多方打聽。

觀感上的嫌惡

被暱稱為「福地」的墓地、與之相關的殯儀館、喪葬業者、靈骨塔等，易給人觀感上的嫌惡感。垃圾場、焚化爐也因為氣味難聞，被列為不受歡迎的鄰居。

生活上的嫌惡

停車塔的車流多，影響周邊住戶出入安全與生活品質；高架橋和高架捷運也會干擾寧靜生活；有些人也把轟隆轟隆響的鐵路視為易干擾生活的嫌惡設施。

風水上的嫌惡

風水上的嫌惡就見人見智了，水塔像點滴、廟宇和神壇煙霧瀰漫又有飛簷尖角、正門口有電線桿……這些被列為風水不好的嫌惡設施。

什麼是電磁波？

電場的變化產生磁場，磁場的變化也會形成電場，兩者交互作用的波動，稱為「電磁波」，它是一種能量，以向空中輻射或利用導電體等兩種方式來傳送。

· 電磁波有兩種

游離輻射： 是放射元素所形成，產生的能量通常較大，會改變或損壞生物細胞，而導致病變。

非游離輻射： 是一般家電用品或行動電話在使用時所放出的電磁波，產生的能量通常較弱，但仍有影響。

電磁波譜

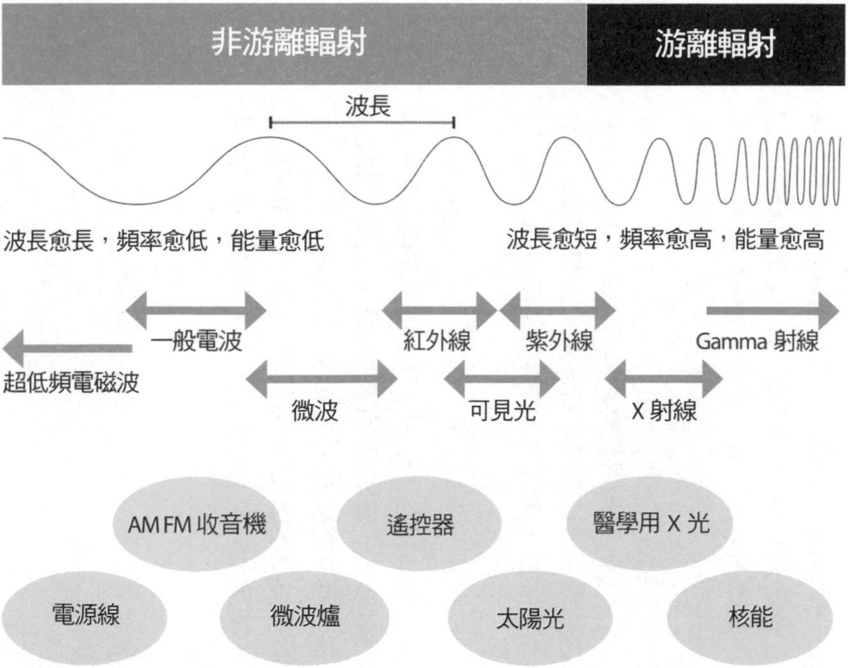

Q40 什麼是格局好的房子？

奇怪，這房子外觀怎麼看起來歪歪斜斜？你看上的房子形狀很奇怪嗎？除了風水考量外，好的室內格局也攸關生活的舒適度和建築結構安全，不可不注意。

格局方正，勝！

格局方正的房子是極品，在陳設上也比較容易，不會發生放了櫃子就撞到桌子的窘境；峰禾建築與室內設計群建築師倪伯聰指出：「好的房子格局要符合使用者的需求，建築物的結構體也要好。」換言之，基地不方正導致房子也跟著不方正。格局畸形不對稱的房子，其建築的結構體在遇到地震時就容易受傷。不管是正方形還是長方型，只要不太狹長，都算「正」。

採光通風佳，優！

哪種格局採光通風最好？倪伯聰建築師表示：「三面採光的邊間最好，其次是前後兩面採光的房子，至於單面採光的房子，若每間房都有對外窗也不差。」若室內有不見天日的「暗房」，或是窗戶開向後陽台的「間接採光」，陽光很難照進房內，也都是扣分。至於光線太強的「西晒屋」，則易把家具晒變色，也會讓室內悶熱。

此外，窗戶的開法也會影響到通風，如果只有單面開窗空氣無法對流，夏天會覺得很悶熱。所以採光好通風佳的邊間，通常是最受歡迎的選擇。

高矮不一的梁柱少，讚！

室內的梁柱太多也不優，一來住起來不舒服，二來設計師也很難裝潢，為了把梁柱藏起來而影響室內高度，天花板可能得被迫變矮，住起來可能會有壓迫感。

好住宅的概念

1. 平面結構對稱、且不會太細長，抗震效果佳。
2. 每間居室都有對外窗可通風採光。
3. 每層戶數以 2-4 戶最佳，太多戶數走道拉長則公設比會增加。
4. 有兩部以上電梯，停等時間不會太久，且萬一有一部故障或維修時還可使用另一部。

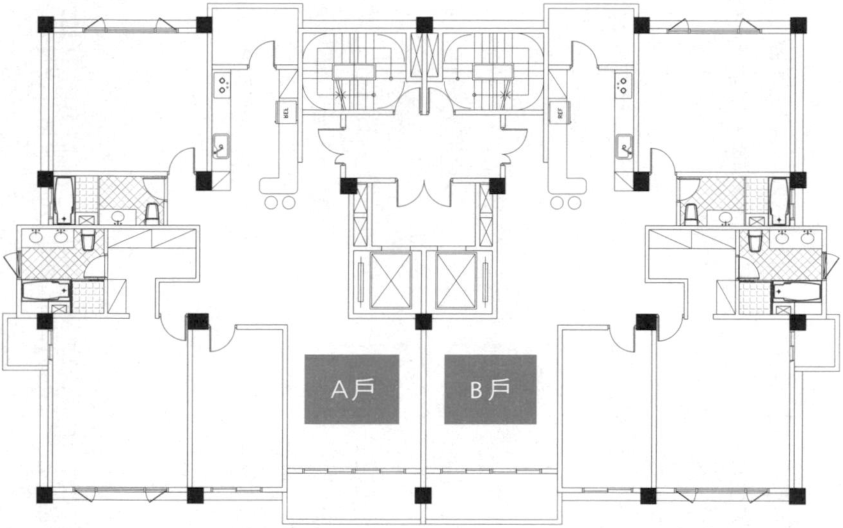

室內部分：

1. 有獨立玄關，可做鞋櫃與外出衣櫃。
2. 可做封閉式或開放式廚房，屋主可彈性決定。
3. 沒有長型的走道空間。
4. 主臥室有獨立更衣空間。
5. 所有浴廁都是乾濕分離，至少有一處有浴缸。
6. 隔間可彈性調整，並預留室內設計師發揮空間，且不需大改格局。

住宅建築平面概念圖提供：大峰 ‧ 天禾 建築師事務所

Q41 一定要懂的兩張圖：原建照平面圖是啥？

無論你買的是中古屋、預售屋或新成屋，都會拿到一張「平面圖」，說明空間配置與格局。中古屋由於年代較久，所以房仲業者提供的大多是「陽春平面圖」，只簡單說明內部的格局及房間數；預售屋和新成屋就比較完備，會提供兩種參考圖：原建照平面圖、家具配置圖或彩線圖。怎麼看這些平面圖的重點呢？

原建照平面圖

這是建商申請建照時提出的平面圖，會畫出房間的相對位置、隔間、柱子、浴廁、雨遮、陽台、電梯、樓梯、窗戶、機房等基本內容。

大部分建商會提供你一整層樓的平面圖，社區型的建案還會提供全區的位置圖，包括開放空間、公設、停車場等。

全區位置圖看整體空間

- 棟距遠近：距離鄰近大樓有多遠？會不會被遮光或吸入對面的炒菜油煙？
- 出入口與車道：你想住離大門近的？還是想遠離車道？
- 公設位置：垃圾場在哪一棟附近？游泳池在屋頂還是戶外？卡拉ＯＫ等會發出聲音的規畫是在哪一棟哪一層？

整層平面圖看建物規畫

- 基地位置：基地是否完整？會有西晒問題嗎？
- 樓層戶數：這是獨棟、雙拼？還是三拼大樓？
- 坪數：你看的是三十坪還是六十坪的房子平面圖？
- 電梯與樓梯的數量與位置，攸關逃生動線。

原建照平面圖怎麼看？

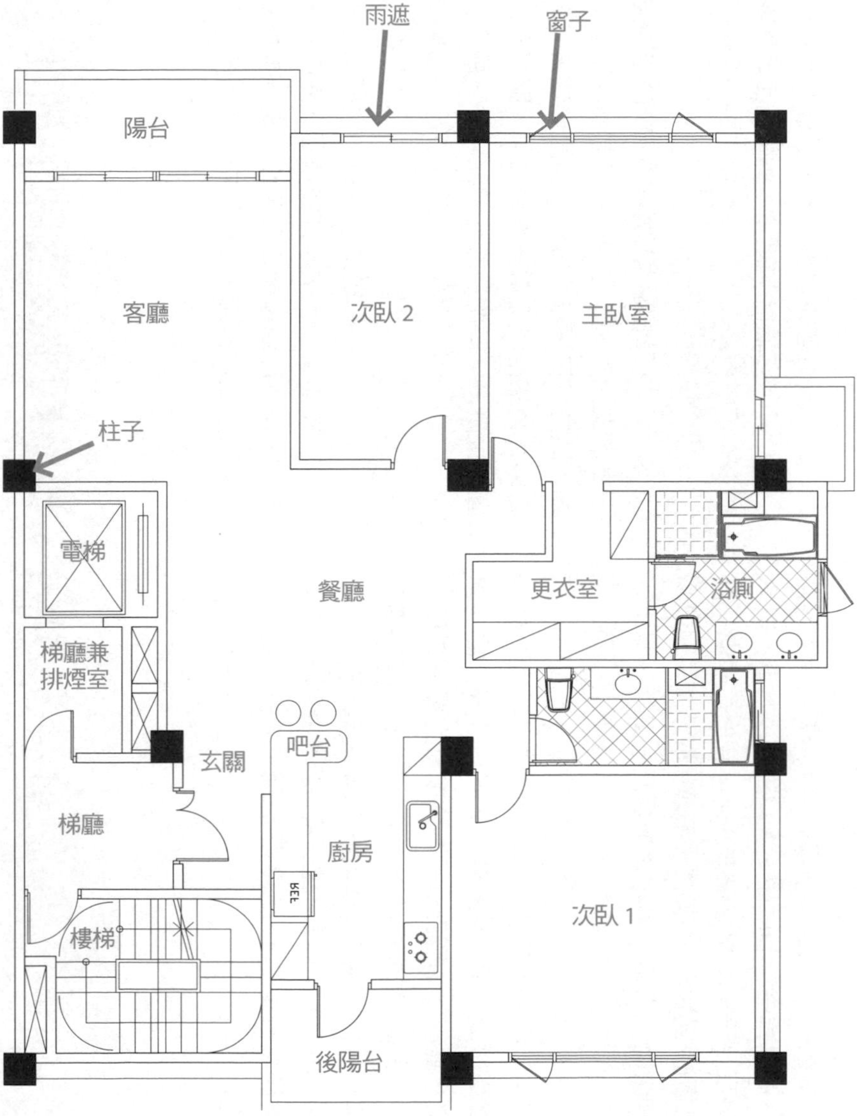

住宅建築平面概念圖提供：大峰 ‧ 天禾 建築師事務所

Q42 一定要懂的兩張圖：彩線圖又是什麼？

當跑單小姐大致確定了你的需求，要二房還是三房，要高樓層還是低樓層，要面中庭還是面馬路後，她就會拿出一張畫得美美的好像娃娃屋的平面圖給你看，這就是所謂的彩線圖，又叫家具配置圖。

家具配置圖

依據建照平面圖，設計師模擬居家實境，用電腦繪圖勾勒出家具配置圖。購屋者可以從中想像未來入住後的景況：這裡可以放餐桌、那裡是雙人床的位置、書櫃跟衣櫃可以擺在靠牆處……有的彩圖甚至還描繪出溫暖的毛地毯或木質地板，營造舒適質感。

看室內格局

- 窗戶開窗的方向與數量，攸關採光通風。
- 房間格局規畫：房間數夠不夠？格局規畫是否符合你的需要？
- 臥房和廁所、廚房的關係：油煙會不會飄進室內？臥房是否夾在兩間廁所中間，整天都會聽到沖水聲？
- 陽台和雨遮的規格：有陽台嗎？多大？足以晒衣服或種花草嗎？有雨遮嗎？深度是否足以遮雨？
- 梁柱與牆的關係位置：平面圖只看得到「柱子」，看不到「梁」；你可以注意柱子的位置是否恰當？牆壁是否有「外推設計」讓室內空間更方整好用？

神秘的虛線

注意看，有些平面圖會有神秘的虛線，有些是建商申請執照時登記為「機房」的位置，有些則是陽台。「虛線」就是暗示你，未來可以變更為室內空間或做陽台外推，雖然是違法行為，但是因為很難查緝，所以這樣的神秘虛線在一些空間不足的建案中，屢見不鮮。

家具配置圖怎麼看？

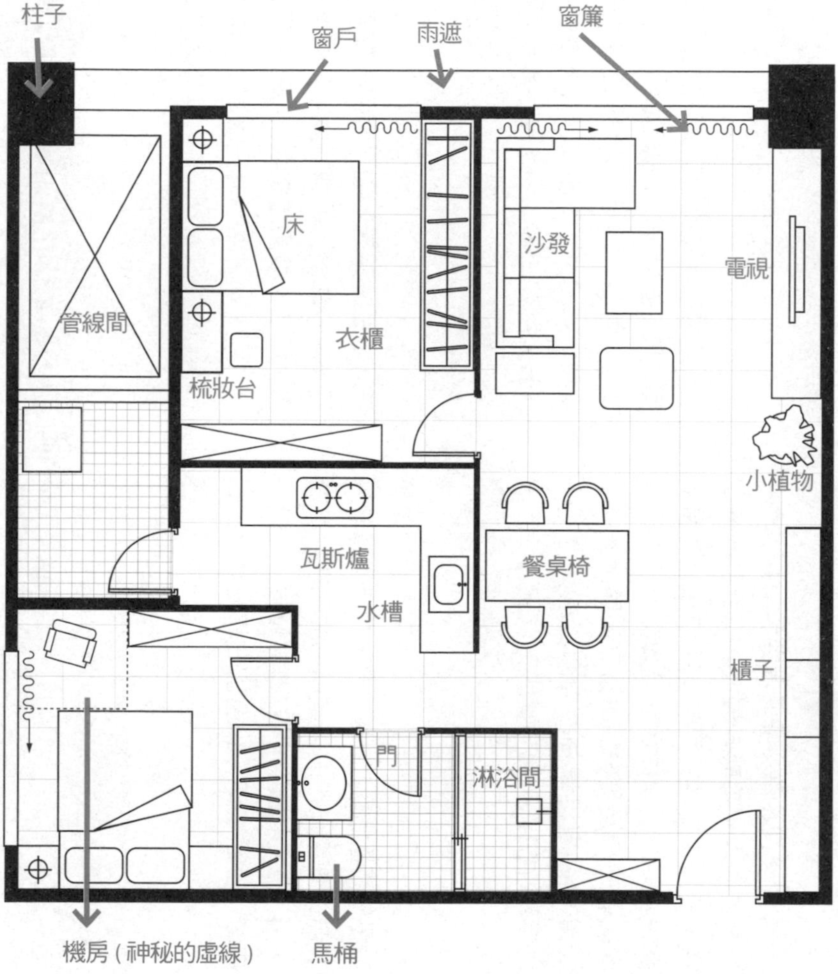

Q43 平面設計圖沒告訴你的事？

蓋一棟房子，消費者看不到的比看得到的多，而且，通常那些你看不到的才是房子好壞的關鍵。好在，看不到，還能「問得到」或「查得到」，看房子，多問問題準沒錯。有哪些是平面設計圖沒辦法告訴你的事呢？

看不見的機電管線

「管線」是我們最難看見的地方，就算可以在現場看到房子，你也很難瞭解管線是怎麼牽的？所以有越來越多建商將冷熱水管、污水管採「明管」設計，一目瞭然方便維修。至於看不見的電線，則要靠「配電箱（電盤）」上的說明，才知道跳電時要修哪裡的線路。

高樓層的中繼水箱

高樓層最怕水壓不夠，所以有良心的建商會在整棟高樓的中間樓層，例如二十層樓的第十層樓加設「中繼水箱」，加裝加壓馬達及減壓設施，讓水壓能打上高樓層。如果房子剛好在這一層，就可能會聽見馬達轟隆轟隆的聲音，怕吵的人一定要問售屋服務人員，「中繼水箱在哪裡？」

建材相關問題

平面設計圖無法告訴你房子採用什麼建材，也沒辦法告訴你氣密窗是採用單層的還是雙層的玻璃？有多厚？平面圖沒辦法告訴你隔間是用水泥磚牆還是近十年流行的「輕隔間」，也不能告訴你隔震或制震設計在哪裡。但是你可以問，請你一定要「好問不倦」。如果你都問不到，那這個建案就有點讓人憂心；建議你還是挑有品牌與信譽的建商比較安心。

真正的樓高

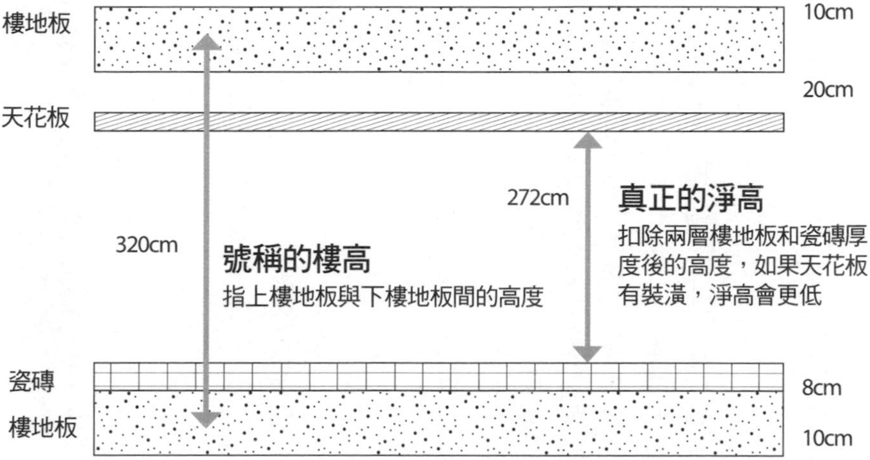

真正的樓層高度

平面圖看不出樓層高度，峰禾建築與室內設計群建築師倪伯聰表示：「真正的樓層高度是指樓地板到樓地板的中間距離，並且扣除地磚水泥等厚度後的高度。」儘管你可以問到：這是三米二的房子，但是真正的高度卻是扣除這些厚度後的高度，真正的樓板下淨高可能只有三米上下。

看不見梁的位置

平面設計圖雖然會標出柱子的位置（通常位於平面圖四周黑色方框），但是「梁呢」？沒錯，看不到，到底大小梁的位置在哪裡？有多少根？平面圖是看不到的。倪伯聰提醒購屋者：可以跟建商索取「結構平面圖」或是問清楚賣方，以免買到很多梁的房子，屆時很難裝潢啊。

Q44 要怎麼聰明看懂建材？

建材，是所有購屋細節中消費者最難判斷好壞的項目，好建材的耐用度、耐污度和光澤質感與次級貨硬是不同，幾招教你聰明判斷建材好壞。

第一招：看品牌

「品牌」不是萬靈丹，但有品牌至少代表經過政府機關的把關，有一定的品質可言。幾個大品牌例如：和成 HCG 衛浴、白馬牌瓷磚、日本 TOTO、德國 BOSCH 家電、美國杜邦石檯面，都是建商愛標榜的品牌，有些不肖建商會偷天換日，魚目混珠，改成大象牌、HGC、TOGO 牌……等等，一字之差，差了十萬八千里，消費者需注意合約上載明的品牌，並與交屋的建材品牌比對是否一致，以免吃虧。

此外，有些建商會用「或同等級」含混交代，消費者也可要求說明是什麼等級、是什麼牌子的；有的建商很聰明，標榜建材都是「國外進口」，殊不知只要是台灣以外就算國外，大陸、東南亞等「外國貨」也是國外，不需要迷信國外進口的建材。

第二招：防火看標章

有些建材標榜防火，例如防火門，真的防火門背後一定會有 CNS 認證的防火標章；曾經有消費者把某建案標榜防火的門拆下來送交檢測，結果發覺根本不防火，建商因此賠償了一筆費用，如果你不安心也可以如法炮製。

第三招：看工地

深入預售屋或是尚未完工的新成屋現場，是瞭解建材是否偷天換日的最佳時機，擔心的民眾可以到工地現

瓷磚優劣簡易評量

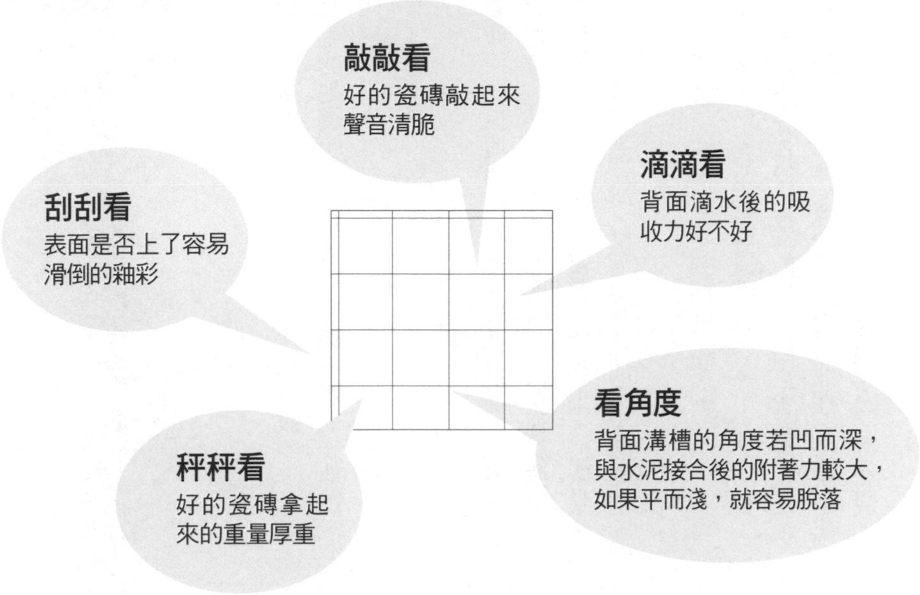
敲敲看
好的瓷磚敲起來
聲音清脆
滴滴看
背面滴水後的吸
收力好不好
刮刮看
表面是否上了容易
滑倒的釉彩
看角度
背面溝槽的角度若凹而深，
與水泥接合後的附著力較大，
如果平而淺，就容易脫落
秤秤看
好的瓷磚拿起
來的重量厚重

場去抽查拍照，看看現場一箱一箱的瓷磚等建材到底是什麼牌子，拍照存證是最直接的方法。

第四招：油漆看均勻度

油漆也是容易偷工減料的項目，上漆前的標準工序要經過泥作、批土粉光（上兩層底）、上底漆（第一度）、砂紙磨細後上面漆（第二度）、乾了以後上最後一次面漆（第三度）等程序，也就是所謂「二底三度」。

但是，建商到底漆了一度還是二度，肉眼很難分辨，唯一可以稍微判斷的蛛絲馬跡是「漆的是否均勻」，如果面漆偷工減料，深色的底漆就會蓋不過去，牆壁看起來就會花花的。偷工減料的油漆很容易褪色，規規矩矩上漆的可以至少撐五年還依然美麗如新。

Q45

天呀！有沒有不怕地震的房子？

這是一個「聞震色變」的年代。以往每隔數年、十數年才會發生的地震，如今全球許多地區都進入地震活躍期，印尼、日本、台灣、紐西蘭……不僅震垮了建築也震怕了人心。

台灣位處菲律賓板塊與歐亞大陸板塊交接處，屬於環太平洋地震帶，其中台灣東部地震多，好在震源深，所以影響相對較小；西半部的震源淺，加上人口密集，地震的巨大能量一經釋放，反而容易造成重大的傷亡。

九二一大地震後，法規開始規範耐震度

台灣早期的房子缺乏耐震設計，發生九二一大地震後，甚至有建築師聲稱「自己監造的房子倒了不必負責任，因為建築師是監工而非監造」，似是而非的言論引起輿論撻伐。大地震卻也迫使政府積極修改建築法規，加強房屋結構的耐震設計，因此近十年的新成屋都至少能承受五級的地震強度。

耐震不代表房子完好無缺

所謂的耐震，並不是說建築結構遇到地震不會有絲毫損傷，無論是「隔震」、「制震」設計，都是一種吸收地震力的設計，目的是降低建築結構體瞬間倒塌的機率，當大地震發生上下左右搖晃，出現龜裂或歪斜，但是建築體仍屹立不搖，只要柱子不垮、牆壁不塌，耐震設計就能替民眾爭取寶貴的逃生時間，降低生命財產的損失。

「隔震」顧名思義就是隔絕地震力，通常會在建築低樓層的柱子下方加裝大型的「隔震墊」，讓堅硬的梁柱多了一層橡膠材質的緩衝墊，重點是：每根柱子下

耐震、隔震與制震

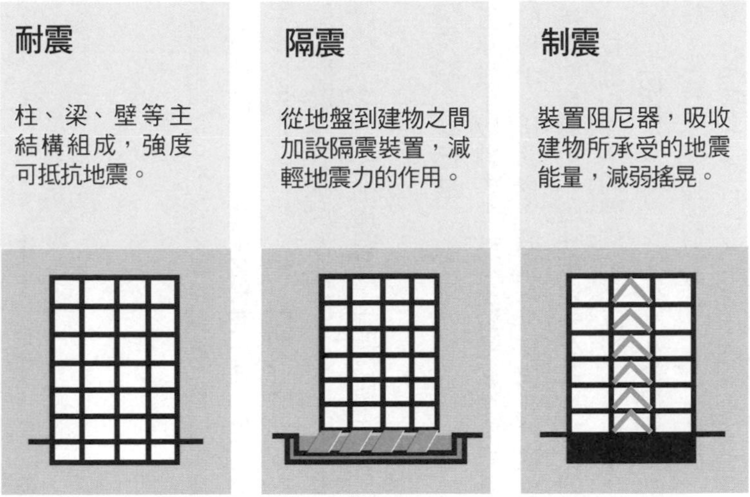
耐震
柱、梁、壁等主結構組成，強度可抵抗地震。
隔震
從地盤到建物之間加設隔震裝置，減輕地震力的作用。
制震
裝置阻尼器，吸收建物所承受的地震能量，減弱搖晃。

方都要加裝才能達到隔震的效果。

而「制震」設計就是在建築結構體內安裝各種可以吸收地震力的韌性構造，例如最常用的「阻尼器」、斜撐設計、剪力牆設計、或是在牆壁間安裝由鋼板和高黏性物體所組成的「制震壁」等等。哪一種設計比較安全？沒有人知道。因為這些都是近十年的設計，只有面臨地震的考驗後才知道哪種工法比較有效。

有保有保庇，幫房子投保地震險

購屋時銀行會要求申請房貸的屋主購買「住宅火險及地震險」。民國九十一年以前的房子大多沒有地震險的保障，九二一大地震後，政府規定從九十一年四月起，將住宅地震基本保險列為政策性保險。民眾可透過銀行、產險公司等管道投保以保障住宅安全；部分業者更推出「新式居家綜合保險」，就連「輕損地震」把家中電視摔壞了也提供賠償哦。

Q46 RC、SRC、SS是蝦米？哪種比較厲害？

人靠骨架支撐身體，房子的骨架就是鋼筋和鋼骨，皮肉就是混凝土，目前常用的建築材料有三種：鋼筋混凝土（Reinforced Concrete, RC）、鋼骨鋼筋混凝土（Steel Reinforced Concrete, SRC）與鋼骨結構（Steel Structure, SS），各有優缺點，安全性則要看施工品質而定。

不同結構材料各有優缺

日本一九九五年發生阪神大地震，損毀最嚴重的竟是純鋼骨結構的房子，研究後才發現鋼骨結構在低溫或製造與組裝過程中會發生「脆性破壞」，就像冷凍的麥芽糖一樣一拉就脆裂，同時也怕高溫大火，原本以為最耐震的房子卻損失慘重。一九九九年台灣發生九二一大地震，震垮了不少鋼筋混凝土（RC）樓房，一時間鋼骨鋼筋混凝土（SRC）和鋼骨結構（SS）忽然又變得很紅。

事實上，建築體是否耐震，影響最大的不是結構材料而是施工的過程與品質管制是否偷工減料，如果RC的鋼筋數不足或亂綁、SRC的鋼筋混凝土混了水、SS的鋼骨焊接不當……都會影響建築結構的安全，而不是哪一種一定最安全。如果住戶買了房子後，為了裝潢隔間而敲壞梁柱及壁面結構，再堅固的房子也會摧枯拉朽不堪一擊！

地下室可平衡建築體

地下室空空的，地震來了會不會很危險？答案剛好相反，有地下室的房子可以平衡上面的建築重量，想想看，地上蓋了一棟龐然大物，地下土壤勢必會往下被擠壓沉陷，有地下室就可以減少往下的沉陷，但是也不能挖太深，因為地下水有浮力，太超過反而會讓房子傾斜。如果你買的是傳統沒有地下室的老公寓也不

RC、SRC、SS 比一比

	RC 鋼筋混凝土	**SRC** 鋼骨鋼筋混凝土	**SS** 鋼構
造價	最便宜	貴	貴
工期	工期長	工期最長	工期最短
適合樓層高度	中低樓層	高樓層	高樓層
對空間的影響	結構柱最大，最佔空間	結構柱中等	結構柱小，最不佔空間
防火性	防火性高	防火性高	防火性差
防水性	防水性高	防水性高	防水性差
材料韌性	材料韌性差	材料韌性比 RC 好	材料韌性最好
隔音	隔音性佳	隔音性佳	隔音較差
問題點	・鋼筋偷工減料，混凝土材料不足	・地震會出現裂紋 ・要兼顧 RC 跟 SS 兩種材料與技術，施工複雜，品管更困難	・地震看不出牆壁裂縫，若已經傷害結構無法預先防範

用害怕，因為身經百戰而歷「震」不倒，表示有基本的抗震能力；除非已經有裂痕或損傷，就要請結構技師出面檢查。

結構越對稱越好

公寓、電梯華廈、二十層以上的高樓、透天厝……到底哪一種比較耐震？房子類型不一定是耐震的保證，還要看建築結構平面與立面的設計，「結構越對稱」越不容易因為地震力而扭曲，建築平面造型出現T型、L型、ㄇ字型、ㄈ字型等奇特形狀的都不好，低樓層有挑高梁住設計的柱子容易斷裂、牆壁厚的也比薄的好，鋼筋箍筋紮實比房屋類型更重要。

Q47 你家位在斷層帶上嗎？

根據經濟部中央地質調查研究所的資料，台灣的地震成因大多與「斷層錯動」有關，當岩體發生破裂而產生相對的位移時就稱之為「斷層」。最危險的是過去十萬年內曾活動，未來可能再度活動的「活動斷層」，目前全台灣約有三十三到五十一條斷層帶（各研究單位資料不一）。

■台灣三大地震帶分布

・西部地震帶：泛指整個西部地區。地震次數較少，震源較淺。

・東部地震帶：北起宜蘭東北海底自南西延伸，經過花蓮、成功到台東。特徵為地震次數多、震源較西部深。

・東北部地震帶：從蘭陽溪上游附近經宜蘭向東北延伸到琉球群島，屬於淺層震源活動地帶。

■台北盆地斷層帶

根據經濟部中央地質調查所最新公布的台灣區活動斷層圖顯示，影響台北盆地八百萬居民安危的「山腳斷層」全長約四十公里，穿過大屯火山，從東北方的金山、關渡延伸至五股、泰山、樹林一帶。其他存疑性的斷層還有：新店斷層、台北斷層、崁腳斷層、金山—新莊斷層等斷層帶。

■你家位於斷層帶上嗎？上網查一查就知道

・經濟部中央地質調查所，結合 Google earth「台灣活動斷層查詢系統」（GIS 線上查詢）：http://fault.moeacgs.gov.tw/TaiwanFaults

・中央大學應用地質研究所「台灣活斷層查詢系統」：http://gis.geo.ncu.edu.tw/act/actq.htm

台灣活動斷層分布圖

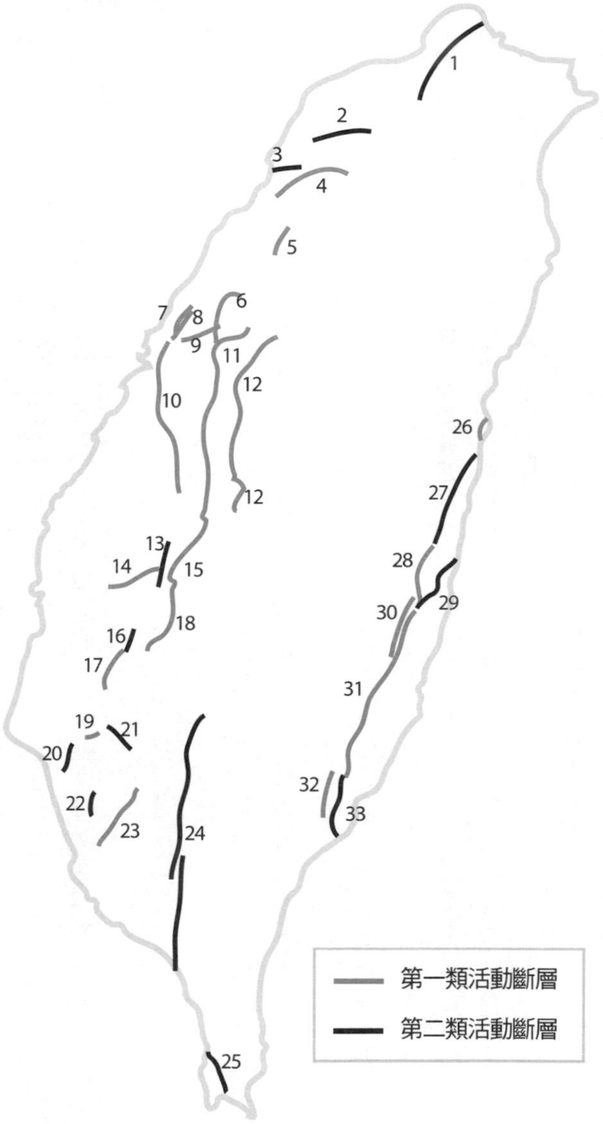

1 山腳斷層
2 湖口斷層
3 新竹斷層
4 新城斷層
5 獅潭斷層
6 三義斷層
7 大甲斷層
8 鐵砧山斷層
9 屯子腳斷層
10 彰化斷層
11 車籠埔斷層
12 大茅埔—雙冬斷層
13 九芎坑斷層
14 梅山斷層
15 大尖山斷層
16 木屐寮斷層
17 六甲斷層
18 觸口斷層
19 新化斷層
20 後甲里斷層
21 左鎮斷層
22 小岡山斷層
23 旗山斷層
24 潮州斷層
25 恆春斷層
26 米崙斷層
27 嶺頂斷層
28 瑞穗斷層
29 奇美斷層
30 玉里斷層
31 池上斷層
32 鹿野斷層
33 利吉斷層

資料來源：經濟部中央地質調查所（2010）

48

買房子首重結構安全
一位建築師的真心話　倪伯聰

真心人物
峰禾建築與室內設計群建築師　倪伯聰

有些頂樓加蓋的房子、夾層屋，使總載重超過原來結構技師的預估值，對結構很不好。

峰禾建築與室內設計群建築師倪伯聰，既是建築師也從事室內設計，他以專業的眼光教購屋者如何判斷結構安全、樓高格局和建材，幫大家分析好房子的關鍵。

當建築師接到一個建築委託案時，建築師的任務就是在既有的基地面積上規畫出最大效益的使用方式，「建商好比是客人下菜單，建築師就是廚師，要把菜做出來！」倪伯聰說。例如：建商希望規畫出二十八坪的二房、三十五坪的三房和四十坪的四房產品各多少戶，建築師就要想辦法設計出最好的採光格局和最聰明的空間使用方式，哪幾戶要開雙面窗？棟距有多遠？這都是建築師在規畫時要思考的課題，購屋者拿到的平面設計圖就是這麼仔細推敲來的。

參與了這麼多建築規畫，倪伯聰個人認為「盡量不要買屋齡二十五年以上的房子」，因為建築結構的壽命平均只有五十年，買老的中古屋管線都必須重牽，整體的購屋成本並不見得比買新成屋划算。

買房子首重結構安全

倪伯聰提醒：買預售屋或新成屋首重「結構安全」，不買奇形怪狀的房子，也要注意房子本身是否有避震或制震的規畫，因為台灣的建築法規在九二一大地震後才修法，在某些新的豪宅建案更強調有「韌性設計」，例如：在柱子和柱子中間的牆面會有X型的「斜撐」設計，就像是汽車的避震器，可以吸收地震力。「這是最新的觀念」，倪伯聰表示這些「構件」在大地震後若損毀，把牆面拆掉替換新的桿件就可以了。

面對頻仍的地震問題，建築師和結構技師在規畫之初就會將建物主結構所能承載的「淨載重」—如樓地板重量、梁柱和牆壁的重量和「活載重」—出入的人群、寵物、活動家具等變數納入計算，思考水平晃動的地震力與上下搖動的地震力需要哪些韌性設計以避震。市面上有些頂樓加蓋的房子、夾層屋……使總載重超過原來結構技師的預估值，「對結構很不好，」倪伯聽憂心地說。

也因此，近十年建商開始流行使用輕質混凝土中間灌保麗龍的「輕隔間」，取代早期的磚牆隔間。「用保麗龍，安全嗎？」倪伯聽指出：重要的外牆等主結構當然還是使用鋼筋混凝土材料；「輕隔間」則可用於室內的隔間規畫，對於結構安全沒有影響，要拆、要釘東西都不是問題，材質輕對建築結構的負擔也比較小，「唯一的缺點就是隔音效果略差啦」。

不是越高越好，樓高與空間大小有關

除了結構問題外，倪伯聽也提醒購屋者「不要落入樓高的迷思中」，有些人認為樓高越高越好，越沒有壓迫感，甚至可以做樓中樓或夾層屋。事實上，撇開夾層屋遇到地震時的結構安全問題不談，「樓層高度與空間大小有關」，如果室內空間只有三十坪，面寬五米，天花板淨高二米六，一點也不會覺得低矮；反之，就算天花板淨高有三米六，如果是在台北車站幾十米寬的大廳，還是會覺得低。「而且，太高燈光照不到」，為了照明問題反而要花更多的錢裝燈具，並不環保。

買房應回歸個人需求

「參與了這麼多建案，在格局採光上有沒有什麼建議呢？」

倪建築師認為，買房子還是要符合個人的需求，要買兩房還是三房？要邊間還是雙面採光？這都要看個人喜好及預算。不過，「對於相同價位、相同格局的房子，消費者就可以挑選有利的那一間。」例如：同樣價位，東邊的當然比西晒的好；但西晒的邊間又比單面採光的房子好……這些小細節，都是購屋者挑選房子時可注意的重點。

Part 4
房子這樣買
深入房價現場

Q49 哪些是值得買的好房子？

好房子人人愛，但「房子好不好」是一個見人見智的問題，只要符合需要，就算是深山幽谷，也可以是人間仙境；若以普世的價值來評估，可以歸納出幾點：

地段好

- 交通樞紐：雙捷運是目前最夯的地點，捷運沿線、高鐵站附近、樓下就有公車站牌……都有交通優勢。
- 生活機能強：公園、市場等生活便利的地段
- 經典區域：國父紀念館、大安森林公園、中正紀念堂，這一類整體質感好的經典地段。
- 明星學區：大學、高中，讓人擠破頭的好學校旁。
- 名人鄰居：教授、老闆、明星為鄰，眼光不會差。

潛力好

- 有重大公共建設：隨時注意政府機關動向，無論是要蓋音樂廳、行政中心、捷運等，重大公共建設即將興建前，就是購屋的好時機。
- 都市更新題材：地段好的老公寓是目前頗受矚目的標的，但是沒人有把握何時會完成都更，所以是「增值潛力好，長時間才等得到」的房子。

品質好

品質好的房子只要周邊生活機能也好，就值得買；反之，如果周遭環境差，充滿鶯鶯燕燕或嫌惡設施，房子本身品質再好都要三思。

不過，有些外表瓷磚脫落但內部堅固耐用的老公寓，在資深房地產投資人楊德芬眼中可是肥羊，因為老公寓蓋得不見得比新大樓差，內部只要加以裝修整理就可以住得很舒服，而且外觀舊，小偷比較不會來偷！

包租公的投資報酬率怎麼算？

公式

$$\text{投報率公式：}\frac{\text{年租金收入}}{\text{房價＋裝潢費}}$$

EX

$$\text{舉例：}\frac{\text{12 個月 x2 萬租金}}{\text{900 萬房價 +100 萬裝潢}} = \text{投報率 2.4\%}$$

規格好

・稀有性：三面採光又獨門獨戶，還有社區小花園，這類具有稀有性的房子，無論自住或投資都可以保值。

・投資報酬率高：如果你買房子是想當包租公，就要算一下投資報酬率，高於銀行利率就可以考慮了。

價格好

仔細找，你還是有機會買到低於市價的好房子，有些是屋主急於換現金；有些是老實人，不瞭解行情而隨意出價，曾有老先生在板橋新埔捷運站精華區以五百萬低價賣三十年老公寓，房仲接到案子就直接買下來，轉手就以八百萬賣掉，立刻現賺三百萬。

附加價值高

・頂樓加蓋：合法的頂樓加蓋是許多投資客的最愛，四樓送五樓，下面自住上面分租，但若是「新違建」可要小心被舉報拆遷。

・一樓附地下室或門口有車位：一樓可自住也可變成店面，若前面還有寬闊的停車位，地下室也是你家的，就算房子老，也是增值好標的。

Q50

哪些是可能會貶值的房子？

房子為什麼會貶值？除了年久失修、屋漏又逢連夜雨等因素外，房子周遭環境與產品規畫的良莠也是造成貶值的因素。

一窩蜂熱的房子

前幾年流行挑高的小套房、有溫泉景觀的房子，建商紛紛大量興建同類型的產品。這類一窩蜂熱的房子也很容易淪為蛋塔現象，除非你真的是想住小套房的單身貴族，或天天想泡湯，否則「數量大」反而等於「供過於求」，未必是件美事。

龍蛇混雜的房子

住家越單純越好，如果住戶的整體素質高、社區維護得宜，不但住起來舒適愉快，也有助於維持房價。反之，若你選擇的是好幾千戶的超級大社區，龍蛇混雜、管理不易，而且產品的獨創性也不高，就容易貶值。還有一類容易貶值的房子就是風化區的房子，再便宜也不要買，想想孟母為何三遷？

奇形怪狀的房子

格局方正採光好的房子是極品，基地面積歪斜而導致房子形狀也跟著畸形，路口常見狹長的歪三角形房子住起來不舒服，房價也很難翻身。

規畫不好的房子

位於死巷、暗巷的房子不但消防通道受阻，也容易淪為治安死角，建議還是少碰為妙；沒有陽台或窗戶的房子也不是好選項，資深房地產投資人楊德芬認為「陽台是一個緩衝，可以保護房子，也是居家晒衣及呼吸新鮮空氣的好地方」。而沒有窗戶的房子採光通風差，

這些房子不要碰

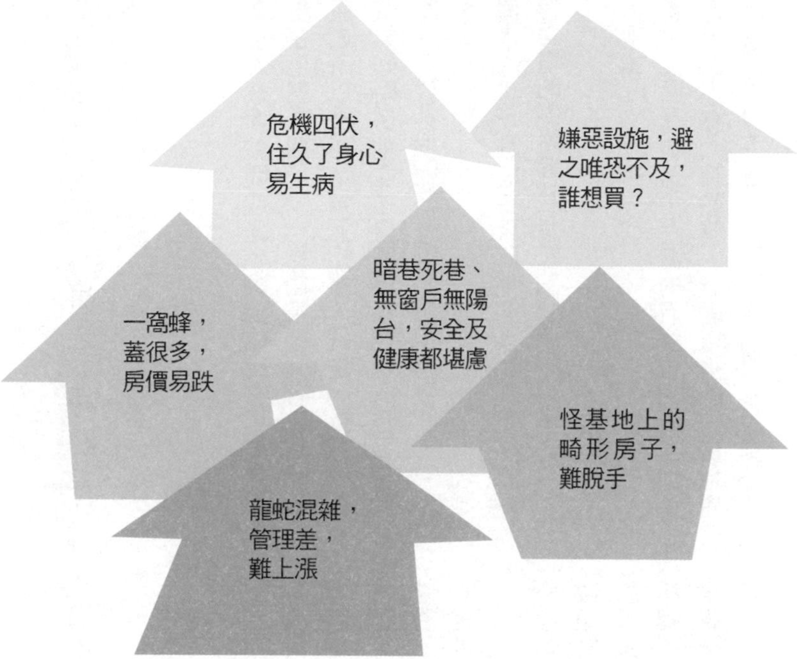
危機四伏，
住久了身心
易生病
嫌惡設施，避
之唯恐不及，
誰想買？
一窩蜂，
蓋很多，
房價易跌
暗巷死巷、
無窗戶無陽
台，安全及
健康都堪慮
怪基地上的
畸形房子，
難脫手
龍蛇混雜，
管理差，
難上漲

住久了也容易生病。

有危險的房子

沒有人想住有危險的房子，就怕你不知道房子有危險，輻射屋、海砂屋、凶宅、危險山坡地、地震後裂過的房子通通都要打叉叉。

鄰近嫌惡設施的房子

如果你家旁邊就是高壓電塔和基地台，設身處地想想，你會想買這樣的房子嗎？鄰近嫌惡設施的房子也容易貶值喔。

Q51 漲還是跌？影響房價的因素有哪些？

「如果，在SARS其間或是金融海嘯時有勇氣進場買房子，現在早就賺翻了。」我們常聽到有人這麼感嘆。房地產之所以被視為景氣指標，就是因為只有外在環境、景氣好時房地產才會興盛，連帶的也會帶動相關營建股，然後就像蝴蝶效應般，遍地開花。

能買到好價格的房子真的要天時地利人和加上一點好運氣。影響房價的因素究竟有哪些呢？

景氣與資金

景氣熱，資金流動就快速，台灣的有錢人想買房地產避稅，外資手頭握有大筆熱錢，無處可去時，房地產就成了最佳投資標的，連帶也拉抬了房價。景氣越好，民眾手中握有的資金就越多，加上傳統「有土斯有財」、「買房子抗跌」的觀念，房價就會跟著直直漲。

市場供需

有人買，才有人賣，當市場樂觀，就會吸引投資人進場購屋，當市場一片熱絡時，建商就會想提高價格；當建案具有珍貴的稀有性與保值性時，供給端就會更吃香。除非出現供過於求的狀況，或打房奏效，房價才有可能下跌。

政策

政策對房價能有多長遠的影響力？沒有人敢說，但是，如果政府不出手，房價繼續走揚的局勢短期內就很難扭轉。二〇一一年第二季政府面對不斷上漲的房價祭出課徵「奢侈稅」的打房重手，房市成交量頓時下降兩成，連帶影響建商推案的價格，讓房價呈現短期性的下降。實價登錄政策，也讓房價現形。

全台房地產價量趨勢圖 (2001-2012)

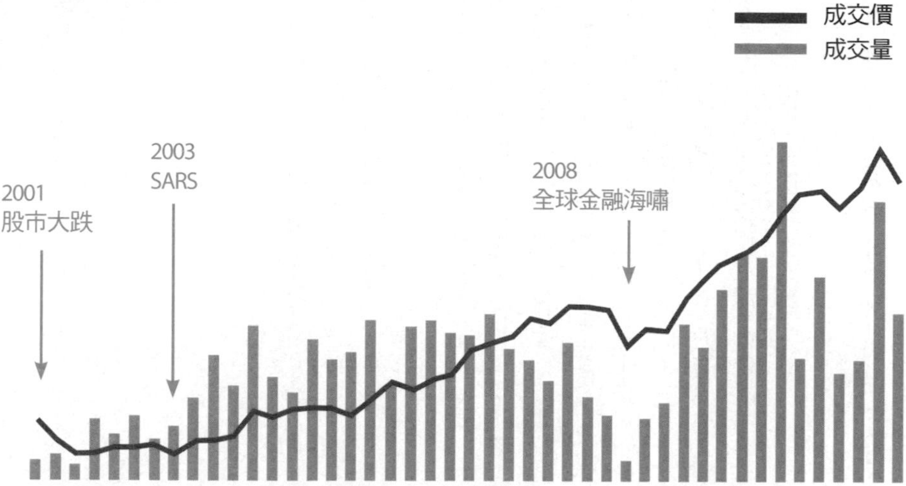

資料來源：國泰建設公司 / 政治大學臺灣房地產研究中心

貸款利率

民國七十年前後，房貸利率約十二%，對於有心購屋的民眾來說，貸款壓力其大無比；然而，時至今日，面對史無前例的低利率時代，把錢存在銀行所賺取的利息，追不上通貨膨漲；借錢買房子的門檻也變低，具有保本效果的不動產成為大家的最愛。

房屋品質

房子好壞是最直接影響房價的因素，地段差、屋齡老、不知名建設公司蓋的房子、周遭生活機能不良，房價當然低。反之，一棟人見人愛的好房子，品質有保障、建材好，雙捷運在旁，格局方正又三面採光，你說房價貴不貴？

Q52

你不知道的訂價遊戲是……？

看到房價不斷攀升，在咒罵之餘，相信你心中一定曾浮現「房價到底是怎麼訂出來」的疑惑？且讓我們深入某大知名代銷公司的工作現場。

代銷公司與建商的金錢遊戲

首先，想像自己是代銷公司的主管，正帶領著團隊要前往某大建商提案，風聲傳聞，這家建商還同時找了你們的死對頭提案。根據研發部門所做的該地區市調，發現這個地方中古屋的平均行情是三十萬，預售屋則是四十萬，而土地標售每坪的平均成本約六十萬，你希望將這個地方規畫為以三房為主力的住宅，權衡上述調查數字後，再加上利潤，團隊建議提出略高於目前市場行情的價格：每坪四十五萬。

熟料，建商還沒聽你報告產品細節，就破口大罵：「有沒有搞錯，四十五萬？另外一家代銷公司說，至少可以賣五十萬，五十五萬也有可能！」面對這個上億元的大案子，身為代銷公司主管的你，會怎麼做？

A、苦口婆心，建議建商接受目前的產品規畫及訂價。

B、立刻加碼五萬，以爭取這個案子的銷售權。

答案很清楚是B，儘管我們都希望多一些有良心的代銷公司可以協助合理訂價，但是迫於現實，建商還是老大。所以，現在你知道你家隔壁那塊原本拿來養蚊子的空地，每坪五十萬是怎麼出現的嗎？

投資客的墊高房價術

當然，不合理的房價絕對不是單一原因造成的，投資客也有一套墊高房價的方法，讓房子的平均售價越來

投資客如何墊高房價？

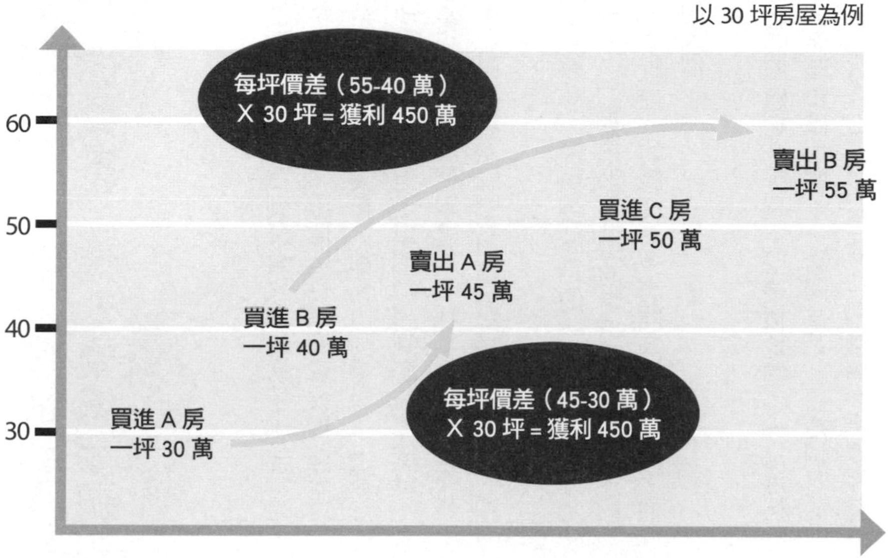

越高，就以新莊副都心周邊房價從一坪二十八萬飆升到一坪六十萬來說起，投資客會這麼炒房：

・買第一間房子：先以每坪三十萬，買第一棟房子。

・買第二間房子：過一陣子，又以四十萬買了第二棟房子。（你覺得投資客頭殼壞去了嗎？怎麼會買超出行情的房子？大錯特錯！投資客已經成功拉高房價三成三，這就是炒房！）

・賣第一間房子：等周邊行情已經往四十幾萬飆升，此時以四十五萬賣出第一棟房子。（跟當初一坪三十萬比，每坪淨賺十五萬。）

・買第三間房子：行情持續看漲，投資客決定加碼，以每坪五十萬買下第三間房子。（房價又被拉高三成三，若跟一開始比，已經漲了六成六。）

・賣第二間房子：想想看，在這個時間點，投資客會用多少價位賣第二間房子？絕對高於五十萬。

黑心炒房投資客就是透過這種墊高房價術，讓我們的房價節節高升，高到連許多房地產從業人員都瞠目結舌的地步。所以，你說奢侈稅該不該開徵？

Q53 你買貴了嗎，要怎麼調查成交行情？

買房子最怕當冤大頭，買到又貴又爛的房子，無論是台灣房屋執行長謝萬雄、房地產資深投資人楊德芬還是知名代銷公司的從業人員，都異口同聲說：「買房子前一定要做功課。」但是這門功課到底該怎麼修，才不會被當掉呢？讓我們跟著知名代銷公司不動產研究員小吳，一起學習怎麼調查周邊的行情吧！

直搗仲介黃龍，探中古屋均價

仲介要賣房子，一定要瞭解周遭的房價，請抱持著「問房仲百遍也不厭倦」的態度，多詢問幾家不同的房仲業者周遭的房價。

然而要怎麼問問題呢？千萬不要傻傻地問：「這邊房價多少？」而要精確地問：「請問某某社區這個月的成交行情是多少？」指名道姓地問幾個「指標性社區」，就可以略為查出該區的「成交範圍」是多少！

此外，詢問社區大樓的管理員也不失為好方法。

假客戶詢價法，看中間樓層均價

為了瞭解競爭者新成屋或預售屋的成交行情，不動產研究調查員也會玩「假客戶」的遊戲，找親朋好友或公司同仁，在不同時間去詢問不同樓層的售價，甚至逼真到要下訂金購屋，看看最多能砍多少錢，就能探底。然後再將大家蒐集回來的價格加以歸納，就可以知道預售屋和新成屋的均價。

可是，每個樓層價格都不太一樣，到底要問幾樓的房價？不動產調查最常查詢的是中間樓層的房價，如果是十二層樓高，就問六、七、八這幾層樓的均價。

2013年4月最新成交行情（大台北地區）

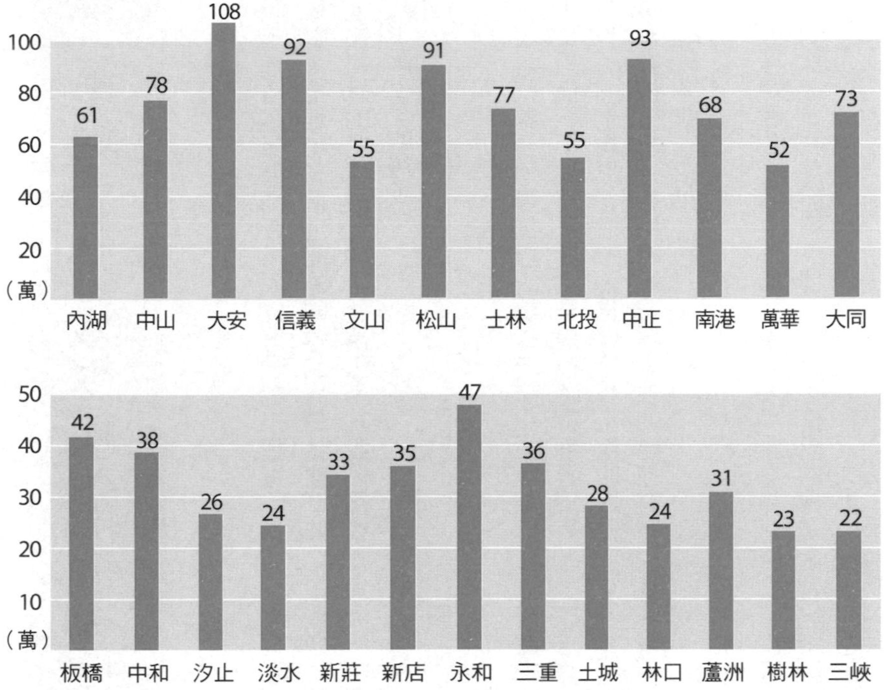

資料來源：591售屋網

小吳提醒：「不要問跑單小姐太專業的問題，她們可是很敏銳的，一聽就知道你是來詢價的。」例如：雙面臨馬路的A戶跟一面臨馬路一面臨暗巷的B戶價格應該有價差，這時不要要專業的問：「這兩戶的『平面價』怎麼會一樣？」裝傻，問傻問題，甚至是拿著書去問問題都是詢價的好辦法。

透過公開管道查詢成交行情

內政部地政司為建全房地產交易市場，在「eHouse不動產交易服務網」新增「成交行情」查詢功能，收錄包括永慶房屋、台灣房屋、東森房屋、全國不動產等知名房仲業所提供的資料約五萬多筆；為了保障住戶隱私，目前僅能以半套的方式公開資料，雖不能明確指出該門牌地址的成交行情，但是卻能幫助消費者瞭解「區域行情」。目前各房仲業者網站也陸續推出查詢行情的功能。

Q54
土地一坪賣多少錢和房價有什麼關聯？

大家都說土地成本節節高升，所以房子越來越貴，真的是這樣嗎？土地和售價之間的關連到底是什麼？為什麼台北市每坪的營建成本約十八萬上下，我們卻要買一坪八十萬上下的房子？

土地標售價格

這得回到廣告代銷公司專業級的調查方法—從土地價格回推未來房價。不動產研究調查房價時會參考國有財產局公告的「土地標售價」，也就是該土地的取得成本，透過數據分析，可以瞭解一坪土地的建地有多少建坪，由此反推未來的房價。

建商定房價的公式

建商賣你的房價＝（每建坪單價＋每坪營建成本）×想賺的利潤

有良心一點的建商賺個二成，想多賺一點的甚至會拉到四成以上。所以土地成本越高，加上要求的利潤越大，消費者要花的購屋成本就越多了。

高於周邊行情怎麼辦？

然而，如果建商算出來的預期房價高於周邊的行情，較難推案，那麼建商會怎麼做呢？難到會願意降低利潤求售？當然不。這時建商會採取幾種做法，例如：

- 先養地再賣地，養地期間以停車場等名目出租使用。
- 整合周邊地主的土地，攤提降低土地成本。
- 爭取容積獎勵或容積移轉，增加建坪。
- 降低營建或管銷等成本。
- 先建後售，等周邊行情上漲。

無論採取何種方法，建商都就是要賺到預期的利潤，而這也就是為什麼房價很難下跌的原因。

從土地價格回推未來房價

公式

推案價格＝（每建坪單價＋每坪營建成本）× 利潤
? A B C

A ＝土地成本 ÷ 建坪

土地成本（每坪）＝購地總價 ÷ 土地總坪數

建坪（每坪土地）＝容積率 ×1.7（計算建坪之經驗值）

B 18 萬（台北市推估）

C 1.4（建商利潤 30% ＋管銷費用、利息等其它成本 10%）

EX

國有財產局公開標售國軍老舊眷村數十筆不動產，其中建國南路 X 段土地 121.30 坪以總價 7.31 億標出。換算每坪土地單價 602.6 萬元，創下全台住宅土地第二高記錄。若 121.30 坪土地直接開發銷售：

? ＝（**A** ＋ **B**）×**C**

土地成本：7.31 億 ÷121.30 坪＝ 602.6 萬（每坪）
建坪：住三之二容積率為 400%×1.7 ＝ 6.8（1 坪土地可興建約 6.8 坪建坪）

A：土地成本 ÷ 建坪＝ 602.6÷6.8 ＝ 88.6
B：18 萬（每坪）
C：1.4

? ＝（88.6+18）×1.4=149
建商未來推案可能價格：約 149 萬 / 坪

（感謝知名代銷公司不動產研究部小吳協助精闢的分析）

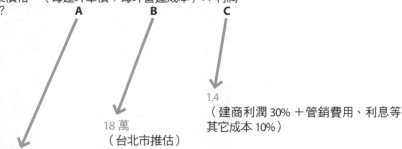

Q55 神秘的低總價？特區價為何差很大？

瞭解周邊的成交行情，不代表你就能用成交行情買到夢想屋，關於房價的金錢遊戲，還有很多眉角是消費者得小心的。

■低總價≠買到便宜的房子

一間新北市三十坪，總價只要六百萬的房子，猛一看，低總價的房子是否讓你心頭小鹿亂撞？不好意思，那可能是一間權狀二十坪的電梯華廈；換算下來一坪約三十萬，附近的中古屋行情卻是一坪二十五萬。單價高於市場行情，並不便宜。相反地，一間開價一千八百萬的六十坪豪宅，看似昂貴，若換算為每坪單價只要三十萬，簡直是撿到大便宜。

所以，看房價不能只看總價，還要看每坪單價和平均行情。

■總價≠購屋總金額

許多人看房子時只注意到房屋總價，評估還款能力時只想到總價是不是自己買得起的，誤以為總價就是最後要付出的購屋成本。錯，每個月「固定」要繳的錢絕對比總價高，還要加上貸款利息、裝潢費等等。

舉例來說，一間一千萬的房子，自備款三百萬，七百萬貸款。若以二%的固定年利率來估算，你每年至少還要多付出十四萬的利息，二十年要多付二百八十萬。所以實際上，你是花了近一千三百萬買房子，這還是用最低標的利率計算的結果，購屋總金額絕對比你預估的更高。

■特區的房價真的很「特別」

當購屋版圖不斷外移，許多都市新移民紛紛往重劃區

令人注目的特區與重劃區

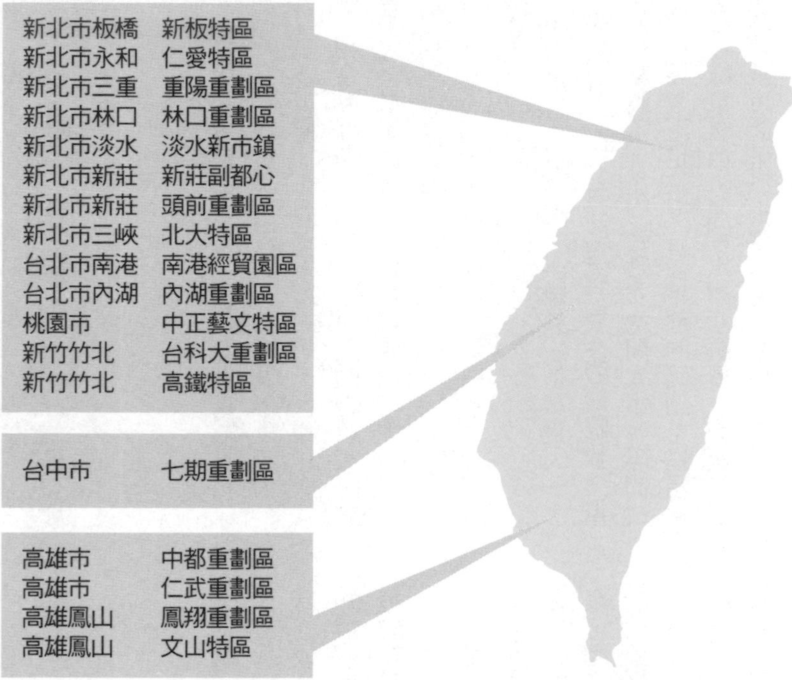

新北市板橋	新板特區
新北市永和	仁愛特區
新北市三重	重陽重劃區
新北市林口	林口重劃區
新北市淡水	淡水新市鎮
新北市新莊	新莊副都心
新北市新莊	頭前重劃區
新北市三峽	北大特區
台北市南港	南港經貿園區
台北市內湖	內湖重劃區
桃園市	中正藝文特區
新竹竹北	台科大重劃區
新竹竹北	高鐵特區

台中市	七期重劃區

高雄市	中都重劃區
高雄市	仁武重劃區
高雄鳳山	鳳翔重劃區
高雄鳳山	文山特區

和特區移動，咦，怎麼回事？為什麼這條街的房價一坪還停留在十八萬，後面兩排的房子已經開價三字頭？

所謂的「平均成交行情」在這些地方不太適用，因為，許多建商跟投資客抱持著「試水溫」的心態開價，只要有人買下第一間超出行情的房子（也許就是投資客買的），該區域就出現新的「成交行情」，後面的賣方也就會咬緊這個成績單開價。只要有一兩個擔心房價無限上漲的買方緊張地進場購屋，這時，昂貴的特例就變成常態，所以特區和重劃區內，這些容易興建創新型產品的地區，就會有不斷出現讓人跌破眼鏡的「特區價」了。

Q56 荷包保衛戰，要怎麼殺價？

恭喜你，已經挑到喜歡的房子了，終於進入議價階段。關於「殺價」有兩個層次要討論：第一是怎麼殺價，第二是可以殺多少價，一間一千萬的房子，殺一成就少一百萬，相當於許多上班族一年以上的總收入，買房子，當然要「殺無赦」！不論是新成屋或中古屋，有些共通的殺價法可以參考。

挑三揀四法

這是最常用的招術，俗話說：「嫌貨才是買貨人」，唉唷，採光只有一面、對面還有惱人的醫院救護車聲、踢腳板有點脫落、後陽台晒衣空間太小、隔間缺點、室內使用坪數不足、還有最糟糕的問題：屋頂漏水……經過你嫌東嫌西，還釋出願意跟屋主談談的誠意，相關問題就可能可以折價的方式處理，錢當然是省下來囉。

心理戰

如果你消息夠靈通，知道該地區近期的中古屋或新成屋的成交行情，不管屋主開價多高，你絕對要以「我知道附近成交行情是多少」或是「其他家房仲表示這裡的行情大約多少」，讓對方知道你有備而來。

如果是預售屋，還能以「未來增值空間有疑慮」、「同步也在看其他案子」等心理戰術議價。記住，若未達你心裡的預定價位，切忌鬆口，若買不到，就當成無緣，因為，若買到高於行情價的房子，你事後一定會耿耿於懷，也不開心。

總價含裝潢或車位

有些房子真的很難砍，那就發揮婆婆媽媽買菜送蔥的精神吧！新成屋若含裝潢要多七十萬，那你就凹跑單小姐總價要內含裝潢；要不就是把車位也含進去。對代銷來說，重點是總金額，挪車位和裝潢的錢跟被海砍一兩成總價，前者還可能更划算。

■誠意殺價法

如果還是砍不下來，但是又很喜歡這個個案，不妨拿出其他個案的小訂收據，表達真的很有誠意買這間房子，若買不到，只好去買別間。讓對方瞭解你的購屋決心跟殺價的企圖心。若是中古屋，也可以找機會直接跟屋主談，見面三分情，說不定屋主會被你說動。

■單價殺價法

每坪單價四十萬的三十坪房子，總價要一千二百萬，若砍一百萬，也要一千一百萬；如果砍每坪的價格，一坪砍五萬，總價只要一千零五十萬，足足省下一百五十萬。

■團購集屋法

揪團的力量同樣適用於房地產，買一間人單勢孤，找朋友、找爸媽、找主管一起，一次買十戶，跑單小姐絕對把你們當成超級ＶＩＰ。

■哀兵策略

裝可憐、裝窮的哀兵策略，這一招溫情攻勢也很犀利。「苦命上班族，存了十年才攢到頭期款」、「離婚沒房子住」……都很容易博取同情。若還有一些尾數喬不攏時，你可以拿家人當擋箭牌：「老公說尾數那二十萬要去掉，不然就不准買。」把問題拋給對方，再擺出一副「若談不攏只好割愛」的樣子，成功殺價的機率大增。

怎麼殺價？

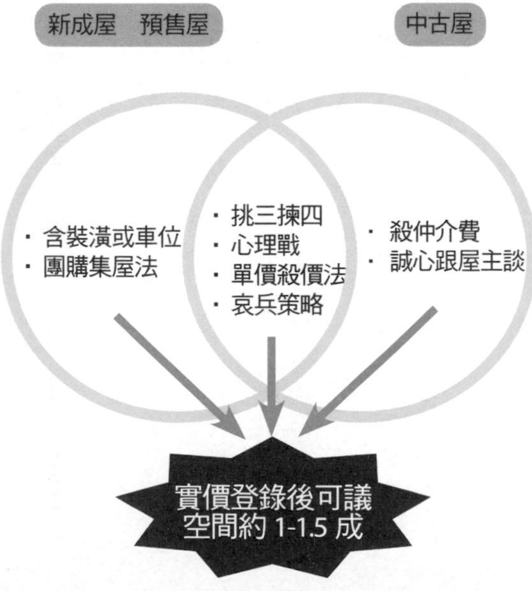

57 調查房地產行情，我最行一位代銷公司研究員的真心話

真心人物
知名代銷公司不動產研究員　小吳（匿名）

買房子一定要做功課，先設定想買的價格，再去找符合的區域。

念營建工程的小吳在知名房地產代銷公司擔任不動產研究員，他的生活很精彩，有時候像〇〇七情報員要假扮客戶去敵營打探房價軍情；有時候又得昧著良心在自家建案現場佯裝是來看房子的假客戶，跟明明是同一掛的跑單小姐周旋，假裝要跟隔壁桌的夫妻買同一棟C8九樓的房子；有時候又得西裝畢挺地跟金主大老闆——建商，說明成交行情的調查結果。你可別小看小吳的研究工作，很多時候，房價高低就是依據這些調查，再乘上建商想賺的油水所得出的結果啊！

不動產研究是幫助代銷公司與建商瞭解市場目前的成交行情，所以必須同時參考中古屋、新成屋、預售屋和土地標售價等變數，加以權衡；「我們會看五到十年內的新古屋，這是成交行情的『底』；評估未來房價則是看預售屋。」小吳說。除了調查平均行情外，他們還會針對附近是否有重大的建設、交通、地段、生活機能、歷史人文街廓等條件加以評估，例如：新莊副都心重劃區有中央合署辦公室、三環三線等題材，再提出新價格建議。

建商到底賺多少？

小吳表示，台北市每坪的營建成本大約十八萬，新北市約十三到十五萬不等，超過二十一、二十二萬的營建成本就是豪宅等級的了；加上土地成本以及建商的獲利就是終端售價。

「建商到底賺多少？」大家都想一探究竟。有良心的建商，毛利會抓在二成上下，想撈多一點的甚至會喊

到四成，「我們代銷只賺五%，如果扣除廣告文宣跟蓋預售中心的費用，大概只賺二%到三%。」另一位負責廣告企劃的朋友Y透露。換言之，如果一個建案的總銷金額是三十億，建商拿走四〇%，相當於十二億，代銷拿五%，也有一點五億。

但是，總銷金額目標高，不代表實際上也能完售，「一個案子至少要賣到四成才算打平，賣不好時，代銷有時候還得把收到的錢連皮帶肉吐出來，幫忙銷售。」小吳和企畫Y說。所以囉，很多建案會高喊：「熱銷九成」，實際上可能連六成都不到，就是要吸引消費者趕快下訂購屋！

創新型商品易創天價

成天研究不動產行情、到處趴趴走的小吳應該是最瞭解行情和地段的人了，他表示：房子的成交行情除了受到地段、重大建設等因素的影響外，還有一些「創新型」的產品，也會出現超出行情的大價建案。

變數包括：基地面積大小、鄰路條件、是否有永久棟距、是否有歷史或人文題材、是否有景觀、是否有國外建築師提升房屋價值與建商品牌等等。其中，對豪宅來說，「車位」規畫竟也是購屋的關鍵之一，由於豪宅客層的座車體積普遍較大，如果車位規畫不當，例如，平面車位的寬度不夠，每坪的「房價」（不是車位價格喔）甚至可能價差十數萬之多。開車族的一般消費者也可注意所買的房子是機械車位還是平面車位等問題。

未來雙捷運看漲

對於預算有限的年輕人，小吳再三強調：「一定要做功課」，而且「要找符合預算的房子」，年輕人可以先設定好購屋價格，再依此去尋找適合的區域，因為「你想買的區域，不見得買得起」。所以他建議先甸甸荷包斤兩再來挑地點，如果時間許可，不妨先在該地區租屋一陣子，看看當地的生活環境是否喜歡，再下場買房子。

對於未來趨勢，他看好大台北地區「雙捷運」的交會點，年輕人若買不起交會點的房子，不妨往後退一兩站，只要通勤時間不超過四十五分鐘，都是可以接受的距離。

Part 5

房子這樣買

有夢最美預售屋

Q58

走進預售中心會發生那些新鮮事？

買房子有時候很像在看八點檔，走進預售屋接待中心，一場精采的懸疑推理劇情片正熱烈上演中。預售屋賣的是未來的夢，所以從接待中心的外觀開始，就是築夢的起點。一棟充滿設計感的預售中心、滿眼的綠樹、潺潺的流水、明亮的玻璃採光加上親切和藹的跑單小姐，讓人很難不放下戒心，跟著走入夢境。

踏進預售屋現場你一定會看到幾樣「關鍵未來」：預售屋的模型、很多文宣看板、3D的虛擬實境短片、樣品屋……喔，還有，真假難辨的客人。

STOP! 注意夢境的地點

號稱十五分鐘到市中心的預售屋是不是就是「基地」真正的位址？眼前這個兩千坪的廣大基地是第一期的建案預定地還是很多期共用的？你未來的家跟後面還沒蓋的新大樓棟距有多遠？還有，記得找個視野光線都好的地方，睜大眼睛，仔細看看基地四周是否有不明的大帆布，掩蓋嫌惡設施？

STOP! 預售屋模型比例真的對嗎？

小巧的預售屋模型勾勒出未來建築的氣派外觀、綠蔭扶疏的中庭花園和寬闊的門廳，通常模型還會標示出周遭的生活圈，學校、綠地、捷運、景觀等加分要素；如果你熟悉該地區，最好仔細推敲一下模型的比例是否正確，不熟悉的一定要實際繞一繞，因為模型可能會美化環境、誇大優點。

如果跑單小姐指著某個未來的重大工程預定地，如捷運，告訴你兩年後即將通車，也請你務必詳查真實性。

接待中心會提供的資料

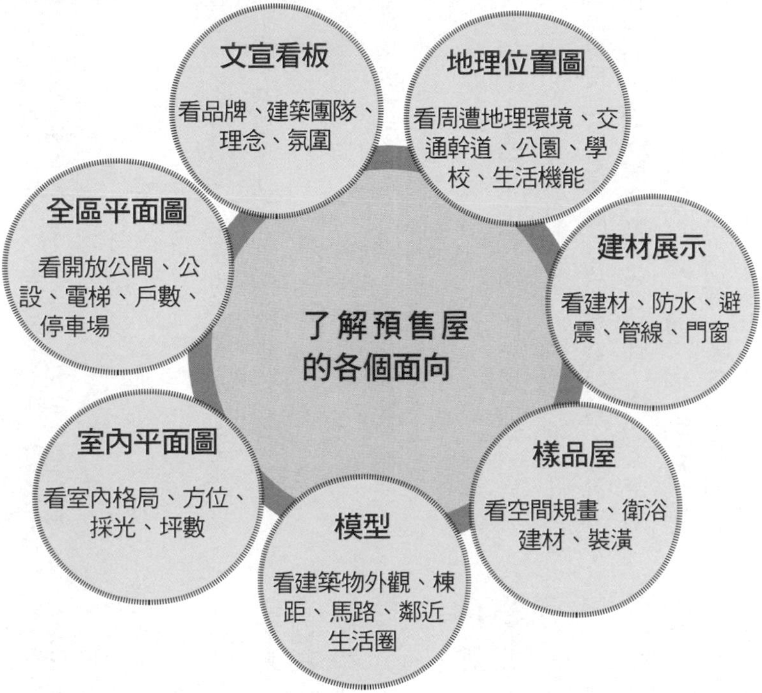
了解預售屋的各個面向
文宣看板
看品牌、建築團隊、理念、氛圍
地理位置圖
看周遭地理環境、交通幹道、公園、學校、生活機能
建材展示
看建材、防水、避震、管線、門窗
樣品屋
看空間規畫、衛浴建材、裝潢
模型
看建築物外觀、棟距、馬路、鄰近生活圈
室內平面圖
看室內格局、方位、採光、坪數
全區平面圖
看開放公間、公設、電梯、戶數、停車場

STOP! 記錄文宣看板上的資料

文宣看板也是預售屋營造信賴感的重點，因為房子還沒蓋，所以有大師加持的建案，看版一定會放超級大張的建築師「沙龍劇照」、知名營造團隊、門廳設計團隊、建商過去的豐功偉業……等證明建案品質有保證的資料。且慢動心，建議你拿筆或相機記錄資料，回去查一下這些人物的背景，是不是真的這麼厲害，還是建商吹捧的。

通常預售屋還會有專屬的建材展示間，有避震的會秀一下避震設計圖，用SS鋼構的也會放根大鋼柱在現場，有進口衛浴、瓷磚的也一定會擺得美美的，讓你心理有個譜。

STOP! 樣品屋暗藏玄機

重頭戲來了，當你心中已經開始對這個預售案有好感，覺得好像品質品牌都不錯時，跑單小姐會帶著你進入「情境劇」現場——樣品屋。讓你想像未來的夢想屋。要注意什麼？請翻開下一章。

Q59

你知道預售屋最愛用哪些迷魂大法嗎？

走進預售屋的夢境現場後，建商的迷魂大法正要展開。擦亮你的眼睛，記得：你現在看到的都是「樣品」。

樣品屋迷魂湯

樣品屋是夢境的極致表現，跑單小姐不會讓你在裡面停留太久，以免被你識破迷魂陣。

屋內不會有柱子，屋頂也沒有梁，採光也一定超棒。走進明明室內只有二十五坪的空間，卻覺得有三十五坪大？建商酷愛把鄰近客廳的房間牆壁打掉，設計成半開放的空間，讓客廳視野有穿透性，看起來舒適又開闊；或是加上可反射的玻璃，讓室內空間加大兩倍；仔細看看，牆壁是不是特別薄，多偷一點空間？就連「門」也有學問，左右拉門設計，讓你不會看到厚門板，甚至是直接把門板省略，讓空間更寬敞。

樣品屋中會出現「放不下衣服的衣櫥」是許多過來人的經驗，衣櫥深度淺得只能放童裝，為的就是營造出空間感：三坪不到卻能放雙人大床、衣櫃、書桌、床頭櫃和梳妝台，真是太神奇了。這點也要看仔細，免得買了以後才發現，真實的空間只能放張床。

贈品家電迷魂湯

當你看了裝潢得金碧輝煌的樣品屋及各種文情並茂的文宣，此時若再加上跑單小姐的舌燦蓮花和動人心弦的「免費小家電贈品」，被免費兩個字打到的你，頭是不是有點昏？心想：哇！電視、冰箱、冷氣機、烘碗機……加起來也要好幾十萬，不買真是可惜。小心，如果你喝了這碗迷魂湯，跑單小姐賣你的房價一坪只要多一萬，就可以輕鬆把這些成本都賺回來了。

樣品屋作弊法

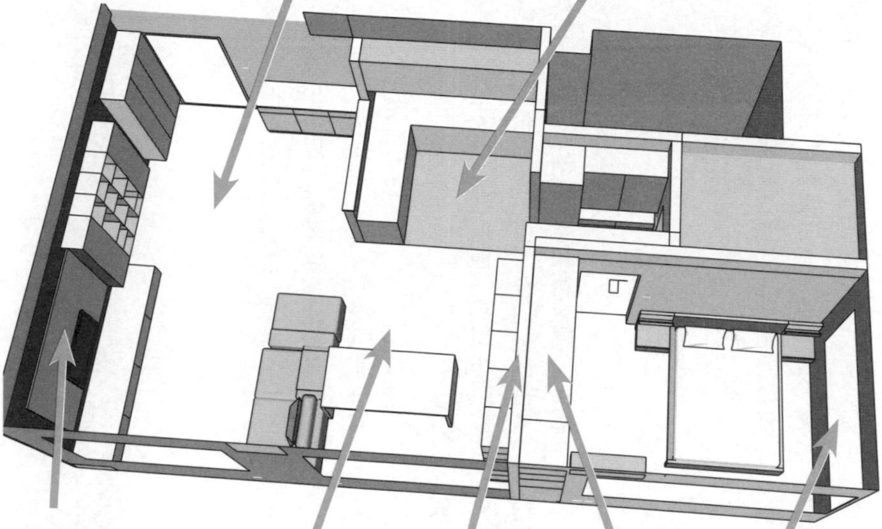
沒有梁柱
開放式廚房看起
來超級大
玻璃反光讓空
間變兩倍大
打掉隔間讓客廳
視野更寬闊
牆壁特別薄
薄衣櫥
採光非常棒

氣質藝術品迷魂湯

什麼？你不是那種會被「免費」兩字收買的，很好，那試試氣質路線，日前有媒體報導，某知名建案在預售屋的文宣上指出「門廳將陳列李梅樹大師的作品」，有住戶控告建商後來放的是其他畫家的作品，不符原本的文宣。你看，住家有大師級的藝術品還是可以打動人的迷魂湯吧。

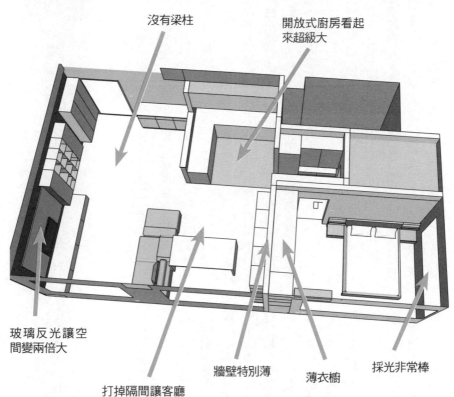

Q60 熱鬧的現場，大家都來搶房子了嗎？

「櫃台，請問B棟十二樓可不可以賣？OVER！」一陣低音的回答後，跑單小姐以一種恭喜你運氣真好的神情說：「太好了，張老闆臨時有事不能來下訂，如果你先下訂，我就請公司幫你保留。」

如果你實際去看過預售屋，一定對這種「跑單小姐拿著對講機跟櫃台講話」的畫面不陌生。在這種內行人稱為「武場」的售屋現場，在預售屋和新成屋現場都很常見，難到大家都來搶房子了嗎？

■武場一號劇本：大熱銷

怎麼回事，怎麼這個售屋中心人潮洶湧？放眼望去每一桌幾乎都有人。難道這個建案這麼熱門？如果你有這樣的想法，代銷的「武場」就成功了一半。為了營造熱門、搶手的氣氛，安排幾桌「假客戶」或是找員工來現場坐著衝人氣是最常見的劇碼。

■武場二號劇本：賀成交

二號劇本就是「賀成交」，現場工作人員為了炒熱氣氛，一定會用超高分貝的麥克風大聲嘶喊：「恭喜陳先生，剛剛買下C棟八樓。」的賀成交聲音，現場還會響起一片熱烈的歡呼聲。手腳快的，當場就在最顯眼處貼出一張又一張的「賀成交榜單」，簡直跟大學聯考放榜一樣令人神經緊張又興奮。讓你腎上腺素跟著分泌，對房子的好感度再加分，下一筆賀成交的可能就是你的名字。

■武場三號劇本：競爭性

熱鬧還不夠，代銷業者深諳人性，有人搶的房子才有價值，正當你猶豫不決要不要花四十萬買預售屋時，

代銷如何製造超人氣

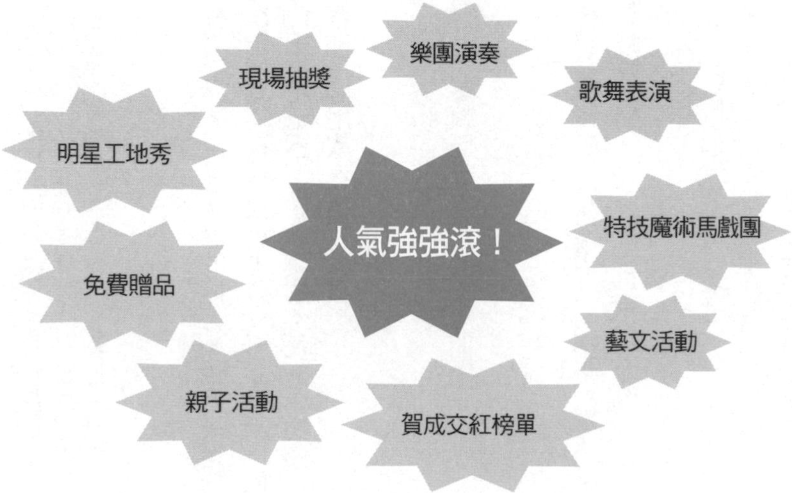

跑單小姐會運用心理戰術，把張老闆也有興趣這類的話術搬出來，加上跟櫃台用對講機對談，營造真實感。

如果你還是不為所動，隔壁桌可能、剛好、就這麼巧，也有一組客人看上同一間房子，而且交談的聲音還大到讓你剛好可以聽見：「李太太，交個朋友，就賣你四十一萬，我去拿表單……」跑單小姐一定會抓緊這個隔壁桌的對話，勸有一點心動的你加一點錢，用四十二萬搶下來。你看，建商馬上多賺兩萬。

武場四號劇本：急迫性與稀少性

競爭還不夠，現場還要讓你感受到急迫性與稀少性，所以代銷業者會營造「熱銷九成」、「即將完售」等氛圍，逼你快速決定，最常聽到的就是「快賣完了，沒剩幾間了」、「能挑的不多囉」……用一種這是很搶手的房子，你買到賺到，快把握機會的方式，增加你的焦慮感。只要你越焦慮，就越有可能非理性地下訂。跑單又成功了。

Q61 買一個夢，買預售屋要注意哪些事？

當你已經具備看透預售屋迷魂湯的能力，也對周遭的大小環境有所瞭解後，接下來就進入「紙上談兵」階段，要注意的細節也跟紙上談兵有關：每一張建商提供的文件資料都務必用放大鏡加以檢視。

PAPER 1：建築執照

確認建商領有「建築執照」，有執照才能開工。

PAPER 2：契約書影本

簽下訂單，繳納訂金後，一定要索取「契約書影本」，善用「五天契約審閱期」，評估是否簽約或退訂。

PAPER 3：瞭解房屋的面積坪數

室內面積有幾坪？公設佔多少？是否有違法的夾層屋、室內機房二次改建或陽台外推？露台、雨遮又怎麼算？

PAPER 4：室內格局平面圖

可以找熟識的室內設計師幫忙檢查，平面圖是否有隱藏的梁柱？空間比例是否合理？格局規畫是否恰當？採光是否良好等問題。

PAPER 5：房屋拆款表

跑單小姐會填寫一張說明總價、訂金、簽約金、工程款、尾款等百分比和金額的單據「房屋拆款表」給你參考。你一定要詢問建商可能幫忙申請的貸款額度、合作銀行，並細算是否有能力繳納各階段的款項。

此外，要問清楚工程款的繳納方式是「依照工程進度繳款」還是「按時繳款」，前者若遇上建商趕工，恐發生繳不出錢的窘境，後者則擔心錢都繳完了，房子卻還沒蓋好的問題，各有利弊，兩相權衡取其輕。

買預售屋可以要求看的文件

- 不動產交易契約書
- 房屋拆款表
- 建造執照影本
- 各層預售房屋平面參考圖
- 建材設備說明
- 地上第一層預售公共設施平面圖
- 地下層預售公共設施平面圖
- 汽機車停車位預售參考圖
- 委辦貸款同意書
- 相關廣告文宣、彩色 DM
- 室內格局平面圖
- 使用執照影本

PAPER 6：不動產交易契約書

當你繳納簽約金，簽下正式買賣契約書後，根據內政部地政司的提醒，消費者應注意合約上是否清楚註明：

一、土地坐落地段、地號、建築基地面積與持分比例或坪數，註明房屋是哪一棟哪一層，並影印賣方建造執照之配置圖、平面圖附於契約中，較為明確清楚。若建商與地主合建，消費者最好和地主簽立「土地買賣契約」與建商簽立「房屋買賣契約」，以免拿不到土地產權。

二、注意契約中是否註明建材規格、廠牌、等級等事項，以防止賣方以劣質品充數，而在交屋時發生糾紛。

三、注意開工、完工和交屋日期。

四、房屋交屋後，建商是否提供明確的保固期限及範圍。

五、詳閱「違約條款」的內容，瞭解未來如果遇到瑕疵或重大問題時的處理方式。

PAPER 7：使用執照

建商申報完工，檢驗合格的「使用執照」，合格才能接水電與辦理建物保存登記。

Q62

看不見的未來，建商愛畫哪些大餅？

預售屋就是賣你一個未來的夢，想想看，你希望住家有哪些優點？交通便利？生活機能強？增值潛力大？如果這是你的美夢，那也就是建商愛畫的大餅。

預售屋的一號大餅：未來這裡會有×××

在荒無的預售屋預定地上，除了樣品屋，「未來這裡會有什麼○○××」就是建商最容易築夢的著力點。在既有的客觀條件外，聰明的跑單小姐會根據客層需求勾勒「美好的未來藍圖」：

- 賣給家庭客層的未來：未來某國小將升格為雙語國小，未來可能可在所屬學區直升明星學校，或附近老舊市場有更新改建的計畫……。
- 賣生活品質的未來：聽說以後不久會有誠品進駐、鄰近的河岸正在規畫景觀河濱公園、預計一年後家樂福會開在這裡……等等。
- 賣重大建設的未來：三年後這裡會有環狀捷運通過、未來會興建市政中心、旁邊就是某藝文中心預定地……等到地老天荒還不知會不會成真的重大建設，民眾可上所屬縣市「都市發展局」網站查詢相關計畫。

切記，不要聽信片面之詞，一定要詳加探查真實性跟完成的時間點，因為有很多未來計畫雖然提出了，卻可能遇到爭議或延期等問題，到最後是一場空。

預售屋的二號大餅：未來增值空間

因為預售屋賣的是兩三年後的未來房價，加上前面提到的眾多「未來性」，售屋人員很愛說：「你看，你

台北捷運願景

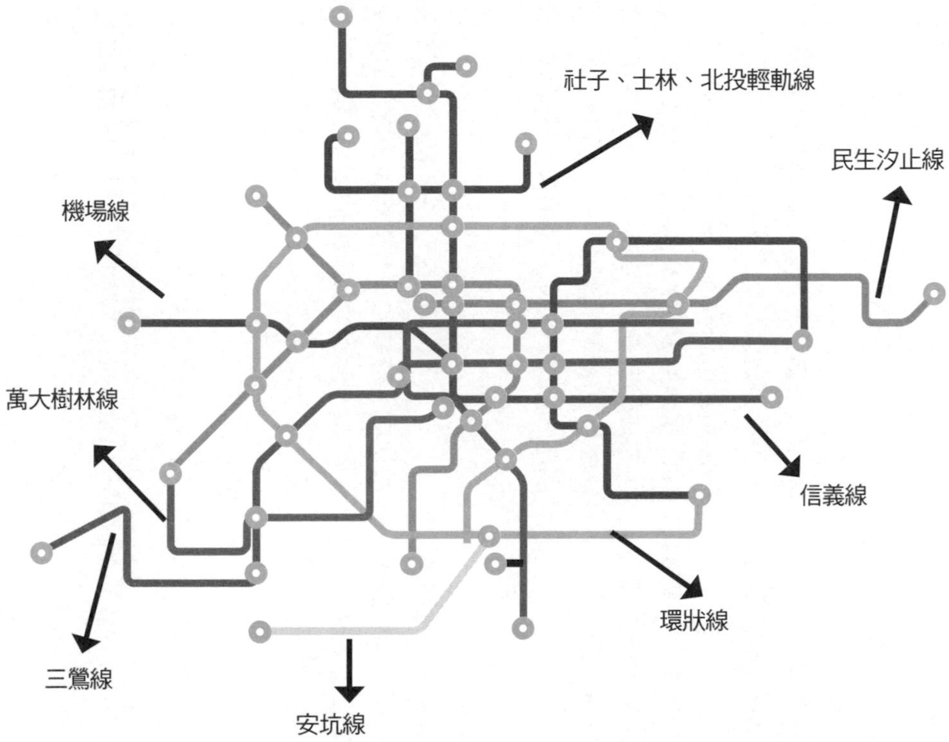

用現在的房價來買，三年後絕對不只這樣。」或是訴諸投資增值潛力：「你現在買只要花一點錢，等完工後再轉手就可以現賺一筆。」更高招的會小聲耳語：「其實我自己也是投資客，我也買了一戶。」聽了讓人熱血沸騰，彷彿看見白花花的鈔票在眼前。

千言萬語還是一句「冷靜」！除非房市一路看漲，否則沒有人知道未來是漲是跌？而且，買預售屋的房價仍需回歸最基本的周邊環境、品質等配套，絕對不是放著就會上漲的唷。

Q63

如何確保預售屋蓋的跟說的一樣好？

光憑一棟模型、一張平面圖、幾頁合約就買下一間房子，買預售屋要如何確保建築品質跟當初說的一樣好？為了保障購屋權益，買預售屋絕對不能偷懶，你一定要掌握「處處留底、時時監工」的原則。

處處留底

從你拿到的第一張廣告文宣開始，找個資料袋，把建商提供的外觀３Ｄ示意圖、平面設計圖、彩色ＤＭ、報紙廣告、樣品屋拍照、建材設備、停車位的規格，連同簽約相關資料一起妥善保管。這些都視為「契約」的一部分，一旦出現建商灌虛坪、用爛建材，這些資料都是你的「保屋符」，只要建商蓋的跟當初說的不一樣，你都可以依照這些證據要求改善，或向消保官提出申訴。

時時監工

若不想走到對簿公堂的地步，購屋者就要勤勞一點，勤跑工地「監工」。建商一聽你想來工地看房子，最常搬出來的話術就是：「工地很危險」，就怕你看到工人偷懶打混、工地亂七八糟、偷工減料或不合工序的施工。

工地危險是事實，但並不是阻止你監工的藉口，你一定要強力要求約時間去看你未來的家，如果能聯合其他住戶一起去監工，建商比較不敢不答應。

到現場後，要看什麼？先看工地管理的素質，再看施工品質，例如水泥模板是否乾了才拆除？鋼筋是否用鐵絲亂綁一通？散落現場的建材品牌是否跟合約上一樣？有沒有做防水測試等等。

預售屋的「保屋符」Checklist

□預售屋廣告文宣、DM	□室內格局與坪數
□外觀 3D 示意圖	□附贈家具或家電等贈品的說明資料
□社區規畫平面圖	□標榜門廳懸掛某藝術家的大作
□室內平面圖及家具配置圖	□預售屋履約保證書
□水電配置圖	□樣品屋拍照
□停車位規格	□模型拍照
□公設比例	□現場陳列的 POP 看板拍照
□建材規格表	□雙方簽名用印的合約

參加各項說明會

有些不怕你看的負責任建商，會安排預售屋的營建過程各階段說明會，從基地開挖開始的開工說明會、結構說明會、裝修說明會到交屋說明會，還請住戶實際到場參觀該樓層的樓板灌漿、各戶的防水試水測試、給水管試壓和屋頂的防水工程等等。如果你的預售屋建商有提供上述說明會，一定要參加。

客變更要緊盯監工

如果你還有特殊的「客變」需求，例如哪面牆不要、瓷磚要換義大利進口的、主臥室的廁所改儲藏室……等等，一定要在合約上寫清楚，並盯緊施工狀況，以利交屋時計算「加減帳」。

Q64 小心再小心，買預售屋容易忽略的問題？

買預售屋可能遇到的問題可說是五花八門，大至建商執照有問題，小至交屋前的水電費誰要付，在在都是讓人抓狂的問題。

建商根本沒有建照和使用執照

你仔細詳讀銷售人員提供的預售屋合約資料了嗎？無照駕駛很可怕，無照建商更恐怖，別忽略了最基本的執照問題。

建商在開工前要先申請「建照」才能開工興建；完工後要申報完工、檢驗合格了才能取得「使用執照」；如果是地主與建商「合建分售」，一定要跟地主簽「土地買賣契約」、跟建商簽「房屋買賣契約」。

一定要問清楚相關執照的申請核發進度，相關合約一式兩份，自己一定要留底；開工、完工、交屋時間也都要寫清楚對自己才有保障。

交屋時間變變變

此外，有些建商可能發生資金周轉不靈的狀況或其他導致「延後交屋」的問題，房子蓋一半就停工，交屋時間遙遙無期，讓購屋者有苦說不出。

另一種剛好相反，建商為了快點交屋，三年才蓋好的房子，不到兩年就交屋。「蓋快一點不好嗎？」蓋快一點施工品質堪慮，而且消費者要繳的工程款時間縮短，容易產生經濟壓力。

施工品質、坪數有問題

目前法規規定：預售屋自交屋日起，建築的結構體至

選購預售屋的自保之道

1. 參照內政部版的「預售屋買賣契約書範本」與「預售屋買賣定型化契約應記載與不得記載事項」，跟建商的版本加以比對。
2. 任何契約都要影印留底，一式兩份。
3. 善用下訂後最少五天的「契約審閱期」。
4. 資金往來透過銀行的「履約保證專戶」。
5. 有爭議可先調解，不成功再找各縣市的消保官處理。

少要保固十五年以上，其他建材與設備，例如瓷磚、門窗、粉刷等等至少要有一年保固，所以施工品質有問題可向建商提出修繕要求。

據統計，交屋一年後最常見的三項糾紛分別是：牆面滲水、排水有問題以及排水管發生異味；此外，預售屋「坪數不符」也是常見的爭議。

預售屋是否可轉賣

有些預售屋可轉賣，俗稱「可換約」，有些卻規定限制轉售，俗稱「不可換約」，在預售期間不能轉賣他人喔。

自保之道

購屋前可以先閱讀內政部的「預售屋買賣契約書範本」與「預售屋買賣定型化契約應記載與不得記載事項」，下訂前一定要請建商提供合約影本加以比較，對照判斷建商擬的合約是否有疑慮。越瞭解雙方權利義務，日後越不易發生糾紛。有任何「但書」，也都要詳加註明。

Q65 我反悔了，該怎麼辦？

王先生日前看上中和某工地的預售屋，在跑單小姐的極力慫恿下，心動地當場付了三萬元的訂金；回家後恢復理智，跟家人討論後才驚覺預售屋離上班的地點過於遙遠、捷運通車日遙遙無期，王先生他反悔了，該怎麼辦？可以退訂嗎？

簽約前反悔，全額退還

根據不同的反悔時間點，有不同的處理方式。根據內政部的規定，在購屋簽約前會有最少「五天的審閱期」，在這五天內你要記得把合約書帶回家仔細閱讀並做最後的財務評估。五天內反悔，訂金（法律上稱為買賣價金）都可以全數退回。有些建商會在合約上加註「本戶實售金額經雙方議價以新台幣X萬元成交，雙方協議於X年X日X時簽約，違者訂金不予退還。」這樣是違法的，並不具法律效力，不要怕。

如果建商要沒收你的訂金，你可以向消保官申訴，因為你是在五天內提出退訂的。有些不肖的銷售人員會不小心「沒把合約給你審閱」，一旦超過五天，就很難處理爭議，所以你一定要記得索取契約書影本。不管你是否一時昏頭，關鍵是「把合約拿回家審閱五天」，沒有審閱期就算簽約都不算有效。

為減少繁瑣的行政作業，銷售人員大多會請你用信用卡「空刷」，也就是用手寫的刷卡單預付訂金，建商此時尚未跟銀行連線入帳；退訂只需拿回空刷單就代表取消交易，不會有額外的費用發生。

簽約後反悔，沒收總價十五%

但如果你反悔的時間點是在簽約後，建商於法就可以沒收訂金，如果你連簽約金都繳了，損失就更大了。

一定要看過合約再簽！

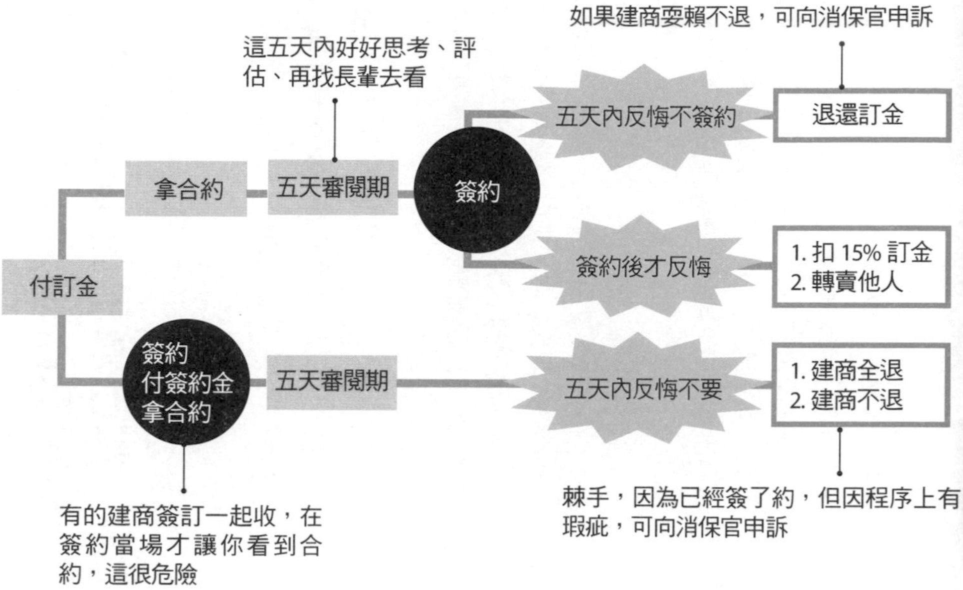
如果建商耍賴不退，可向消保官申訴
這五天內好好思考、評估、再找長輩去看
五天內反悔不簽約
退還訂金
拿合約
五天審閱期
簽約
簽約後才反悔
1. 扣 15% 訂金
2. 轉賣他人
付訂金
簽約
付簽約金
拿合約
五天審閱期
五天內反悔不要
1. 建商全退
2. 建商不退
棘手，因為已經簽了約，但因程序上有瑕疵，可向消保官申訴
有的建商簽訂一起收，在簽約當場才讓你看到合約，這很危險

依照預售屋合約規定，買方簽約後退訂，賣方可沒收總價的十五%，不足則以不足部分計算，超過的比例則退回。換言之，一棟一千萬的房子，建商最高可沒收一百五十萬；若你付了十%，建商只能沒收一百萬。

不想蒙受損失的話，也可以跟建商討論「轉賣」，也就是購屋人移轉，找到新屋主後進行換約；但是如果當初有簽「限制轉售」，也就是不能換約的預售屋，那就無法轉售了。

視責任歸屬而定

到底訂金會不會被建商沒收，在法規上還有更精確的判斷，要看責任歸屬於誰：

·如歸責於買方，例如：個人財力不足，則買方之訂金被（賣方）沒收。

·如歸責於賣方，例如：建材用黑心貨或產品有瑕疵，則賣方須加倍退還收取之訂金。

·如不能歸責於買賣雙方，例如：遇到天災，則訂金無息退還。

66 尋找一棟令人安心的好房子
一位知名建商的真心話　傅國珍

真心人物
潤泰營造萬囍案副總經理　傅國珍

好的房子和普通的房子最大的差別就在於細節，會讓人覺得安心貼心，進而感動才是好宅。

走進明亮開闊的建案基地，映入眼簾的是綠樹、草坪和挑高門廳，還有健身房、游泳池、電影劇院甚至開放廚房等公共設施，看到這些令人神往的規畫設計時，任何人都不免發出讚嘆，心想如果能住這裡多好。

房子好壞在細節

事實上，看房子除了這些外觀設施外，最重要的是看「細節」；從事營造工作超過二十七年的潤泰營造萬囍案副總經理傅國珍說：「我們不只是在蓋房子，而是在建造一個「家」，「家」是有生命的，能遮風避雨外，著重於安全、舒適、便利與美感。好的房子和普通的房子最大的差別就在於細節，會讓人覺得安心貼心，進而感動才是好宅。」大至鋼筋梁柱的結構安全，小至踢腳板跟地磚的接縫線是否對齊美觀，都是展現建商是否用心的細節；一棟住起來舒適的好房子，最基本也最重要的就是讓住的人安全又安心。

先看安全規畫

買房子要看哪些細節呢？傅國珍副總認為「安全」是第一順位，結構抗震防裂、消防滅火防煙、室內防水防臭、緊急逃生梯與照明的規畫都是最基本要求，如果還有管道間當層封閉、冰箱不斷電規畫，更是加分的地方。大家可以多注意各種管線的走法，用心的建商會採用看得見、好維修的「明管」，也堅持不把冷熱水管線埋在地板，以免因為冷熱交替而導致瓷磚爆裂及日後維修換管困難。此外，為了減少住戶管道堵塞的問題，將馬桶、洗臉台、浴缸分屬三條不同管線，如此一來，若其中一條堵塞也不怕影響其他兩者的使用；浴廁通風管線採「當層排氣」，避免臭氣相互串通也降低火災時整棟上下一條管而引起的煙囪效應；室內消防灑水頭能貼心地安裝在牆壁側邊而非平頂中央，降低屋主裝潢天花板時的困擾。

此外，一般民眾可能無法瞭解複雜的機電設施規畫，但是至少要看得懂自家的「電盤」，用心的建商會依據不同設備加以「分盤」，廚房、客廳、主臥……都清楚一一標明該設備開關，甚至連對應哪些插座都寫得明明白白的，另外冷氣、烤箱、冰箱、電鍋、按摩浴缸要採專用迴路，以免因為用電過度而把保險絲燒斷，或引起跳電。

大門鎖的秘密

提到住家安全，也要看看大門鎖的設計。大門的鎖是越多段越好嗎？傅國珍不認為，他說，如果大樓的門禁安全都做得很好，已有警衛、臉部辨識系統、電梯樓層管制系統等，即便「大門只有一道精密的鎖」也可以很安全。如果大門鎖太複雜，萬一家有長輩發生緊急狀態時，很可能反而延誤救治時機。所以，「大門的鎖不見得越多越好，要看整體的安全規畫。」

當大雨嘩啦啦時，你家擋得住嗎？

漏水問題是許多家庭的痛，傅副總指出潤泰會先在結構體（屋頂、露台）上注滿水，經過四十八小時漏水測試，找出漏水點止漏，然後才開始進行防水工程，然後再次注滿水，經過九十六小時的試水考驗，才算大功告成。預防窗角滲水的問題，潤泰在窗框上以電焊固定牢靠，防水塗抹後再加披水板，就不易發生壁癌或油漆剝落。因此消費者在選購房子時，也可以對建商進行防水工程的方式多加瞭解。

如何處理「下雨」的雨水，也是一個觀察指標：建商是否貼心地加裝雨遮？如何設計女兒牆傾斜的方向？傅國珍表示，為了避免雨水漫流牆面而造成外牆污染，潤泰選擇將牆頂面設計為「內斜」方式，讓雨水可以往內流入陽台，保護外牆整潔美觀，並在陽台下方加裝「溢水孔」，避免大雨颱風水淹室內的問題；甚至是在屋頂設計三合一高腳落水頭，堅固耐用易清理，寬口徑能快速排水且能將落葉雜物擋住，不會造成排水阻塞或屋頂淹水等問題，讓民眾住得安心舒適。

Part 6

房子這樣買

嶄新亮麗新成屋

Q67

看新成屋，跑單小姐最愛找你做的事？

如果你已經對預售屋接待中心現場實況有初步瞭解，那要進入新成屋的銷售中心就不難了。新成屋的銷售中心跟預售屋預售中心最大的差別就是「可以看到已經完工的房子」，不過，你要如何從眾多新成屋中挑到想看的那一間呢？

第一站：喝茶配圖

如果現場有空桌，跑單小姐基本上會先請你喝杯茶，問你是不是當地人？從事什麼行業？對周遭環境是否瞭解？如果你是外地人，就會用電腦螢幕秀一下建案周遭的生活圈；然後拿出建案的平面圖，問你要看幾房？哪一層樓？再簡單講解不同坪數的格局。專業的跑單會帶你去看建材等展示物，偷懶的就會省略，要你問她才說。

這個階段，跑單小姐正試圖瞭解你的購屋需求和購屋實力，以評估要帶你看哪種產品。

第二站：看實品屋

每個建案都會請室內設計師根據不同坪數大小，裝潢幾間實品屋。經過簡單的評估瞭解，跑單小姐一般都會先帶你去看美侖美奐的實品屋，讓你想像這裡就是你未來的家，二十八坪也可以創造出三十五坪的空間感，溫馨的客廳、典雅的書房、浪漫的臥室和附贈的高檔廚具……通常都是走馬看花，十幾分鐘就結束實品屋之旅，只能看格局和感覺，除非你要求，否則跑單小姐不會提醒你看窗外的風景是電塔還是青山。

第三站：看空屋

接下來才是真正的重頭戲：看空屋。看空屋你才知道

看屋角力戰

第1站
你：**看平面圖**
跑單小姐：身家調查（打探你的資金潛力）

第2站
你：**看實品屋**
跑單小姐：察顏觀色（觀察你是否兩眼發亮）

第3站
你：**看空屋**
跑單小姐：有問必答（從中探知你的專業度）

第4站
你：**看公設**
跑單小姐：吹捧抬價（解釋此建案為何較貴）

第5站
你：**付訂金**
跑單小姐：展開三寸不爛之舌（就是要你當場下訂）

哪些地方有梁柱、管線是怎麼牽的、採光好不好、油漆、瓷磚等施工是否粗糙……你可以挑選不同樓層不同房型多看幾間，面中庭的和面山景的也都看一看，才會清楚自己的喜好。第一次雖然無法看得很仔細，但可以看出大概的品質，再來決定要不要往下談。

第四站：看公設

除了看房子外，請你不要怕麻煩，一定要實際去看一下公共設施，有花園的看一下樹種的好不好、有健身房的問一下管委會何時成立，以及可能要繳的管理費，看看自己是否用得上這些公設。

第五站：付訂金

經過看圖看屋等過程，展現跑單小姐三寸不爛之舌的時候到了。幾乎所有的跑單小姐都會希望你當場就決定，「沒關係，你先付個訂金，我先幫你把房子保留下來！」如果你未經理性思考就輕易簽約，後續要處理的問題就很麻煩。所以，建議你回去冷靜一下，如果真的很喜歡，再找一天仔細看房子的每一個細節，再下訂簽約也不遲。

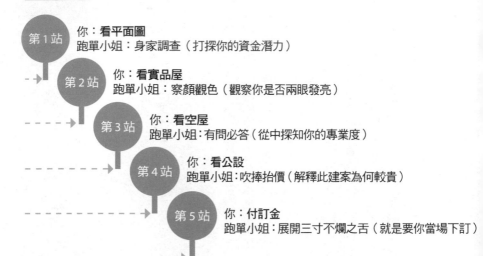

Q68 要怎麼看新成屋？外在篇？

仔細觀察房子的外觀

俗語說「人要衣裝，佛要金裝」，那房子呢？購屋時當然也要仔細看看新成屋的外觀長什麼樣，這裡不是要大家看門廳是否氣派，也不是要大家看四周是否有嫌惡設施或市場，而是要看建築的外觀結構是否用心；一個對外觀結構不用心的建商所蓋出來的房子，裡面的品質也讓購屋者擔心。

看是否傾斜

買新成屋一定要注意房子蓋得是否筆直，請站遠一點，把其他鄰近建築當成對照組，看看是否有傾斜。同時都傾斜的機率很低，若擔心歪的是對照組，那就多比較幾棟房子。有些建商地基挖太深而導致建物傾斜（或鄰近的建物傾斜），都是要注意的。

看棟距遠近

新成屋間的棟距規畫如何？新板特區的豪宅群出現許多狹窄的「一線天」棟距，打開窗就是隔壁的廚房或晒衣間，讓生活品質少了隱私，隔壁吵架或放音響都聽得到看得見。

看瓷磚等建材

看看新成屋的外觀是否有脫落的瓷磚，缺損的邊邊角角，或奇怪的裂縫；甚至是有無替換的備品，從這些細節可以看出建商的施工品質和用心程度。

看警衛室所在

社區型的集合住宅基本上都設有管理室或警衛室，有的設在門口，有的設在大廳接待處。如果你看的是有前後門的社區，要特別注意是否只「顧前門」？後門

什麼形狀的房子最安全

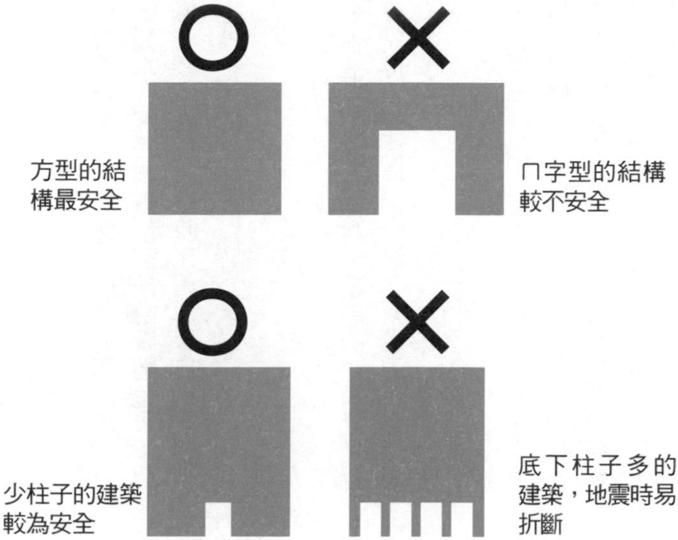
方型的結構最安全
ㄇ字型的結構較不安全
少柱子的建築較為安全
底下柱子多的建築，地震時易折斷

及側門是否有相關的安全門禁規畫？你可以找一天假裝是住戶去奇襲，看看警衛有沒有發現，藉此評估該社區的安全性。

看基地平面鳥瞰圖

有些新成屋受限於基地形狀，把房子蓋成奇怪的T字型或是ㄇ字型，從建築結構來看，這都不是好的結構，遇到地震時應力集中，容易產生扭轉。最安全的建築結構平面鳥瞰圖應該是方型的，房子堅固又不容易因為受力不均而倒塌。

看建築物的立面圖

你注意過建築物的外觀是什麼形狀嗎？走遠一點，看看建築物是否頭重腳輕？還是固若磐石？低樓層太多柱子的房子在地震來臨時容易摧折，最好選牆多於柱子的建築體比較安全。

Q69

要怎麼看新成屋？內在篇？

光鮮亮麗的新成屋很難看出問題，因為是新的，所以看不出會不會漏水、無法判斷地震來臨時牆壁會不會出現裂縫。怎麼辦？看新成屋時，請想像自己已經入住該社區或大樓，用一種生活的態度來檢視。

看空間感

・**社區空間**：走進社區或大樓時，整體的空間感是否舒適？會不會覺得動線狹窄不順暢？要走到住家樓層是不是要拐很多彎？

・**電梯空間**：進電梯時瞄一眼電梯的廠牌是不是有牌子的還是奇怪的雜牌，藉此可以推敲建商所使用建材的等級；電梯大小是否符合該棟的戶數？如果一棟大樓住了四、五十戶，卻只有一台電梯，規畫就不好，上上下下要等很久，萬一故障就麻煩了。

・**梯間空間**：你看上的是雙拼、三拼還是套房式的大樓？各家門戶的梯間規畫好不好？有的呈現ㄇ字型，採光差；有的門對門，觀感和風水都差；有的跑單小姐還暗示可以把鞋櫃放在門外的小公共空間，更是髒亂的根源。梯間設計連帶地也跟逃生動線有關，抬頭看一下四周是否有明顯的逃生指引，跟樓梯的相對位置如何？這都是要注意的細節喔。

・**室內空間**：室內的格局規畫是否符合你的需要？有沒有在意的風水瑕疵？想像一下加了裝潢的天花板高度是否足夠？梁柱的位置及數量如何？

聽隔音效果

・**聽室內隔音**：現今許多建築都採輕隔間設計，鋼筋水泥等磚牆只用在各戶之間的戶牆上，購屋者也無法

假裝在裡面生活

你可以假裝在屋子裡面生活，把每天會用到的細節檢視一遍。

TRY 開關門	試試所有的門是否都順暢？有沒有卡門的狀況？
TRY 開關燈	把所有的電源都開關一遍，看看是否有電，位置是否順手。
TRY 開關水	把廚房跟浴廁的水龍頭、馬桶都開關一次，試試水流跟順暢度。
TRY 煮飯	請實際站在烹調或洗碗筷的位置，看看高低動線是否符合你的身高。
TRY 晒衣服	有沒有放洗衣機和晒衣的空間？晒衣杆會不會太高？會不會潑雨？
TRY 看電視	想像一下客廳的位置，長寬夠不夠放沙發加看電視？

量測到底是十五公分厚還是十二公分厚？擔心隔音不好嗎？把大門關起來，請親友假裝接到電話，到梯間或隔壁間大聲說話，看看室內聽不聽得到。

・**聽室外噪音**：如果房子位於大馬路邊，關上氣密窗，聽聽看是否依然車聲隆隆？順便瞭解一下氣密窗的厚度是幾公分？是雙層還是單層的？然後，打開窗，聽聽外頭的噪音量，因為實際生活時不可能永遠關窗戶，你還是得評估最嘈雜的聲音是否讓人震耳欲聾？

看採光和通風

・**關燈看採光**：白天賞新成屋時請先不要打開室內電燈，看一下自然光的採光效果，大白天不開燈是否顯得太暗？如果不夠明亮，以後住進來就得天天開電燈，要花的電費可不少喔。

・**開窗試對流**：把室內所有的窗戶打開，有窗戶不代表就會對流，若房子隔間設計不好，空氣還是沉滯的，風大或無對流風都要實際感受一下，以免夏天室內比室外還悶熱呢。

Q70 讓人又愛又恨的公設？

同樣是花一千萬買三十五坪的房子，老公寓和新成屋真正能使用的室內坪數卻大不同。以目前三十％的公設比來算，新進落成的房子大約有十點五坪是公設，室內實際可用面積只剩下約二十四坪。

為什麼公設比要那麼高？

二〇〇五年七月一日建築法規新制上路後，為了消防安全的理由，嚴格要求八樓以上的建物須強制設置「雙安全梯」，緊急升降梯梯間也必須設置獨立出入口的排煙室，使得在那之後新建案的公設比提高到三十％左右。

公設＝大公＋小公

有些公共設施必須由全體住戶共同分攤，稱為「大公」，包括大門口的門廳、警衛室、地下室、機電房、消防設備、走道……等等；有些只跟你住的「該樓層」有關，稱之為「小公」，包含該樓層的樓梯間、電梯等範圍。要怎麼精確的判讀建商是否把小公灌入主建物面積中呢？請跟建商要「建物測量成果圖」，依圖與建物的格局對照就知道了。

這些不算公設

・戶外中庭花園：一般人看到佔地百坪的中庭花園，直覺聯想會認為「這個社區公設比很高」。事實上，這類未加蓋的空間，被列為「法定空地」，不算公設，諸如社區的戶外噴水池、戶外游泳池、戶外遊戲設施……簡單來說，只要上面沒有屋頂的，都是法定空地，不是公設。

・地下室的停車位與車道產權：大部分的人都會認為地下停車位是「公共設施」，但這不是絕對的，有些

各種建築型態的公設比

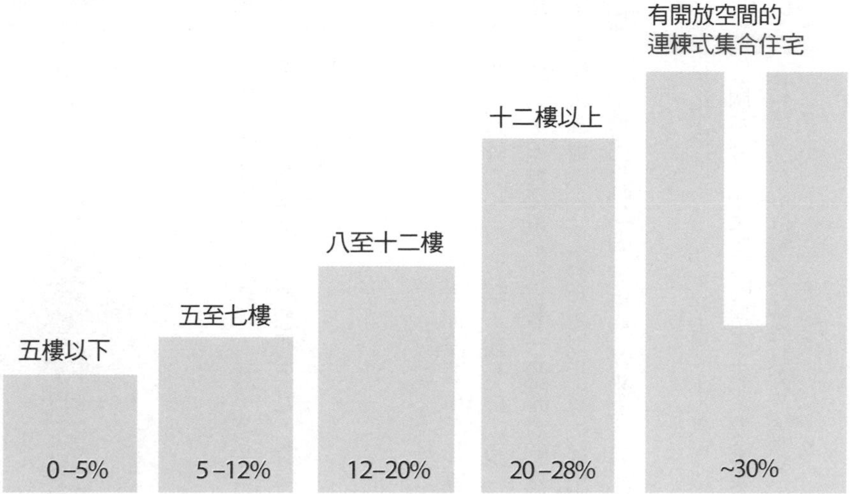

建商採分開計算，停車位就叫「停車位面積」，有的則納入公設甚至是主建物面積。一般平面車位含車道約七坪，機械式則為三點五到五坪，若車位面積低於這個數字，有可能是建商將部分車道面積分攤給住戶。

公設比是怎麼算出來的？

目前對「公設比」的計算公式並沒有一致性的看法，購屋時你應該問清楚建商是用哪種公式計算的；分母不同，算出來的公設比可是大不相同喔。

公設比怎麼算？

公式 A

$$公設比 = \frac{公設（大公+小公）}{主建物+附屬建物}$$

公式 B

$$公設比 = \frac{公設（大公+小公）}{主建物+附屬建物+公設}$$

EX

主建物 50 坪，附屬建物 8 坪，
公設 16 坪 (含停車位及平面車道 7 坪)

公式A的公設比 =16÷(50+8)=28%
公式B的公設比 =16÷(50+8+16)=22%

Q71

你買到的是爛停車位嗎？

「先生，車位大概要再加個一百六到一百八十萬左右，看你選哪一種而定？」聽起來很熟悉嗎？但，買房子一定要連車位一起買嗎？

一定要買車位？

答案是否定的，道理很簡單，如果你沒買車，幹嘛要買車位？跑單小姐對外的炮口一致，幾乎都是說「一定要、不能不買」，但是如果你苦著一張臉表明真的不需要或沒多餘預算買車位，還是可以拒買，多出來的車位，跑單小姐還是可轉賣有雙車位需求的住戶。

算算看，如果月租車位三千元，一百八十萬可以租五十年呢；但換個角度，有車位的房子未來要轉賣時的附加價值高，若買方有車位需求就比較容易成交。

停車位類型

車位可分為「平面車位」和「機械車位」，後者又有左右平移或上下移動的差別，最貴的是平面車位，上下移動的機械車位因為不好停車，賣相最差。

買屋前試車位

有車位需求的購屋者在下訂買房子前最好能要求實際開車「試車位」，以免遇到開大車停不進小車位、車身遇到梁柱無法轉彎等空間不足的窘境。對高總價的建案而言，車位規畫不當對房價的影響茲事體大，每坪可差到好幾十萬呢。

地雷停車位

停車位也有價差，地雷車位相對便宜，但是停車風險也相對高。最好能避開以下幾個地雷區：

該選哪個車位？

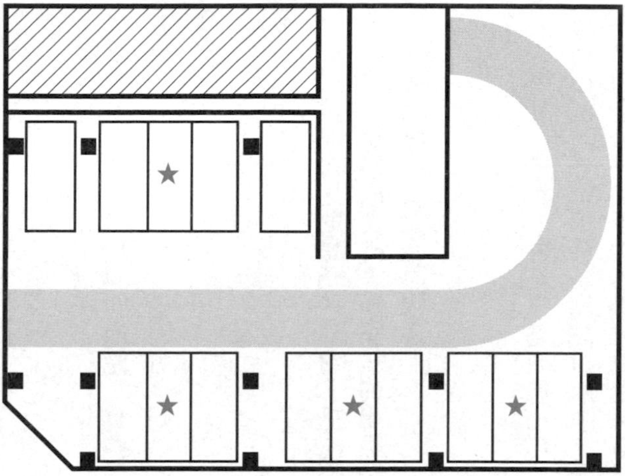

★好位置

．梁柱旁：視線不佳，不好停、容易刮到牆壁。

．車道出入口附近：車輛進進出出，車道出入口附近的停車位，被擦撞的風險相對高。

．水管下方：地下室的停車位也是管線密集區，如果可能，盡量避開管線正下方，以免管線滴漏水而弄髒愛車。

超級好車位

好車位的先決條件是「車位長寬高都符合車輛的大小」，有些箱型休旅車或吉普車較高，要特別注意停車位的樓層高度。

快來挑選好車位區：

．平面車位＞機械左右移車位＞機械上下移車位。

．三個車位要選居中的車位。

．丁字路口，出入便利又寬敞。

Q72 除了豪宅外，哪些房子貴鬆鬆？

明明都在同一條路上，為什麼在相同的地段，有些房子開價硬是多五萬？除了豪宅以外，還有哪些類型的房子會比較貴呢？

■使用頂級建材的房子

一分錢一分貨，如果建商選用的是頂級建材，施工又細膩，有品牌的建材、進口的瓷磚、國際級的頂級廚具，如果再出現名人代言……當然貴鬆鬆囉。

■第×期的房子

某些基地面積大的建案，建商不會一口氣把房子都蓋滿，而是慢慢權衡市況，先推出第一期試試水溫，賣得好，再推出第二期……建材每次升級一點點，價格也跟著上調一點點，所以普遍來說，越後面推出的期數，房價越貴。

■景觀戶

建商愛賣「景觀戶」，因為都市叢林中的可憐購屋者，內心多麼渴望開窗眼前就有一方藍天、仰頭就可看見星光，為了一種悠閒與親近自然的企盼，荷包自然就得多準備些彈藥。

■創新型的房子

如果該建案的產品規畫是同地區罕見的，例如：附近都是老公寓，該建案是有中庭花園和制震規畫的社區，因為具有稀有性，所以會比較貴。

■有防震制震隔震的規畫

台灣九二一、日本三一一大地震，讓人聞震色變，建商也越來越重視防震的相關措施，這些構料都不便宜，為了安全起見，貴一點是合理的。

同一棟大樓也會有價差

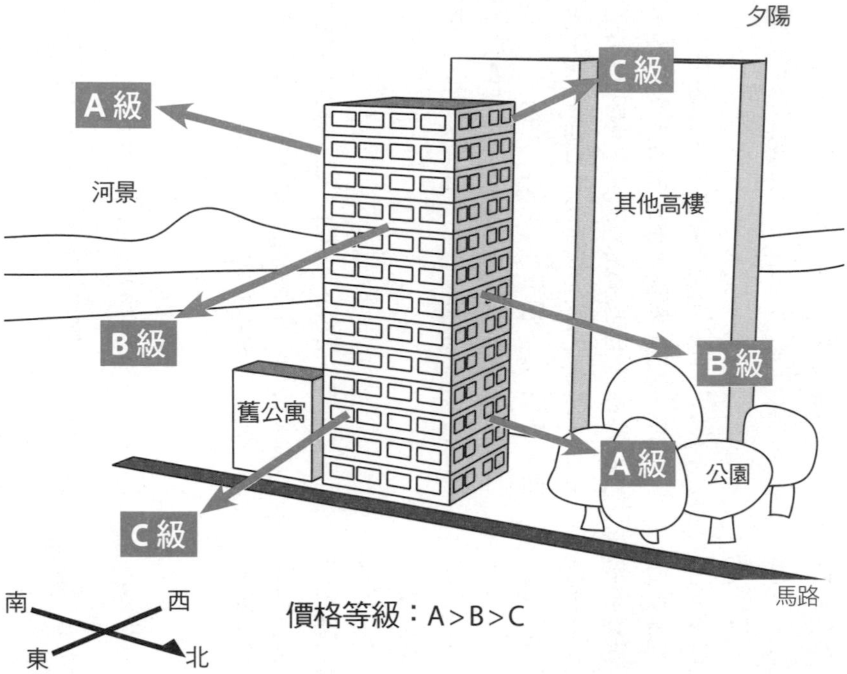

樓層越高越貴

「樓層越高越貴」這句話只適用在風平浪靜、無震無災的地區，大台北地區地狹人稠，樓層越高可能越貴；但是如果是在九降風呼呼作響的新竹或東北季風強勁的基隆地區，或是地勢已經很高的地方，高樓層未必是優點。

所以，下一次如果跑單小姐拿樓層高所以會貴幾萬做文章，你可以先評估一下周邊的風勢地勢環境，再來判斷值不值得買高樓層。

Q73 保留戶、廣告戶、本棟最後一戶的玄機？

房地產業花招百出，除了創造各種新型態的產品，也不斷發明許多似是而非的詞彙，到底保留戶、廣告戶、最後一戶暗藏哪些玄機？跟一般房子有何不同？

廣告戶＝促銷戶

翻開房地產廣告，如果有某一戶的總價特別優惠，十之八九就是「廣告戶」。為什麼會特別便宜呢？仔細分析一下樓層，十之八九是位在中國人不愛的「四樓」，或採光不佳、面對暗巷或特別吵的樓層。為了促銷這種賣相差的房子，建商會用美麗的裝潢淡化你的缺點意識，順便做成賞屋者參觀的實品屋，再補上促銷優惠價，「廣告戶」就輕鬆賣掉囉！

精華保留戶＝哄抬價格

你有沒有看過「精華保留戶大公開」這類宣傳？為什麼要保留？把房子賣掉換現金不是比較好嗎？說穿了就是代銷業者哄抬價格的手法。當建商發現房子賣得還不錯，就會對跑單小姐下達「惜售」的指令，甚至是鎖住某些精華戶不賣，三個月就調價一次，等價格漲翻天時再釋出，所以這類「精華保留戶」也是貴鬆鬆的房子。

最後一戶＝可砍價但沒得挑

當你看到「最後一戶」的文宣時，有幾種可能：一種是建案真的要結案了，建商想快快賣掉好收尾結案，所以有機會撿到大便宜。還有一種是促銷手法，明明還剩下好幾戶，為了吸引更多人來賞屋，所以打出「最後一戶」的幌子，或是突然出現「某樓層剛好有客戶退訂」的說詞，出清餘屋。兩者的相同點都是：樓層位置都沒得選，因為房子只剩這幾間。

不動產術語小辭典

【斷頭戶】房屋出售簽約後，因故無法完成產權過戶程序，業者沒收原購屋者已經繳交的訂金或部分購屋款後，重行出售該房屋。由於業者已經先沒收原購屋者的訂金，會將這類房屋以較低價格出售。

【地主保留戶】地主自己保留的房屋，通常位置不錯，因為不打算自住所以拿出來銷售。但也有可能是建商賣不出去，謊稱地主保留戶以拉抬房屋賣相的話術。

【潛銷期】在建案正式對外刊登銷售文宣前，通常會悄悄通知有門路的熟客，測試市場水溫，因為還沒上市、加上建商為了搏得好采頭，價格較能讓步，議價空間較大。

【毛胚屋】建築已完成灌漿等結構，但是尚未貼瓷磚，僅僅只有簡單的水泥磚牆隔間，沒有任何美化裝修的房子，最能看出施工品質。

【樣品屋】預售案為了讓購屋者能想像未來房間格局的樣貌，依照建築設計圖製作的樣品，通常位於預售案一角，等預售期結束就會被拆除。由於只是樣品，沒有梁、柱等設計，可能誤導購屋者的判斷。

【實品屋】建案蓋好後為了銷售房屋，會選擇一戶或幾戶不同坪數或格局的房屋，並設計美侖美奐的裝潢供購屋者參觀；通常實品屋大都位於樓層不佳的地點，透過裝潢包裝有時候反而更容易銷售。

【餘屋】餘屋通常是指建商在「預售屋」的銷售期間未銷售完的房子，等蓋好後又重新推出，而有「二推」或「三推」的銷售。但若是「先建後售」的推案，則首次銷售不算是餘屋。

【表價】建案的「官方版」表訂價格，通常會參考該區域價格區間、建案等級、預期的議價空間而制定表價，不同樓層和位置的表價會有些許差異。

【底價】將建築成本、人事成本都精算後，建商所能接受最低利潤空間的價位就是底價，也是消費者最想買到的價位。

【成交價】經過與建商或房仲議價後，買賣雙方達成共識的實際成交價位。

74 下午茶皇后的房地產投資術 一位家庭主婦的真心話　楊德芬

真心人物
資深房地產投資人　楊德芬

手邊最好保持一棟自住，一棟收房租，用穩健的方式投資房地產。

熟悉的人叫她「下午茶皇后」，因為別人在上班的時候，楊德芬正輕鬆地和朋友喝下午茶。她，在二十五歲時買下人生的第一棟房子，投資房地產的經驗長達二十八年，目前手上有將近二十間套房可以收租金。

楊德芬沒有富爸爸，小時候還是跟父母住在台北市十四、十五號公園的違建屋。民國七十二年，她靠著省吃儉用，加上利用在財神酒店擔任櫃台出納之便賺取匯差，以一百八十萬買下台北市辛亥路五段的三十坪新房子。為了省錢，她還是窩在娘家，房子則拿來收租金。

房租是無聲的孝子

為了早日存夠錢買房子，她每天省七塊的公車錢，從仁愛路徒步走到公館再轉搭公車回家。因為年輕不懂，地段不優，離中和娘家又遠，所以兩年後就轉賣，第一次的買賣並沒有獲利。也是在此時，她發現有一棟房子自住，一棟收租金是一件很不錯的事情，「房租是沒有聲音的孝子，」她開心地說。

楊德芬初嚐投資房地產的甜頭，是民國七十四年在敦化南路萬通銀行附近買下一間三十三坪的裝潢屋，雖然房子外觀不佳，但內部十分方正，兩百四十萬買屋，利率十二%，貸款七十萬，月收兩萬二租金，後來租給外國人還收到三萬元，繳房貸綽綽有餘，五年後轉手以七百二十萬賣出，足足獲利四百八十萬元。

民國七十六年楊德芬買下遠企對面的成功國宅，當時國宅是滯銷品，價格低廉，兩百七十三萬可買三十六坪，自備款只需四十三萬，國宅處還提供一百一十萬的無息貸款及一百二十萬的五%低利率優惠。這時在鴻源百貨公司工作的她，被公司投資部門提供的高利息吸引，她就用利息錢繳房貸。雖然不久後這間地下投資公司遭政府取締引起巨大的風暴，讓她損失了上百萬元，但卻也讓她買到了一間好房子，轉手時的房價已經漲到八百五十萬，獲利六百二十萬。

賣掉房子才有資金買下一棟房子

「投資房地產不要捨不得，不賣掉沒有資金買下一棟更好的房子。」楊德芬認為自己似乎有某種置產的好運氣，剛好家門口貼了一張法拍屋的傳單，正想換大房子的她，不假思索就買下六十坪，八百五十二萬，還有頂樓加蓋的房子，樓下自住，樓上隔成雅房又能收租金，如今市價早已飆上好幾千萬。

一連串成功的投資經驗，看在好友眼裡並不全然是好運，好友透露，楊德芬曾經一天帶她看九棟房子，平日就做足功課，才日積月累出精準的眼光。「交個房仲朋友也很有幫助，案子的消息快！」楊德芬笑著說。

投資房地產三大關鍵

身為房地產投資人，楊德芬誠心地建議大家：「不要買裝潢的房子，因為價格一定會加上高昂的裝潢費用。」而且選擇物件時有三要素：「地段，投資報酬率及是否負擔得起。」

若投資報酬率高於房貸和存款利率就可考慮。她曾看上一間位於台北市四維路的一樓三角窗店面，雖然權狀只有十九坪，卻有地下室和騎樓空間可用，月收六萬五的租金，算一算，房價雖然要一千七百五十萬，貸款一千萬，但每月只攤還五萬多，投報率約四・五%，加上因為是店面，目前已有三、四千萬的身價，是她目前覺得最好的投資。

「用穩健的態度投資房地產，看到搶手的好物件不殺價，只看中古屋」，這是楊德芬近三十年的投資心得。最近她更把戰場轉往中壢，分租套房給學生，「因為我只是一個平凡的家庭主婦，沒有退休俸，我希望老年可以過安穩的生活啊！」

Part 7
房子這樣買
五花八門中古屋

Q75 房仲可以幫忙哪些事？

找「仲介」是大多數購屋者選購中古屋的主要管道，找專任約的房仲好？還是找一般約的房仲好？哪一種對購屋者最為有利？房仲可以幫哪些事情呢？

專任約房仲，全心全意服務

購屋者在看屋的過程中會遇到兩種類型的託售物件，一種是屋主委託單一家房仲業者全權負責銷售，就連屋主也不可自售，稱之為「專任代理銷售」（專任約），仲介會投注大量資源協助賣方銷售物件。

選擇「專任約」的房仲對購屋者的優點是：不用擔心還有其他房仲也在銷售這間房子，仲介也因為負有銷售的責任，會更努力溝通買賣雙方的意見，一屋三價的變數也不易發生。

一般約房仲，一屋可能三價

反之，屋主可以同時跟兩家以上的房仲簽約，大家都可以賣房子，稱為「一般代理銷售」（一般約）。

對購屋者的影響除了代表同時有不同的買家跟你競爭同一間房子外，也代表有價差風險，A房仲開價九百八十萬，B房仲開價九百五十萬，C房仲開價八百八十萬，沒有人知道你會遇到哪一家房仲。若都以八折來議價，三者間的成交價可是差很大。

仲介也很精明，人人都可賣的房子要處理的狀況更複雜，要議價也更不容易，所以銷售期普遍拖很長，對購屋者來說更增添心理上的不安感：「屋主會不會同時間剛好跟其他人簽斡旋？我買的價格真的是最好的嗎？」無論你找哪類房仲，有品牌的認真房仲才是最好的選擇。

房屋仲介的一天

08：00	起床
09：00	打卡上班
09：30	開早會，與店長報告一天的行程
10：30	查閱不動產資料與聯絡客戶
11：30	路口發 DM（上班族出來吃飯了）
12：30	吃午飯
13：30	拜訪客戶與估價 (看有沒有屋主想賣房子的)
15：00	替物件拍照製作廣告文宣
16：00	休息一下喝咖啡
16：30	帶看房屋
18：00	吃飯
19：00	拜訪屋主，回報銷售狀況
20：30	簽約或開會檢討
22：00	拜訪晚班管理員
22：30	電線桿貼傳單
23：00	回家
01：00	睡覺

房仲可以幫哪些事？

· 協助帶看房屋
· 協助查詢周邊成交行情
· 協助與屋主議價
· 協助屋況調查
· 協助產權調查、調閱謄本、地籍圖等
· 提供房屋平面圖
· 協助申請房屋貸款
· 協助尋找地政士
· 協助開設履約保證專戶
· 協助確認是否為凶宅
· 協助檢測是否為海砂屋、輻射屋
· 提供六個月的漏水保固等售後服務

Q76

混亂的中古屋看屋實況竟是……？

拿起售屋文宣，打電話給房仲說明中意的物件、問清楚權狀坪數、位置和價位後，雙方約好看屋時間，一場接力賽般的「中古屋」看屋活動就此展開。年輕、熱情的房仲是最讓人難以招架的，因為初入行的熱情，會讓房仲迫切地想把房子賣給你；有經驗、老江湖的房仲則會老謀深算地看眼色說話，讓看中古屋變成一場瘋狂的推銷大會與心理攻防戰。

生活圈巡禮

假設，你已經瞭解想看的地區、預算和個人需求，好的房仲會先帶你初步逛一圈周遭的生活圈，讓你知道捷運、市場在哪裡？社區有哪些了不起的公設和所有加分的優點。房仲不會主動告訴你：「這裡有間廟、旁邊是高壓電塔、健身房很久沒人用了。」這些細節都要靠你雪亮的大眼睛仔細瞧瞧。

打聽屋主背景

當你開始左顧右盼地推敲眼前這間中古屋時，一定要順口問仲介：「咦，屋主為什麼要賣啊？」

有的會說因為屋主買了新房子、有的會說年紀大了想改住一樓、或原本是要裝潢給兒子當新房的……幾乎都跟「自住」有關，沒有人會告訴你「這是投資客的房子」，但是你還是可以從廉價的裝潢、聽起來似是而非的理由，例如：原本是要自住的，後來剛好換工作，所以裝潢後只好賣掉等等，加以判斷。

要追問的原因是：從中判斷可以殺價的折扣數。自住從八折開始砍價，投資客從七成五砍價，然後五萬、十萬慢慢往上加。

敏感體質者的提醒

如果你是對於環境、磁場比較敏感的人，碰到這些屋子要小心：

房子什麼地方貼了符
若你覺得毛毛的就別進去了
房子還有住人
一開門見到生病臥床的老人，可能會不舒服
房子陰暗潮濕又髒亂
可能會讓你覺得胸悶頭暈
前屋主留下怪東西
鞋子、娃娃、佛經等奇怪的東西
前屋主生過大病
可能會看到靈堂遺照等不舒服的物件
畸形屋
磁場不對的人會感到不舒服

房仲窮追猛打

從踏進中古屋到離開，短則十分鐘，長則一個小時都有可能；通常房仲會讓你先看格局採光滿不滿意，然後不斷不斷在你耳邊強調該物件的「優點」，例如：全新裝潢、這是絕佳地段很少釋出的稀有逸品、格局方正、頂樓可自由使用等等。如果你很厲害，眼尖發現有問題：例如壁癌、浴室排水不通、格局方正但是通風和採光不佳……若是不能解決的問題，房仲會想辦法凹出一套「化缺點為優點」的化解方式，通常被轟炸久了，你真的很容易不小心失去理智。

房仲最後一定會留下一句：「如果你有興趣，價格可以談。」然後再追加一句：「這個物件很搶手，有很多組在看，如果你有興趣，要不要先付個斡旋金？」這就是看中古屋的實況轉播，有點混亂嗎？是的，所以，你一定要多看幾次、多看幾間，找親友一起看，幫你維持冷靜。

Q77 找出中古屋的內外眉眉角角？

去年台灣購屋市場平均四十萬件交易中有六成民眾都是購買中古屋，如果你即將成為其中一員，一定要有人扮演黑臉，一針見血地把中古屋的問題通通挑出來，才能確保房子的品質，準備好當奧客了嗎？中古屋看屋眉角即將公開。

眉角一：漏水壁癌屋

仔細檢查容易漏水或滲水的角落，看看有沒有黑黑髒髒的水漬，包括窗戶窗台女兒牆邊、浴室和廚房設備四周、前後陽台天花板；如果牆壁上出現白白的雪花，那就是難處理的壁癌啦。

眉角二：奇怪的裂縫屋

奇怪牆壁上怎麼有裂縫，別擔心，如果你發現壁面有龜狀（網狀）的小裂紋縫，應該是油漆品質差所產生的收縮紋路；如果還有其他小於兩公分的規則裂縫，可能是因為材料收縮或熱漲冷縮所造成的，可以修補；可是，如果梁柱有歪斜的裂縫，牆壁四周出現倒八字型、交叉型等不規則斷裂，就是施工不良或地震所造成的損害，這種裂縫屋就千萬不要碰。

眉角三：管線不通屋

管線不通也很麻煩，請把所有跟「水」有關的設備通通打開來檢查，水龍頭、蓮蓬頭、浴缸水量轉到最大，嘩啦啦開個幾分鐘；馬桶一定要沖一沖，看水流順不順。

眉角四：地板不平屋

會有不平的地板嗎？如果不想小家具出現緩慢性位移，一定要檢查室內平準是否抓準，拿顆小彈珠，輕放地

簡單小工具幫你找眉角

TRY 小球或彈珠	滾滾看，就知道地板平不平。
TRY 小夜燈或充電器	插插看，拿盞小夜燈或用手機簡配的充電器來驗插座有沒有電，超簡單。
TRY 雨傘	敲敲看，就知道地板是空心還是實心、瓷磚有沒有鋪好。
TRY 銅板	敲敲看，就知道牆壁有沒有蓬蓬蓬的空心裂縫聲。
TRY 衛生紙	沖沖看，丟兩張衛生紙到馬桶內，看看水流水量夠不夠。
TRY 捲尺	看房間格局正不正、梁柱有沒有高低差、門框有沒有歪斜。
TRY 寶特瓶	裝水，檢查地面落水頭的水流是否順暢。

面，看會不會往低處滾就知道囉。不過，有些地方的地板不能平，就是地面有落水頭的浴廁或陽台，地板如果是平的，水就不會流動囉。

眉角五：假插座沒電屋

有一些裝潢得很美的中古屋看起來跟新成屋沒兩樣，小心，牆壁內仍是老舊管線，插座根本中看不中用，是假的，是賣方為了讓你覺得插座很多的「裝飾品」。

眉角六：空氣不通沒氣屋

不管你看的是幾面採光的房子，一定要把所有的窗戶都打開來，看看空氣對流好不好，因為如果設計不良，有窗戶不代表空氣對流順暢。

眉角七：瓷磚地板空心屋

看中古屋時順手敲敲摸摸，老房子不用管油漆幾底幾度，但是要確認牆壁和地板不是空心的。有的把木板隔間粉刷偽裝成牆壁、有的地板瓷磚已經浮凸，敲一敲就會聽見空心的叩叩叩聲，這些小瑕疵都是你議價的大利多喔。

Q78

小心！你買的是凶宅嗎？

「凶宅」人人怕，一想到住的地方死過人就讓人汗毛直豎；但是凶宅的定義莫衷一是，如果有人從十樓跳下來，壓到二樓遮雨棚，死在一樓，那到底哪一層才算是凶宅？如果有人在家裡壽終正寢，算不算凶宅？建案興建期間有工人不慎墜落，難到整棟大樓都算凶宅嗎？

凶宅的定義

正因為凶宅很難定義，內政部僅認定「曾發生過凶殺或自殺致死案件之處」，但是民間的定義更廣泛，唯一的共識是「自然死亡」不算凶宅；民間認為若發生自殺、他殺等凶殺案或因為瓦斯中毒、火災等意外災害甚至是興建期間該建築死過人等「常常發生意外的房子」就算是凶宅。至於要算跳下的那一層還是死亡的地點就各說各話了。

凶宅爭議多

購買中古屋時，房仲業者會請原屋主勾選「是否為凶宅」，採自由心證的方式，如果屋主隱匿不告，屋主本身可能吃上詐欺罪，購屋人可以要求解約或降價。

依據《消費者保護法》第四條的規定：「業者應提供消費者充分與正確之資訊。」但是，根據報導，日前有婦人買了間八百萬的套房，窗戶正對的就是死了七個人的白雪大旅社，房仲未告知，理由竟是「凶宅在隔壁，所以不需告知」。

由這個案例來看，消費者購屋時最好擴大凶宅的查詢範圍，不只要查該樓層該戶，最好也連鄰居、社區都查一下有無凶宅事件。左鄰右舍、里長伯都是詢問的第一手線民喔。

凶宅不要來，自保之道

1. 事前上台灣凶宅網查詢：www.unluckyhouse.com
2. 詢問周遭左鄰右舍、里長、社區管委會
3. 到派出所查非自然生故報告
4. 注意報章雜誌的社會版凶殺案新聞
5. 上 Google 查詢
6. 在買賣契約書上加註「排除凶宅條款」，最好將凶宅的定義擴大為整棟樓層。

買到凶宅怎麼辦？

如果你倒楣買到了凶宅，又無法解約，也不要太害怕。
若你有宗教信仰，可以找你相信的法師或道士作法，驅邪避凶，再重新大翻修。
但如果你還是心裡毛毛不想住的話，也可以試試看：

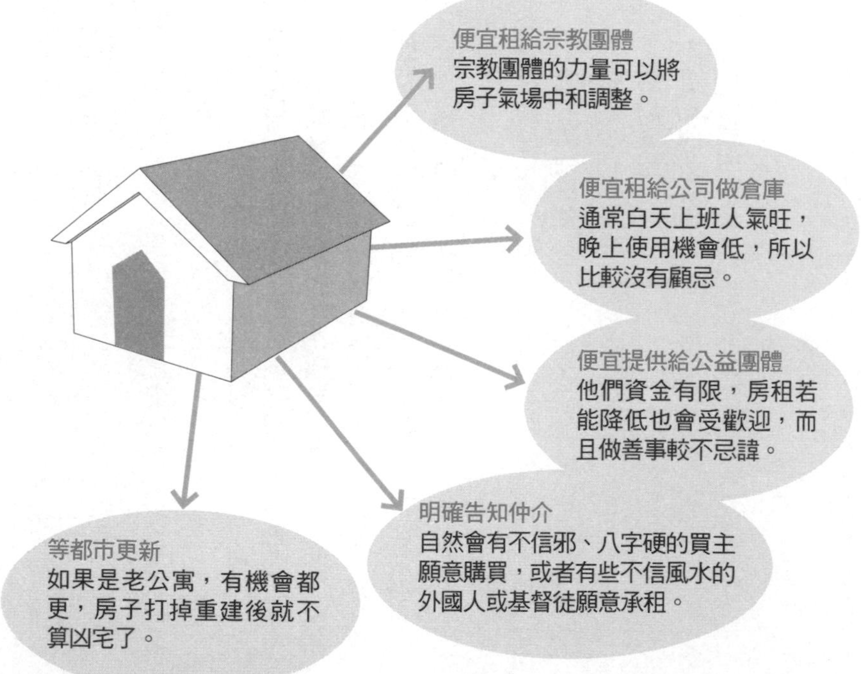
便宜租給宗教團體
宗教團體的力量可以將房子氣場中和調整。
便宜租給公司做倉庫
通常白天上班人氣旺，晚上使用機會低，所以比較沒有顧忌。
便宜提供給公益團體
他們資金有限，房租若能降低也會受歡迎，而且做善事較不忌諱。
明確告知仲介
自然會有不信邪、八字硬的買主願意購買，或者有些不信風水的外國人或基督徒願意承租。
等都市更新
如果是老公寓，有機會都更，房子打掉重建後就不算凶宅了。

Q79 小心！你買的是海砂屋、輻射屋嗎？

除了凶宅以外，海砂屋和輻射屋是所有買中古屋者最不想遇到的房子，好在隨著建築法規日趨嚴謹、檢測工具發達，這些恐怖的海沙屋、輻射屋透過檢測將無所遁形。

查輻射屋，找行政院原子能委員會

日本核電廠引發的輻射問題再度引起全球對輻射的恐慌，而台灣在民國七十一至七十三年期間，就發現有鋼筋受到鈷六十的污染，成為「輻射鋼筋」，所建造的房子被稱為「輻射屋」。從民國八十一年在台北市民生社區發現第一棟輻射屋至今，全台目前仍有九百零五戶輻射屋列管中，大多分佈在北市、新北市、基隆、桃園等地。

如果你買的中古屋恰巧落在這這三年間，所測量到的背景輻射量高於每小時〇．一至〇．二微西弗，就有輻射屋的嫌疑。長期居住在輻射屋內對健康的危害甚大，可能引發血液相關疾病、不孕、畸形兒、提高癌症的誘發率等等。民眾可上「行政院原子能委員會」網站，輸入建物所在地資料查詢：www.aec.gov.tw

輻射屋檢測單位

- 輻射防護協會
- 輻新公司
- 華鈞公司
- 貝克西弗公司

（除原子能委員會免費外，其餘均依坪數大小收費）

海砂屋，讓房子搖搖欲墜

「海砂屋」顧名思義就是用來蓋房子的預拌混凝土混

買到輻射屋怎麼辦？

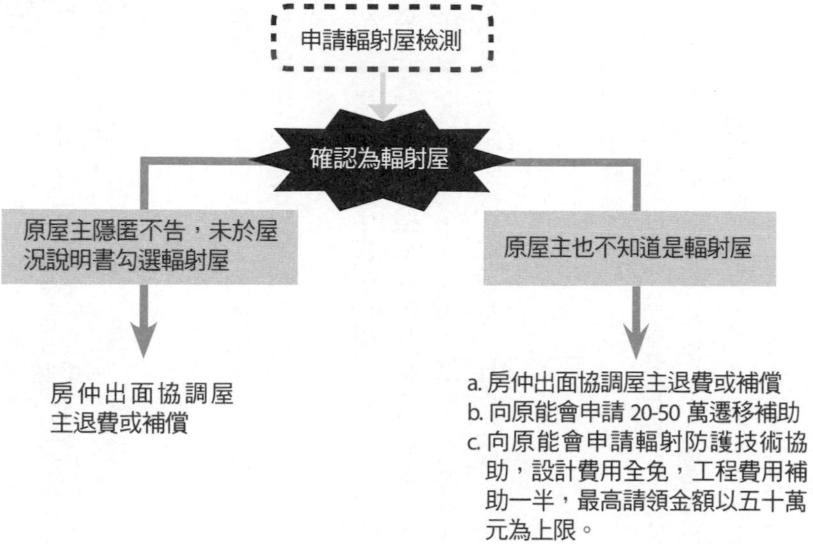
申請輻射屋檢測
確認為輻射屋
原屋主隱匿不告，未於屋況說明書勾選輻射屋
原屋主也不知道是輻射屋
房仲出面協調屋主退費或補償
a. 房仲出面協調屋主退費或補償
b. 向原能會申請 20-50 萬遷移補助
c. 向原能會申請輻射防護技術協助，設計費用全免，工程費用補助一半，最高請領金額以五十萬元為上限。

入了「海砂」，或是含有氯離子的「河砂」（近海口的河砂或有海水倒灌的河砂都可能含氯離子）。

海砂屋的問題就出在「氯離子」，短時間會讓壁面出現類似壁癌的白色滲痕，甚至出現泥塊剝落，長時間則會腐蝕支撐建築結構體的鋼筋，陷房子於搖搖欲墜的危險中。

若鋼筋混凝土結構的氯離子含量每一立方公尺混凝土中超過 0.3 kg/m^3 時，即可要求原屋主損害賠償或退屋還款，同時拍照舉證房子有鋼筋混凝土剝落等重大瑕疵。如果房仲業者宣稱有海砂屋購屋保證，依過去的判決案例，通常都須負連帶的賠償責任。目前台北地區共列管四十五件、一千九百八十一戶，民眾可上台北市建築管理處查詢是否買到列管的海砂屋。網址：www.dba.tcg.gov.tw

海砂屋檢測單位

- 工研院
- 土木技師公會

（費用約四千到五千元，時間約一到二星期。）

Q80 買中古屋還有哪些隱形費用？

跟屋主簽下合約、點收鑰匙、結清尾款，看著眼前空曠的中古屋新家，準備好要搬進去了嗎？

且慢，如果你買的是高齡中古屋或是有小毛病的房子，喬遷前還有好些地方必需重新整頓整頓，這些都是購買中古屋的隱形費用，三十坪的中古屋簡單裝潢維修至少須預留五十萬到一百萬的預算，日後住起來才會舒適安心。

隱形費用一：管線重牽

二十五年以上的中古屋已經年屆建物壽命的二分之一，管線大多老舊，當初埋設的位置也未必符合今日的需求。電線是否被齧咬損毀？冷熱水管是鐵管還是鋼管？為了安全的理由，避免電線走火，或水管生鏽髒污，建議還是全部重換。網路線、插座的數量和位置也可以趁機根據需求增設調整。也可請水電工增加電源的安培數，以免跳電。

如果屋齡約十年上下，不確定是否要更換管線，最好請專業技師加以診斷。如果老屋打算大翻新，相關的排水系統、管線圖要請技師重新繪製或拍照留存，以便日後維修參考。

隱形費用二：燈光、瓷磚等裝潢

如果你不打算大張旗鼓重新裝潢隔間，但是基本的油漆粉刷、燈光替換、廁所馬桶和浴室蓮蓬頭更新……還是省不了；如果臥房的瓷磚每間大小花色都不太一樣，相信你一定也很想換；還有，要不要換冷氣機、熱水器等電器用品，廚房流理台要敲掉嗎？這些也是容易忽略的隱形費用。

買中古屋總共要花多少錢？

每間中古屋的屋況都不一樣，可先粗抓約總價的 10% 到 20% 做為整修裝潢費用，以 30 坪 1000 萬的中古屋為例：

三成自備款	300 萬
700 萬貸款含利息	（本利攤還 35000 元 ×12 月 ×20 年）840 萬
仲介費 2%	20 萬
地政士代辦費	2 萬
過戶費、稅金、規費等	5 萬
老屋翻修	80 萬
冷氣等家電換裝	20 萬
總計費用	1267 萬

買 1000 萬的房子，隱形花費約 250-300 萬

隱形費用三：壁癌抓漏

買中古屋十之八九都會遇到壁癌問題，買賣雙方可以協議由誰來支付抓漏、施作防水層的費用。看是要從總價金中抵扣，還是屋主要處理好再交屋。如果你買的中古屋是頂樓，建議最好整層都有防水處理，以免補了東牆的壁癌，水從西牆跑。

隱形費用四：稅、代辦費、仲介費

最後一項隱形而且一定會發生的費用，是購屋要繳給政府的契稅、印花稅、行政規費，以及雙方委託地政士辦理的費用和仲介費，加起來也要好幾十萬。

Q81 房仲愛用的話術和伎倆？

你正在看某間中古屋，忽然房仲小李的電話響起，只聽見小李大聲說：「是，王老闆，您想付斡旋金跟屋主談？好，我來安排。」怎麼，這間不起眼的中古屋遇到競爭對手了嗎？房仲建議你快點付斡旋金，以免被王老闆捷足先登，這是真的嗎？或者，這只是房仲要誘你上勾的眾多伎倆之一呢？

電話邀約話術

只要你曾經打過第一通電話給該房仲，對方就會窮追猛打、不斷邀約，就是要讓你沒有拒絕的機會。

- 話術一：蘇小姐，您今天晚上幾點有空出來看房子？（不問你有沒有空，直接約時間。）
- 話術二：蘇小姐，有兩間符合您需求的房子，一間在中正路，一間在中山路，您想先看哪一間？（不問你想不想看，直接要你出門來看屋。）
- 話術三：蘇小姐，這間您一定要來看，地段、屋況都很稀有，有很多人搶著看，機會難得，那個地段很少有房子釋出，您幾點要過來？（創造競爭與稀有性，讓你有股衝動想看一下所謂的「A級品」是什麼。）

看屋現場話術

- 屋主剛好出國，有房子要賣。（怎麼這麼剛好？）
- 屋主原本是要買給小孩住的，全新裝潢，屋況很好。（廉價的裝潢，倒像是投資客的房子。）
- 遇到無尾巷：這種巷子安靜，不會有車子進出。（天殺的，連救護車也進不來吧！）

製造狀況題

當你到了現場，對房子有點好感，正猶豫不決時，房仲伎倆就出現了：

房仲行話小辭典

【冒泡】房仲最愛的術語！指業務員完美成交房屋，獲取服務費。

【全泡】開發物件和銷售都由同一個人完成，獎金一人獨拿。

【半泡】由A開發物件，由B來銷售，獎金或服務費兩人對分。

【蘋果】好銷售的物件。屋主以較市面便宜的價位售屋，或是該屋賣相極佳。

【芭樂】不容易成交的物件。屋主想以高價賣出，或是該屋賣相欠佳。

【踩線】打探其他家房仲賣的房子，去跟屋主簽一份一般委託，搶同行物件。

【守現】到想要租售的屋子現場駐點，讓有興趣的客戶第一時間入內賞屋。

【小蜜蜂】在電線桿、路邊、鄰里布告欄張貼的售屋廣告。

【靶機】廣告傳單上的手機電話號碼隨時可停機，避開被環保局開罰的風險。

- 製造競爭者：前述的假電話是常見手法，希望你快點付斡旋金。
- 安排假客戶：找幾組朋友到現場假裝看屋，假客戶還會不斷強調優點，增加熱門度；更進階的，會讓假客戶付點斡旋金跟屋主談，回頭再跟你說破局的價碼，暗示你成交行情大約多少，免得你砍太多。
- 成交行情暗示法：有些房仲會舉最近成交的價碼為例，並且告訴你該屋況比這間差，一方面暗示你這間房子有多好，另一方面也暗示你價格帶在哪裡。
- 逼你付斡旋：房仲很愛說「價格可以再談」，然後說：「如果你有喜歡，付個斡旋，我們幫你跟屋主談談看。」讓你覺得有寬闊的議價空間。
- 加價：如果你付了斡旋，價格談不攏，房仲會打電話希望你「再加個×萬」，還有其他組客人也很有興趣等等。此時，請抓穩心中的價格帶，免得買了超出預算的房子後悔哀怨。

Q82

仲介費也有玄機？

無論你找哪家房仲業者協助尋找中古屋，當親切熱忱的服務時光結束，你也順利找到理想中的房子時，就是打開天窗收銀兩的時刻了。

仲介費也可以殺價

付多少仲介費是一個有趣的數學題，目前房仲市場普遍以「買方付一到二％，賣方付三到四％」的規則來收費，但消基會指出，這樣的收費比例是不合理的，因為十年前的房價和十年後已經大不同，房仲業者挾法規「不得高於六％」當令箭，讓今日的消費者付出龐大的仲介費，一棟動輒千萬的房子就有六十萬要付給房仲，因此建議下修到「不得高於三％」。如果無法達到這個理想值，買賣雙方也不要放過「議價」的可能。

當賣方把房仲逼急了，卻卡在二十萬的尾數，有時房仲願意犧牲部分佣金，以求績效，僅收取〇．五％仲介費也時有所聞。所以，就算是仲介費，也可以砍喔！

何時要付仲介費？

仲介的業務很多都沒有底薪，靠的就是售屋佣金，當然希望拿到獎金和佣金的時間越快越好。確切的付款時間還是可以跟仲介討論的，常見的時間點有：

- 兩階段付款：簽約完成付一半，交屋時付尾款。
- 四階段付款：簽約付一成、用印一成、完稅一成、交屋七成。
- 還有一種是透過「履保專戶」，買賣雙方間的金流從頭到尾錢都存在銀行的履保專戶中，必須等雙方買賣完成、所有的程序也都完成，屋主才能拿到價金，

仲介費的秘密

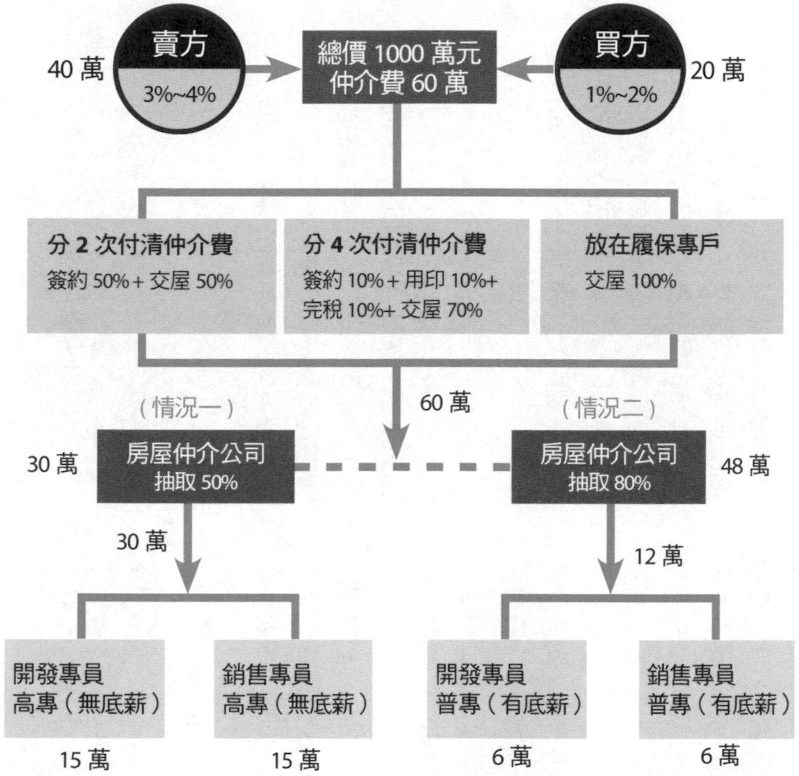

房仲才能拿到仲介費。

無論你跟房仲選擇哪一種，這些細節最好在付斡旋金或填寫要約書時就加以註明，以免日後衍生事端，天天被房仲追問「何時付仲介費」這個傷感情的問題。

Q83

斡旋金和要約書有何不同？哪種好？

當你看上了某間中古屋，同時也有其他組客人表示有興趣，要如何確保你可以優先取得跟屋主議價的機會呢？通常這時候，房仲會請你先支付一筆「斡旋金」，或簽一份正式的「要約書」表達購屋意願，這兩者有何差別呢？

民間習慣用斡旋金

「斡旋金」和「要約書」的效力一樣，都是買方向賣方表達購屋意願，委由仲介出面與屋主溝通議價，付斡旋金時並填寫「不動產買賣意願書」。斡旋的金額可多可少，房仲的慣例是支付房屋總價的三%到五%不等，但也有人只拿五萬或搬了一百萬現金到屋主面前表達誠意的，希望見「錢」三分情，更容易成交。

通常仲介的斡旋時間約三到七天不等，無論是否成交，仲介不得要求買方支付車馬費或其他費用。有時候，仲介會建議買方直接跟賣方見面談，你可以自行評估是否出面。

當買賣雙方取得共識，斡旋金就會轉為訂金，若雙方也同意開「履保專戶」，記得要求仲介把這筆錢也匯入其中，不得存放在仲介保險箱中。如果交易不成功，斡旋金就會全數退回給買方，你不需支付任何費用。

內政部版的要約書

對於不想拿出一大筆現金、卻又希望房仲出面跟屋主「喬」價格的，也可以使用內政部版的「要約書」，同樣有效。要約書視同買賣契約，有三天的審閱日，上會註明承攬總價、不動產買賣標的座落位置、面積、附款條件等細節。

為何我不是第一順位？

房仲出面幫買方跟賣方議價，明明你已經付了斡旋金或簽了要約書，為什麼卻會被通知不是「第一順位」？

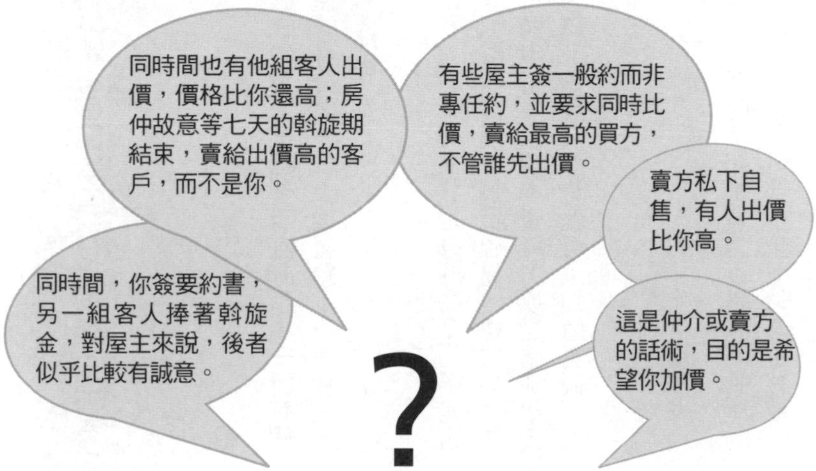
同時間也有他組客人出價，價格比你還高；房仲故意等七天的斡旋期結束，賣給出價高的客戶，而不是你。
有些屋主簽一般約而非專任約，並要求同時比價，賣給最高的買方，不管誰先出價。
賣方私下自售，有人出價比你高。
同時間，你簽要約書，另一組客人捧著斡旋金，對屋主來說，後者似乎比較有誠意。
這是仲介或賣方的話術，目的是希望你加價。
?

付斡旋金／簽要約書前的注意事項

・確認房屋資料

別以為你「只不過」是請仲介去問問價格，就隨便看看；在你決定付斡旋金以前，仲介應該要提供你該物件的相關謄本、建物平面圖、地籍圖等相關資料，先確定房子沒有問題，再付斡旋金或簽要約書。

・付款條件要寫清楚

雙方都需把頭期款、備證款、完稅款和交屋款的金額、匯款時間及條件寫清楚。

・任一方反悔都要賠錢

若買賣雙方簽約答應買賣後，有任一方反悔，都得支付違約金。通常是罰兩倍的斡旋金，若簽「要約書」則須支付買賣總價款百分之三以下之損害賠償金額。

・問仲介費

同時間，買方最好先問清楚仲介費的付款條件和繳款時間，以免斡旋成功，立刻又有一大筆的仲介費要付。

Q84
怎麼搞懂產權調查和謄本？

買東西怕買到假貨，買房子也要看身分證，「所有權狀就像是房地產的身分證」，上面紀錄了所有權人、面積、坐落地號與門牌等資訊。

然而，你確定你看到的所有權狀是真的嗎？房子是否有被假扣押等登記限制問題？慎重起見，建議你不妨到地政機關或上網申請登記謄本資料，或是請地政士協助，花一點小錢、花幾個小時就可以知道真假，得到心安囉。

■注意！賣方是不是所有權人

怕所買非人、錢沉大海嗎？如果賣方不是該不動產的所有權人，你應該要求賣方出具「該不動產所有權人的授權書或印鑑證明」，以確保你遇到的是真賣方。

■所有權狀可以看到什麼？

「建物所有權狀」可以告訴你的重要資訊有：

- 建物所有權人和屋主是否是同一人
- 建物完成日期，可確認屋齡
- 主要建材和主要用途
- 建物層數和層次（幾樓）
- 主建物面積與附屬建物面積（單位是平方公尺）
- 共用部分（也就是公設）
- 權利範圍是與他人共同持有還是個別持有

「土地所有權狀」最重要的則是看「所有權人」與「權利範圍」，也就是你可以分到的土地面積有多少。當你瞭解所有權狀資料後，接下來就是跟謄本資料比對，是否正確無誤，切記，權狀資料不見得都是正確的，一定要看謄本資料。

看懂建物登記謄本

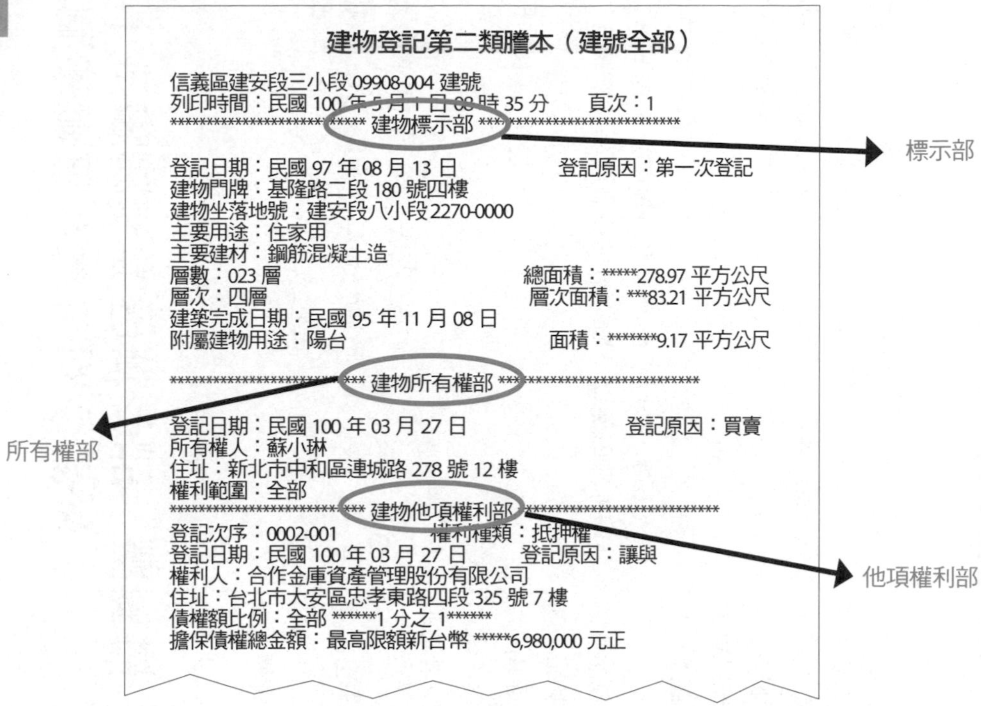

建物登記第二類謄本（建號全部）

信義區建安段三小段 09908-004 建號
列印時間：民國 100 年 5 月 1 日 08 時 35 分　　頁次：1
************************ 建物標示部 ************************
登記日期：民國 97 年 08 月 13 日　　登記原因：第一次登記
建物門牌：基隆路二段 180 號四樓
建物坐落地號：建安段八小段 2270-0000
主要用途：住家用
主要建材：鋼筋混凝土造
層數：023 層　　總面積：*****278.97 平方公尺
層次：四層　　層次面積：***83.21 平方公尺
建築完成日期：民國 95 年 11 月 08 日
附屬建物用途：陽台　　面積：*******9.17 平方公尺
************************ 建物所有權部 ************************
登記日期：民國 100 年 03 月 27 日　　登記原因：買賣
所有權人：蘇小琳
住址：新北市中和區連城路 278 號 12 樓
權利範圍：全部
************************ 建物他項權利部 ************************
登記次序：0002-001　　權利種類：抵押權
登記日期：民國 100 年 03 月 27 日　　登記原因：讓與
權利人：合作金庫資產管理股份有限公司
住址：台北市大安區忠孝東路四段 325 號 7 樓
債權額比例：全部 ******1 分之 1******
擔保債權總金額：最高限額新台幣 *****6,980,000 元正

一定要調閱謄本資料

有些東西在權狀是看不到的，所以你一定要調閱「土地／建物登記謄本」，要核對什麼？謄本可分為「標示部」、「所有權部」及「他項權利部」三項，你可以從中瞭解地段、地目、使用分區、面積、公告地價、建材、結構、所有權人等基本資料。要特別注意：

一、核對謄本資料與所有權狀資料是否都相同無誤。字號若不同，就表示權狀可能是偽造的。建物因為房子跟銀行貸款，所以謄本的權利人應該是銀行。

二、謄本最重要的是看「他項權利或限制登記」。這點可以幫助你瞭解房子是否有抵押貸款、是否有被查封或破產登記等紀錄，以防止後續的買賣糾紛。

三、若想進一步知道房子的格局是否變更，還可以查詢「建築改良物平面圖謄本」。

85

讓優質房仲幫你安心成家
一位優質房仲的真心話　謝萬雄

真心人物
台灣房屋總管理處執行長兼發言人　謝萬雄

買房子最重要的心態就是：不要人云亦云，或是為了買房而買房，先搞清楚自己的需求再說。

被譽為房仲業最年輕的六年級執行長：台灣房屋總管理處執行長兼發言人謝萬雄站在客觀的立場，要教大家怎麼尋找優質房仲。

品牌知名度很重要

房仲，專業的稱謂是「不動產經紀業」，根據公司大小可分為連鎖品牌與獨立品牌，又可以進一步細分為直營體系和加盟體系。一般來說，直營的房仲店在管理、教育訓練與制度各方面都有較好的規範，謝萬雄認為：「尋找有品牌知名度、有口碑、重視形象、負責任的房仲業者對消費者的購屋權益較有保障。」

選房仲，挑人品

此外，不動產經紀人的「人品」也很重要，如果帶看者油嘴滑舌或是一問三不知，你可以要求替換服務人員；因為好的仲介應該要具備專業性，人品不可靠，被哄抬價格事小，買到有問題的房子事大。

要怎麼看出房仲是否專業？謝萬雄認為，好的房仲會先探詢消費者的購屋需求，你想住哪裡？購屋預算有多少？希望近學區嗎？是否有運動的需求……等等，「你可以觀察房仲如何問問題」。一個什麼都不問的房仲絕對無法替買方找到適合的物件。

此外，一個專業度夠的房仲，對於法令規定、地區行情、物件屋況都應該能提出詳盡的回答。

然而，有一種特例是：帶看房子的房仲A不是把房子簽進來的房仲B，最瞭解屋況細節的B可能因為時間繁忙抽不開身，或剛好有消費者詢問房仲A該物件，所以帶看的房仲A不瞭解細節，只能依據「售屋資料表」說明，可能無法回答屋主個人相關問題，或屋主希望保密而不便回答，這就與專業無涉。

「現在仲介如雨後春筍，大家提供的服務都大同小異，要如何做到差異化以及滿足超乎客戶的期待，一直是台灣房屋努力的方向。」謝萬雄說。

承擔責任，有營業保證金保護消費者

消費者透過房仲買了房子以後若遇到問題，第一時間往往是找房仲，即便責任歸屬不見得是房仲的錯，例如屋主隱匿真實屋況，或是「一屋建商」，蓋了有問題的房子就換名字換股東再開新公司蓋房子，出了問題根本不知道找誰。

「很多時候，房仲承擔了建商該負的責任啊！」謝萬雄嘆了口氣說。面對這種狀況，房仲業者也只能想辦法居中協調，若有瑕疵擔保的就負責維修，調解不成，最壞的狀況才是訴諸法律途徑。

然而，民眾也不必過於擔心，因為不管是哪一類的房仲體系，依政府規定都必須繳交「營業保證金」，五家分店以下的營業處所，每一家都要要繳存二十五萬元，繳存最高總金額為一千萬，以確保消費者的權益，「若房仲發生過失，例如人謀不臧、產權調查不清而引起糾紛等狀況，就可從中賠償給購屋者。」謝萬雄說。

他也提醒購屋民眾：「買房子最重要的心態就是：不要人云亦云，或是為了買房而買房，先搞清楚自己的需求再說。」

Part 8

房子這樣買

搞懂交屋流程

Q86 新成屋、中古屋、預售屋的買賣流程是什麼？

無論是預售屋、新成屋還是中古屋，房屋買賣的流程大抵可以分為「簽約、用印、完稅、交屋」四大階段；但因為房屋類型不同，在細節上略有出入，尤其是預售屋的付款方式更細分為頭期款、工程款和尾款等細項，以下是共通的部分：

付訂金

當買賣雙方對價格達成共識後，買方就必須先付訂金給屋主或合法的代理人，可以付「小訂」幾萬元，或是約總價金三到五%的「大訂」，並把握簽約前的「五天契約審閱期」審讀合約內容。

簽約

下訂後五到七天左右雙方簽約，可請地政士協助見證，核對買賣雙方身分、並申請「當天」的土地及建物謄本以確保產權完整。通常「訂金含簽約金」約佔總價的十%，如果雙方同意開「履保專戶」，就把錢匯進戶頭，以保障雙方權益。

此外，為了避免貸款不通過的問題，簽約時，買方最好要求增加「核貸不足時契約無效」的但書，以免核貸不成功被沒收訂金跟簽約金。

- 買方需準備：訂金收據、印章、身分證。
- 賣方需準備：印章、身分證（或授權書、被授權人身分證）、土地、建物權狀正本。

用印

簽約後一周左右在地政士的公開見證下，買賣雙方將過戶、報稅等相關文件交付地政士蓋印章稱為「用印」，包括所有權移轉契約書（公契）、登記申請書、增值稅申報書、契稅申報書、報稅證明等文件；買方並支付賣方約十%的價金。

- 買方需準備：印鑑證明、印鑑章、身分證影本、預繳行政規費二到三萬元給地政士。
- 賣方需準備：印鑑證明、印鑑章、戶口名簿影本或戶籍謄本、近期房屋稅與地價稅單正本。

申請貸款

有貸款需要者，在用印時也需決定貸款銀行，買方就可帶著簽約等相關文件向銀行申請貸款。

完稅

簽約後三十天內要完稅，最好第三次調閱土地與建物謄本，避免賣方簽約後又偷偷跑去設定不動產抵押。

買方此時必須確認銀行核貸金額，並繳納各種稅費給稅捐機關（可以請地政士協助），然後帶著契約書、稅單、權狀、身分證明文件等資料到地政事務所辦理土地與建物的「產權移轉登記」（也就是過戶），拿到新權狀後，房子就變成你的名字囉。完成後買方並支付賣方約十%的價金。

- 買方應繳：契稅、印花稅、行政規費；繳給銀行火險、地震險、貸款設定費。
- 賣方應繳：土地增值稅、房屋稅、地價稅；繳給銀行抵押塗銷登記費。

交屋

過戶後三天內雙方辦理交屋，買方要先點收屋況，如果有瑕疵要在交屋半年內「主張回復」（也就是修繕完畢），並確認賣方是否已經繳清交屋日前的水電瓦斯管理費，雙方依比例分攤房屋稅和地價稅；點收鑰匙後並「付尾款」——將銀行申請下來的貸款金額匯入履保專戶或賣方戶頭，買賣就完成囉。

新成屋

10%-5%-5%-(70~80)%-10%

訂金
小訂或大訂，3-5%

簽約金
7 天內，訂金 + 簽約金共 10%

申請貸款

用印
7 天內，5%

完稅
30 天內，2-5%

付銀貸
貸款 70-80%

付尾款交屋
最後 3-10%

中古屋

10%-10%-10%-70%

斡旋金
小訂或大訂，3-5%

簽約金
7 天內，斡旋金 + 簽約金共 10%

申請貸款

用印
7 天，10%

完稅
30 天內，10%

付尾款交屋
貸款 70-80% 尾款

房屋買賣交易流程

簽約 → 用印 → 完稅 → 交屋

原則：「簽約、用印、完稅、交屋」四大階段付款比例為

10%-10%-10%-70%

預售屋

15%-15%-70%

訂金
小訂或大訂，3-5%

簽約金
7 天內，5%

開工款
3-5%

頭期款約 15%

工程款
15%，分 24~36 期繳
（依照工程期或按時間繳交）

付尾款交屋
付 70%
（或交屋先付 10 萬，再付銀貸尾款 70%）

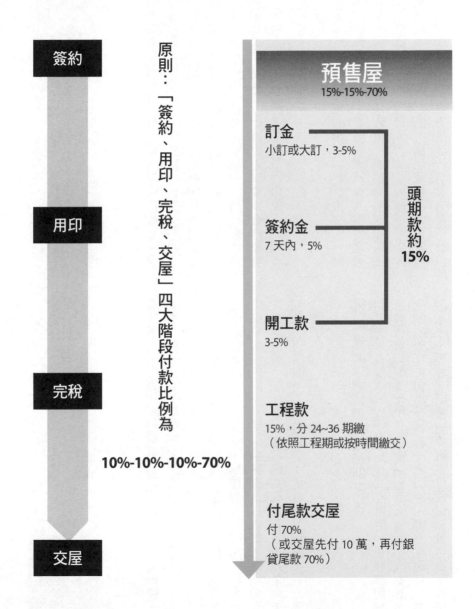

Q87 中古屋「現況交屋」要注意的事？

王小姐很高興地搬進精挑細選的中古屋，沒想到一場午後雷陣雨打亂了她的喜悅，因為屋內也跟著下起小雨；她一狀告上法院，認為屋主張媽媽和房仲沒有盡告知義務，但是法院判決結果卻是王小姐敗訴，因為買賣契約書上已經載明「依現況交屋」，所以張媽媽跟房仲無須負擔瑕疵責任。中古屋現況交屋會不會變成賣方自保的手段？民眾要注意哪些風險呢？

現況交屋

依據民法第三五四條第一項的規定「物之出賣人，對於買受人，應擔保其物……無滅失或減少其價值之瑕疵，亦無滅失或減少其通常效用，或契約預定效用之瑕疵。」但書則規定：「但減少之程度，無關重要者，不得視為瑕疵。」翻譯成白話，意思就是說當買賣雙方同意以「現況交屋」，賣方應該告訴買方房子有沒有任何足以影響房價的瑕疵，例如是輻射屋、海砂屋、漏水、壁癌……等問題；小問題就不算瑕疵。

「現況交屋」有兩種狀況：其一是賣方明確告知買方屋況瑕疵並同意折抵價金，例如有漏水問題，但是賣方同意房價再降十萬元，讓買方自行修繕。優點是責任歸屬清楚，缺點是修繕瑕疵到底要花多少錢是個未知數，可能更多也可能更少；而且如果瑕疵不只一處怎麼辦？

詳細紀錄瑕疵細節並拍照存證

對買方最有保障的作法是：正式交屋時，要詳細紀錄所有瑕疵細節並拍照存證。例如廁所外牆有二處壁癌、主臥室天花板和陽台各有一處裂縫、廚房左側有一處漏水……等等，明確紀錄瑕疵位置和數量可避免日後

中古屋應點交的文件清單

- □土地所有權狀（正本）：重新核算土地面積是否正確
- □建築物所有權狀（正本）：重新核算建物面積是否正確
- □建築改良物平面圖謄本
- □房仲應該提供屋況保證書（保固內容、期限、售後服務單位及電話）
- □無輻射鋼筋污染之保證書、非海砂屋的保證書
- □相關設備使用手冊、電盤分盤明細
- □房屋鑰匙和門禁磁卡（交屋後最好更新鑰匙）
- □相關水電費、管理費、稅費、規費等收據影本
- □地籍圖

糾紛。如此一來，只要後續發現不在這張清單內的瑕疵問題，都可依此要求仲介公司或賣方負賠償責任；最怕的就是模模糊糊什麼也沒寫清楚就交屋，讓賣方跟房仲有可規避責任的機會。

半年內寄存證信函給賣方要求改善

如果瑕疵是在交屋半年內發現的，可以要求仲介公司負瑕疵擔保責任，為了避免雙方對於「時間點的起算日」有疑慮，買方最好「寄發存證信函」給賣方告知瑕疵發生的時間。超過半年才發現，買方就只能啞巴吃黃蓮了。

狀況二則是賣方未清楚告知瑕疵的「現況交屋」，儘管交屋時房仲會提供一張點交確認單讓買方點收，但是如果買方點交時沒發現問題，例如馬桶不通、插座沒電……就簽名同意點收交屋，如果你沒辦法舉證賣方是故意不告知，對方就可以規避責任。

Q88

親愛的，我把預售屋變新成屋了，要如何驗收？

經過漫長的等待，平面圖上那棟夢幻的「預售屋」終於完工了，在你結清尾款，點收交屋文件前，請仔細「驗收」房子，以免銀貨兩訖後才發現瑕疵。

■驗屋小工具

有規模的建商在預售屋完工後會舉辦「交屋說明會」，並提供驗屋流程說明。好的建商會提供客戶五樣驗屋工具：「原子筆、有色紙膠帶、插座極性檢知器、室內平面圖、交屋驗收表」，屋主可以拿著這些工具仔細驗收新居，在有問題的地方做記號，並於驗收表上勾選，等交屋時再度確認是否都一一維修完成。

■驗屋要驗什麼？

・驗安全：包含門禁卡的使用、防火逃生通道、制震或隔震系統、門窗玻璃是否龜裂、電盤的配置與相關電力測試、緊急照明設施……都要一一測試。

・驗品質：油漆是否剝落？顏色是否不均勻？瓷磚是否平整？接縫是否粗細不一？踢腳板是否有浮凸或不整齊的現象？各種管線的路徑？天花板有沒有變形？

・驗設備：如果有附贈的電器用品請一一測試，廚房的抽油煙機會轉嗎？馬桶跟水管通不通？衛浴抽風機是否順暢？各門鎖會不會卡鎖？插座有沒有電？

你也可以在下雨隔天去檢查漏水及排水狀況，驗屋時把水龍頭的水開到最大，維持十五分鐘以上，以確認水壓和水量是否足夠、是否會有水管阻塞的問題。

驗收得越仔細，越有保障；針對有問題的部分，一定要請建商加以修繕，確認都維修完畢了，才可以交尾款、點交權狀與保固等相關交屋文件！

交屋前必須確認的事項流程圖

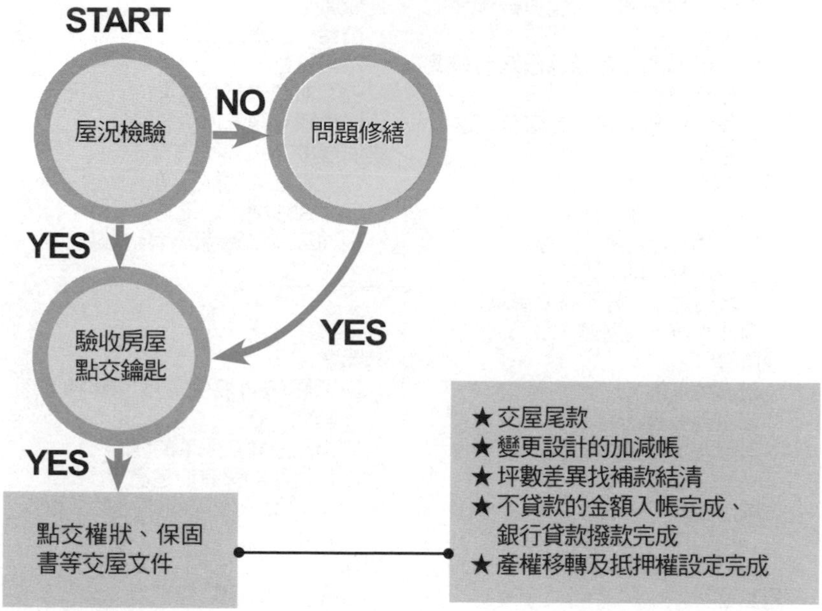

新成屋交屋時要索取的圖表

一定要索取的圖	視需要可索取的圖
☐ 當層建築平面圖	☐ 當層冷氣套管預留平面圖
☐ 當層結構平面圖	☐ 當層給水設備平面圖
☐ 直上層結構平面圖	☐ 當層污排水設備平面圖
☐ 當層消防火警與灑水設備平面圖	☐ 直上層污排水設備平面圖
☐ 當層動力插座設備與照明平面圖	☐ 直下層污排水設備平面圖
☐ 當層電信設備平面圖	

□浴缸接縫處，水泥與矽膠填補平整
□水龍頭和蓮蓬頭的出水量與溫度轉換正常
□蓮蓬頭無瑕疵、軟管無漏水或變型

馬桶：
□乾淨、表面無髒污
□馬桶蓋無鬆動及刮傷
□沖水量及排水正常
□水箱注水順暢不會滴滴滴
□沖水後，周邊無滲水

抽風扇：
□運轉正常
□運轉聲音適中
□五段式恆溫轉換順暢（有的才檢查）

地面排水孔：
□地面排水孔檢查排水正常
□排水孔無異常臭味

置物櫃架：
□櫃子門開合順暢
□毛巾架牢牢固定在牆面且無生鏽

廚房

櫥櫃：
□櫃子跟抽屜都能順暢開關閉合
□櫥櫃都無刮傷撞傷

檯面、洗滌槽：
□表面無刮傷
□水龍頭水量、溫度可正常切換
□蓄水的塞蓋可緊密
□一邊排水同時檢查水槽下方管線有無滲漏

瓦斯爐：
□每一口爐火都能正常開關火
□無雜音
□瓦斯或天然氣軟管接頭緊密
□排煙管線已連接至戶外

排油煙機：
□大小抽風功能正常
□排油煙機小燈正常
□油杯或濾網等配件無遺缺

機電設備

總開關：
□開關箱面板平整且可順利開關箱門
□線路整齊無脫落的開關
□每個開關都有清楚標示
□測試每一個開關迴路是否運作正常

開關：
□亮亮的夜視功能正常
□面板無損傷
□每個開關都能順暢運作，燈光有亮

插座：
□插座牆面沒有未修邊的水泥破口
□面板不會翹起來或破損
□測試插座都有電

對講機：
□可順利傳呼
□可看見視訊（有的無此功能）
□按下開關，可正常開關樓下大門

驗屋 Checklist

門

大門（若有兩扇內外門，都要檢查）
- □能順利上鎖及開鎖
- □開關時無雜音
- □門片及門框無凹陷、撞傷、刮傷、脫落或鏽蝕的現象
- □防火門有防火認證標章

臥室、書房、廁所、廚房、陽台的門
- □門片外觀無損壞
- □關門時門片、門框能順利開閉
- □門片與地面縫隙不會過大
- □門把或門鎖無鬆動，而且能順利轉動
- □門開關無雜音
- □門框無油漆漬、污損或凹陷

窗戶

- □窗台外有雨遮可防潑水
- □氣密窗的玻璃無氣泡或裂痕
- □室內其他窗戶的閉合度緊密良好
- □外窗能緊密上鎖
- □窗戶跟紗窗都能順利開關
- □窗框、玻璃、紗窗無刮傷或破損
- □紗窗的邊框防蚊條無破損
- □紗窗無變形或無法拆卸的情形

天花板

- □天花板的油漆粉刷要平整、均勻
- □樓板高度夠高，可後續裝潢
- □有預留電燈管線
- □無龜裂
- □無水漬（頂樓小心壁癌）
- □無水泥脫落

地板

- □帶支雨傘敲地板，確認是實心不是空心的
- □瓷磚平整且無龜裂
- □磚縫大小一致
- □磚縫色澤一致
- □地磚邊緣無破裂或磨損
- □瓷磚與踢腳板的接縫一致

牆壁

- □敲敲看是磚牆、輕隔間還是木板隔間
- □用手觸摸油漆粉刷的平整度
- □粉刷顏色均勻、無明顯刷痕
- □無龜裂
- □無水漬（廁所牆小心壁癌）
- □開關、插座位置的油漆是否確實粉刷

浴廁

洗臉盆：
- □止水塞拉桿功能正常
- □排水功能順暢
- □臉盆台面無損壞刮傷
- □洗臉盆不會搖晃、螺栓有栓緊
- □ U 型的排水管無漏水或臭味
- □鏡子無刮損
- □層板無鬆動

水龍頭：
- □無刮傷鏽蝕
- □龍頭轉動順暢
- □水龍頭螺絲有拴緊
- □把水量轉到最大，出水量及排水速度佳

浴缸：
- □裝滿水後再排水皆順暢
- □表面無刮傷瑕疵

Q89 怎麼避開黑心代書，找到好地政士？

買房子要處理的事情又多又煩，此時如果有一位專業客觀公正人士的協助，就可以協助購屋者一方面維持清明的腦袋，另一方面減少與不同單位交涉往來的瑣事；這個人物以前叫「代書」，後來叫「土地登記專業代理人」，九十年頒布地政士法後，正式更名為「地政士」。好的地政士能幫你搞定房事，壞代書則讓你財屋兩失，不肖代書捲款潛逃的新聞時有所聞，消費者要如何分辨良幣和劣幣呢？

合格的地政士

中華民國地政士公會全國聯合會理事長王國雄表示：「現今能被稱為『地政士』者，必須領有地政士的合法證照並加入公會組織，也就是『業必歸會』，兩者缺一就不可執行業務；那些沒有證書或開業執照的則被概稱為『代書』，無法保障消費者權益。」

上內政部 E-HOUSE 查詢

截至二〇一〇年底，全台共有一萬二千多位合格且有執行業務的地政士；但仍有一萬三千位有證照但沒有加入公會組織，因為未加入公會，就無法約束這些地政士的行為，一旦出事，消費者就只能自保。擔心的購屋民眾可以上內政部的 E-HOUSE 不動產交易服務網，查詢委託的是否為合法地政士，甚至可以查詢該地政士是否有績優表現或有遭懲戒的紀錄。

原則上各地政機關不能受理這類不合法「地政士」送達的各項購屋申請文件，王國雄理事長提醒：「有些不合法的地政士會騙消費者說送件時用『本人的名字』會比較快、比較省而且沒有差別，如果你找的地政士這麼跟你說，就要特別注意對方可能是不合法的代書。」找錯人，小心屋財兩失。

正牌合法地政士必備 3 寶

領有「地政士證書」 ＋ 加入地政士公會 ＋ 有地政士開業執照

而且，一定要在事務所的「大門口」清楚懸掛相關證照資料

如果，對方領有合格的「地政士證書」，名片上也有證號資料，但沒有換發「開業執照」，根據法規，這樣的地政士仍是不合法的，出了事情，公會也幫不了你！

合法地政士的辨識標章

地政士收費參考表

承辦事項　費用／份	承辦事項　費用／份
訂立契約手續費 2,000	地目變更 2,000
土地移轉登記 6,000	預告登記 4,000
建物移轉登記 6,000	地上權、地役權、典權、永佃權登記 3,600
建物保存登記 4,000	交換登記 5,000
抵押權利設定登記 4,000	土地鑑界 1,000
他項權利變更登記 3,500	房屋租賃法院公證 1,500
他項權利移轉登記 3,500	申報遺產、贈與稅 2,000
抵押權塗銷登記 1,500	法院拋棄繼承聲請 2,000
繼承登記 10,000	自用住宅增值稅 2,000
分割繼承 12,000	申請分區證明 1,000
書狀補發、換發 2,000	陳情書、合約書 2,000
土地建物合併分割 3,000	建物設籍房屋門牌申請 1,500
共有物分割（繁雜案件另議）4,000	存證信函、和解書 2,000
姓名住所變更、更正 2,000	

資料來源：地政士公會

Q90 找地政士代辦好，還是自己來？費用怎麼算？

俗話說「聞道有先後，術業有專攻」，當你在考慮「找地政士幫忙代辦，還是自己來？」這個問題前，即便你的時間充裕，但有一個重要的觀念是：當局者迷，我們在購屋過程中往往無法客觀分辨銷售者片面之詞的真偽，此時若有客觀中立的第三人能幫助我們釐清問題，或爭取最有利的條件，對購屋者而言不啻為一大助力。

選擇適合的地政士

當你已經選定房子、付了訂金，此時賣賣雙方就會擇定公正的地政士陪同簽約，通常是由買方決定地政士人選並支付費用（雙方可協調討論）；但，如果賣方也找自己熟悉的地政士，採用「雙地政士」，費用則各自負擔。

地政士能幫你做什麼？

一、地政士首先應「核對身分」，確認雙方就是該出賣人跟承買人，先前有地政士因核對當事人身分有疏漏，造成買賣損失，而被罰十二萬元。

二、其次，地政士可協助審查不動產交易標的（也就是你買的房子）是否有瑕疵，例如進行產權調查、瞭解標的是否被查封或做抵押設定等等。

三、第三階段，地政士就是「簽約見證人」，彼此確認契約內容無誤並相互監督簽字；與此同時，雙方最好也能約定開立「履約保證專戶」，未來購屋相關金流都透過此專戶，以確保安全並杜絕爭議。

四、第四階段也就是多數購屋者覺得繁瑣的房屋買賣

自己辦還是找地政士辦？

找地政士辦理		自己辦理
高	專業度	低
豐富	經驗	極少
省時	時間	要自己跑腿，花時間
要花一兩萬的費用	金錢	文件申請只要幾千塊，省錢
可協助審查賣方身分與物件	審查身分	沒辦法審查
可協助與賣方溝通契約內容	溝通契約	要靠自己的口才
對於房屋買賣交易要申辦的事項很清楚，不會漏辦	錯誤率	若資料未準備妥當需多跑幾趟
擔心遇到不合格的地政士	風險	不小心會漏辦事項

登記與繳交相關稅務，地政士可以協助的事情包括：

- 協助辦理銀行貸款服務
- 節稅規畫
- 辦理產權移轉登記，也就是俗稱的過戶（土地移轉登記／建物移轉登記／建物保存登記）
- 他項權利移轉或變更登記
- 若賣方有貸款，賣方則需塗銷抵押權；買方則須設定抵押權
- 申報契稅、重購退稅等等
- 代為申請謄本、地籍圖等
- 代為繳交各項規費、謄本費、書狀費、印花稅等等
- 代為領取過戶後的新權狀

辦理各項登記需準備包含印鑑、謄本、權狀等眾多文件，為了安全起見，購屋者繳交證件後，記得要求地政士提供證件收據，各項委託契約也要寫清楚「使用的用途」，以免被挪作他用。整體過戶時間約需五個工作天。

Q91 萬萬稅，買賣雙方各自要付哪些費用？

買一間房子，除了購屋本身要負擔的直接成本外，還有許多錢是要繳給政府、銀行或地政士的。很多人因為不瞭解複雜度，到最後赫然發現要付的錢怎麼這麼多時，哀聲連連，因為不瞭解，最後連半年的生活費都提前預支，苦不堪言。

賣方一定要繳的：政府稅費

- **土地增值稅**
- **地價稅**
- **房屋稅**

買方一定要繳的：政府稅費

- **契稅**：「申報契稅金額（房屋評定現值）×六％」，是所有要繳的稅費中最多的。
- **印花稅**：「核定契價×千分之一」，包含土地公告現值和房屋現值兩項。
- **行政規費**

一、買賣過戶的登記費：（房屋現值＋土地申報地價）×千分之一。

二、書狀費：每張八十元，土地、建物各一張。

三、他項權利設定規費：權利設定金額×千分之一。

其他費用

- **仲介費**：買方約付一～二％；賣方約付二～四％。
- **地政士委託費**：通常是由買方指定並付費，若賣方也有找地政士，則雙方各自分擔。
- **開立「履約保證專戶」費用**：通常為買賣價金×萬分之六，買賣雙方各附一半。

買賣雙方各自要付的費用

買方	賣方
1. 開立「履約保證專戶」費用（各一半）	1. 開立「履約保證專戶」費用（各一半）
2. 契稅	2. 土地增值稅
3. 印花稅	3. 交屋日前的房屋稅和地價稅
4. 地政規費	4. 交屋日前的水、電、瓦斯、管理費等
5. 銀行規費	5. 銀行抵押權塗銷代書費
6. 火險與地震險費	(若房子還有銀行的貸款)
7. 土地及建物登記費、書狀費等	6. 仲介費 3-4%
8. 地政士委託辦理費用	
(可跟賣方討論各付多少)	
9. 仲介費 1-2%	

* 民眾可以上財政部稅務入口網站輸入房屋現值，就可算出要繳的契稅、土地增值稅、重購自用住宅地退還土地增值稅等金額：www.etax.nat.gov.tw

・**保險費**：若你有申請房貸，金融機構會要求你替房子保「火險與地震險」。

・**銀行規費**：這是金融機構承辦貸款時會收取的費用，常見的名目有：開辦費、帳管費、鑑價費等等，但是這些規費要付多少甚至要不要付，都是可以談的。

・**水電、瓦斯、管理費**，依據不同建物類型有不同處理方式：

中古屋：由賣方負擔交屋日前水電相關費用。建議可以由買方持帳單先結清，等交屋要付尾款時再從中扣除，以免前屋主拿了尾款卻沒去繳水電費。

新成屋與預售屋：有的建商會先向購屋者「預收」興建房子其間的水電費用，實際費用採多退少補，你可以先問清楚要被預收多少「代墊款」，並事後核對各單位提供的單據是否無誤。

Q92

買房子也能節稅嗎？

政府對於自用住宅有許多賦稅優惠，買房子雖然得花大錢，但可以透過免稅額來賺錢；許多富爸爸甚至把房地產當成稅務規畫的一環，買房子真的能節稅嗎？

房貸利息有三十萬免稅額

你知道嗎？每年申報所得稅時，購買自用住宅的房貸利息支出可列舉扣除，每戶可申報一間房子，減去儲蓄投資特別扣除額後，最多有三十萬的免稅額度喔。

EX：小陳去年買房子的貸款利息共四十萬，但銀行利息收入有五萬元，四十減五等於三十五萬，超過三十萬的免稅申報額度，就以三十萬來申請免稅。

申請自用住宅用地的賦稅優惠

你買的房子是「自用住宅用地」嗎？政府提供了相當大的賦稅優惠一定要善加把握。

・房屋稅：自用住宅只課徵一・二%（營業用三%、非住家非營業二%）。

・地價稅：自用住宅只繳千分之二（一般要繳千分之十到五十五）。

・自家用的土地增值稅也只有十%。符合資格者快到房屋所在地稅捐機關填寫申請函，通過審核就幫你省很大。

換屋族可申請「自用住宅用地重購退稅」

換屋族買第二間新房子也有機會退稅。因為土地稅法規定，房子土地所有權人賣掉第一間自住房子、兩年內又買了第二間自住時（也就是重購土地），如果新買的土地地價超過原出售的土地地價或補償地價，就可以申請「重購退稅」。

自用住宅重購退稅怎麼算？

公式

新居土地地價總額
－（舊屋土地地價總額＋舊屋已繳的土地增值稅）

＝ 重購退稅

EX

新居土地地價現值 300 萬
舊房子土地地價現值 250 萬
舊屋已繳 20 萬土地增值稅

重購退稅＝ 300 －（250+20）＝ 30
有 30 萬重購退稅

善用兩百二十萬的贈與免稅額

自從二〇〇九年政府調降贈與稅，全台不動產的贈與數量大增，二〇一〇年共有三萬五千五百六十一筆不動產的贈與件和三萬九千零六筆繼承件。富爸爸想把財產或不動產轉給太太或子女時，腦筋就動到每人每年兩百二十萬的贈與稅免稅額。

因為政府課徵不動產的贈與稅時是依照「土地公告現值」和「建物核定契價」，通常這兩個數字都遠低於市價很多很多，只要兩者加起來的數字不超過兩百二十萬，富爸爸就可以輕鬆把房子贈與給太太或子女，一毛稅金都不用繳；如果超過，就先過戶一半的房屋持分給太太，再請太太贈與給小孩，多贈與幾次就可以省下大筆稅金，這就是富人的「節稅規畫」，現在你瞭解有錢人為什麼競相用不動產理財了吧！

Q93 交屋後如果有糾紛怎麼辦？

當你一手交錢一手拿到新居的鑰匙，房子宣告正式交屋；然而，交屋的開始竟不是美夢的起點而是噩夢的源頭，購屋者要如何自保呢？讓我們來看看常見的購屋糾紛及解決之道（Problem/Solution）。

■產權不清

P　當初建商收購土地時產權不清，無法順利移轉給住戶；或是地下室的產權有爭議，例如以少賣多、停車位使用權轉讓等等。

S　購屋時要先看清楚土地建物的產權登記，並確實瞭解停車位和車道的產權歸屬與計算方式。

■虛灌坪數

P　每坪房價動輒好幾十萬，差一坪就差很多。

S　當你懷疑建商虛灌坪數時，不妨請專業丈量人員協助，根據內政部最新規定，主建物與房屋登記總面積若有誤差，不足的部分賣方（也就是建商）應全部找補。

■施工品質不良

P　新成屋交屋後發現房子牆壁龜裂，水管爆管、瓷磚浮凸……等問題，找專業技師來檢測才發現是建商偷工減料，施工時偷減鋼筋尺寸、混凝土加了水、水電配管品質降級使用等等。

S　依法建築體需保固十五年、固定建材與設備至少保固一年，可請建商修繕。

■漏水、壁癌和龜裂

P　中古屋最常見的糾紛就是漏水、壁癌和龜裂問題，老房子年久難免失修，買方看屋前就得睜大眼睛多看幾次，簽約時一定要請仲介或賣方針對屋況詳加確認，對有問題的瑕疵提出修繕或折抵價金的要求。

S 買方可善用房仲業者提供的六個月漏水保固等服務，並注意中古屋現況交屋的陷阱。

公設不足

P 原本建商在合約上承諾的公共設施縮水、更換內容或未依約興建。

S 買方可拿著預售屋的廣告文宣要求建商賠償損失。

跟原設計不符

P 預售屋最常發生蓋好的房子跟原設計不同的爭議問題，建商可能擅自變更設計圖造成買方的損失。

S 買方可拿著預售屋的廣告文宣要求建商賠償損失。

建材被降級

P 建商將原本承諾的高級建材或配備，偷偷降級替換為材質差的建材。

S 簽約時仔細核對建材名稱與等級，若建商更換建材也需跟買方事先溝通說明。

銀行貸款不足

P 許多建商打出保證可有九成或八成以上的銀行貸款，結果實際上只能核貸七成甚至更低；買中古屋時也有同樣的貸款風險問題。

S 簽約時務必註明，如果貸款問題可歸責於賣方時，買方可「主張撤銷買賣契約」；若不可歸責於雙方，差額超過貸款金額三十％整，賣方至少要給買方七年的時間加計利息按月攤還。差額超過三十％，可協調解約。低於三十％，依照原條件付款。

其他

P 買房子大小糾紛不一而足，有的社區原本有接送的社區巴士，後來竟然被取消；或是游泳池不開放；或是買了以後發現房子內還有房客等大小不一的問題。

S 有些可透過協調解決，有的得訴請消保官出面，最壞的打算是上法院提告。要避免糾紛的方法就是購屋前不厭其煩地多問問題、多做功課，簽約時不管賣方臉色有多難看，把有疑慮的地方通通寫下來，簽名畫押。

94

幫購屋者監督把關的另一雙眼睛
一位地政士的真心話　王國雄

真心人物
中華民國地政士公會全國聯合會理事長　王國雄

買房子透過地政士，交易才有保障。

業必歸會，找合格地政士才有保障

從事地政工作已有四十年經驗的王國雄，是現任中華民國地政士公會全國聯合會理事長，也是益國地政士事務所和匯豐不動產鑑定股份有限公司的負責人。他表示，地政士舊名「代書」、「土地登記專業代理人」，今日則更名為「地政士」，可協助民眾處理房屋買賣上有關簽約過戶、繳納稅金、政府規費等業務。

他指出：地政士執業的原則是「業必歸會」，也就是說除了取得合格地政士證照外，還必須加入公會組織，才能執業。民眾可以向公會洽詢合格的優秀地政士名單，也可以透過親友的口碑介紹、或是找過去合作過的地政士等三個途徑，不符合業必歸會原則的地政士都只能籠統概稱為代書，無法保障民眾購屋的權利。

雙地政士最安心

到底由誰來找地政士比較好？有些地政士會跟房仲業者合作，但是因為是房仲找的，消費者心裡還是多少會不安心，到底自己需不需要另外找地政士呢？王國雄理事長表示，目前國內正在推行「雙地政士」制，也就是說：買方跟賣方各自找一位信得過的地政士做為買賣雙方的代表，簽約時能彼此相互監督。

消費者如果只聽信仲介找的地政士，購屋風險較高，因為遇到有爭議的契約條款時，例如：付款條件，仲介找的地政士未必會偏買方，「講白一點，這類地政士就是跟房仲領薪水啊！所以你想遇到事情時，他會向誰？」王國雄點到為止地指出只有單一地政士的風險。

雖然找雙地政士買賣雙方須各自負擔地政士的費用，但卻能確保地政士不會只有一家之言，也可以成為購屋者的另一雙眼睛，是值得思考的方式。

簽約前就要找地政士

甚麼時候該找地政士？無論是預售屋、中古屋還是新成屋，王國雄提醒：「在簽約前就要找地政士幫忙審訂合約內容。」負責的地政士會從核定買賣雙方的身分開始逐一查核、協助調閱謄本資料、確認交易標地是否有瑕疵、幫忙進行相關的產權調查、直到監督雙方簽字。

在簽訂契約方面，地政士還能幫忙溝通總價金的付款方式；以新成屋來說，如果當時是買方市場時，條件較鬆，一千萬的房子，可能可談到分兩次付簽約金，等貸款核定通過再付剩下的價金。如果是賣方市場，條件就較緊，一開始可能就得拿出二、三成的簽約金，未必會等你貸款下來，賣方就會要求要再拿二、三成付第二次價金。

「買房子透過地政士，交易才有保障。」王國雄理事長由衷提醒。

地政士八大執行業務：

到底地政士可以執行哪些業務？根據地政法規定，共有以下八項，目前全聯會正在爭取修法，希望未來也能協助處理諸如遺產稅、贈與稅與不動產有關的稅務。

一、代理申請土地登記事項。
二、代理申請土地測量事項。
三、代理申請與土地登記有關之稅務事項。
四、代理申請與土地登記有關之公證、認證事項。
五、代理申請土地法規規定之提存事項。
六、代理撰擬不動產契約或協議事項。
七、不動產契約或協議之簽證。
八、代理其他與地政業務有關事項。

Q95　可以辦房貸的機構有哪些？

Q96　如何跟金融機構打交道？貸款要準備哪些資料？

Q97　天殺的，怎麼挑選最有利的房貸產品？

Q98　哪種還款方式最划算？

Q99　大利多：青年安心成家優惠貸款！

Q100　大利多：購置住宅貸款利息補貼！

Part 9
房子這樣買
精打細算看貸款

Q95 可以辦房貸的機構有哪些？

每家金融機構的貸款條件都不一樣，有的可以提前還款，有的可以分三十年還，聰明選對機構將可減輕你沉重的房貸壓力。

除了熟知的銀行外，連壽險公司、信託公司、農會、房仲都可以幫你申請貸款，最建議的是「找長期有往來的金融機構」，一方面最瞭解你的信用，另一方面也因為是老客戶，比較容易爭取優惠利率。如果沒時間處理也可委託地政士幫你申請，千萬別找融資公司或地下錢莊借錢買房子。

可申請房貸的機構

- **金融機構**：公營行庫，配合政策提供各類優惠貸款，利率也較低，但比較保守穩健，可貸款的成數相對較低。民營銀行，房貸產品多元，各家不一，利率普遍比公營高。農會、漁會、信用合作社及信託公司也都可以申請。
- **壽險公司**：如果你是壽險保戶，也可跟壽險公司申請壽險不動產抵押貸款或保單質押貸款，在利率上有減碼的機會。
- **找建商／房仲申辦**：通常建商或房仲公司有固定往來的銀行，對往來的金融機構的房貸差異較為瞭解；建設公司甚至可提供自有資金借款或預售屋融資貸款。
- **政府機關**：不同的單位有不同優惠的房貸，你可以依據自己的身分申請優惠房貸，如青年安心成家購屋貸款、公教貸款、農家綜合貸款、勞工住宅貸款、國軍官兵購屋貸款……等等。

何種情況房貸成數高

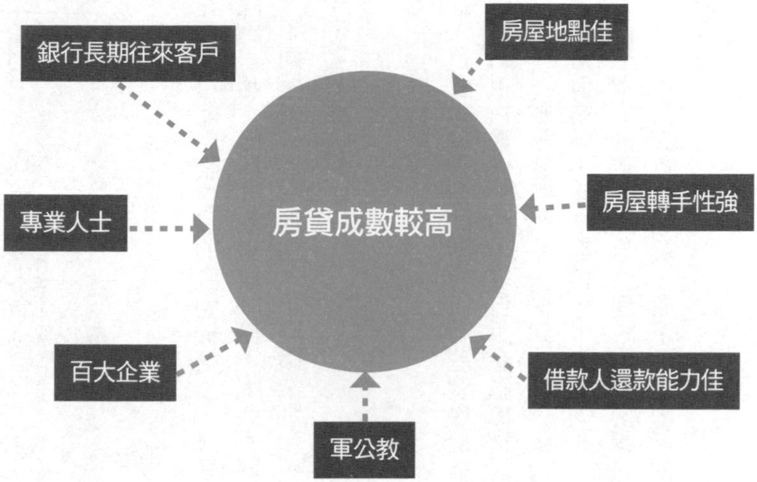

由條件好的人借款

目前可申請的房貸成數約七成到八成之間，除非你在天下雜誌報導的百大菁英公司上班、軍公教人員、或是長期與該金融機構往來信用良好的借款人，申請的貸款額度才有可能更高。

在申請前，要先決定「用誰的名字登記」，以金融機構的立場來看，會建議「登記在條件比較好者」名下，看誰的收入高、債信評比好就用誰的名字申請，如果你是高收入的 SOHO 族，只要能提出「所得稅單或扣繳憑單」等財力證明，不見得會比中等收入的上班族難申請貸款。有時候為了證明貸款能力，金融機構會要求提出「連帶債務人（保證人）」，通常就是你的另一半。

Q96 如何跟金融機構打交道？貸款要準備哪些資料？

當你挑選好幾家可能申請房貸的金融機構後，最好花點時間實際跑一趟，瞭解各家申辦細節，因為不同的金融機構、不同屋齡、不同地點、不同職業別和不同債信會有不同的貸款成數。

簽約前商請銀行鑑價

當你已經進入買賣斡旋議價的階段，有些金融機構會願意在此時協助粗估鑑價，你可以告訴金融機構房子所在地、屋齡、坪數等客觀條件。快則一天，銀行就會告訴你粗估鑑價結果，通常都會比市價低一些，你也可以趁機評估賣方的價格是否合理。當然前提是：你已經對這間房子很滿意很想買，而不是把銀行當成私人的估價師。

金融機構不動產放款鑑價原則包含：物件區段、法拍行情、仲介提供成交行情、銀行自有資料庫及聯合徵信中心的「不動產成交行情及鑑價資訊平台」，日前金管會希望提高後者的權重，可能影響鑑價金額。

郵局不利屋齡過高的中古屋

若是依郵局的流程規定，則必須等買賣雙方都簽約，借款人已經送件後才會進行鑑價。特別不同的是：如果你買的是三十年以上的中古屋，郵局會以老屋的折舊率與「重建成本」來估價，因屋齡過老，有「算不出來」的風險，不管地段多好都一樣。

如果你要買的是這類老中古屋，最好找銀行申請房貸比較有利。如果擔心會有貸不下來的問題，可以事先跟承辦人員討論現有的自備款、房屋屋齡、地點等問題，請承辦先幫你約略估算可貸款的金額。

房屋貸款申請流程

流程	說明
選定金融機構	確定貸款成數及利率
申請房貸	房貸申請文件： 1. 申請書 2. 借款人及保證人的身分證影本、戶口名簿影本 3. 扣繳憑單、報稅證明、薪資存摺等所得證明 4. 買賣契約書影本 5. 土地與建物謄本影本，或不動產權狀影本
不動產鑑價	根據物件區段、法拍行情、仲介提供成交行情、銀行自有資料庫及聯合徵信中心的「不動產成交行情及鑑價資訊平台」……等進行不動產估價。
銀行內部審核	銀行會根據顧客的基本條件、還款來源、信用情況、不動產估價……等因素進行審核，決定貸款案件的准駁與否。
簽約對保	「對保」就是與銀行簽訂借款契約。當銀行核准房貸申請後，房貸專員會聯絡借款人，約定對保時間。借款人及保證人必需親自前往銀行進行對保，房貸專員並會幫借款人辦理開戶手續，作為日後撥款及繳款時的帳戶。
抵押權設定 火險地震險保單	對保完成至撥款前，還需要經過抵押權設定的程序，以及火險地震險的保單處理。
撥款	確定交屋時間後，銀行專員會在撥款當天以電話向顧客確認，再依程序處理撥款事宜。撥款後，借款人需於每個月扣款日前將帳款存入帳戶，貸款本息將於指定日自動扣繳。

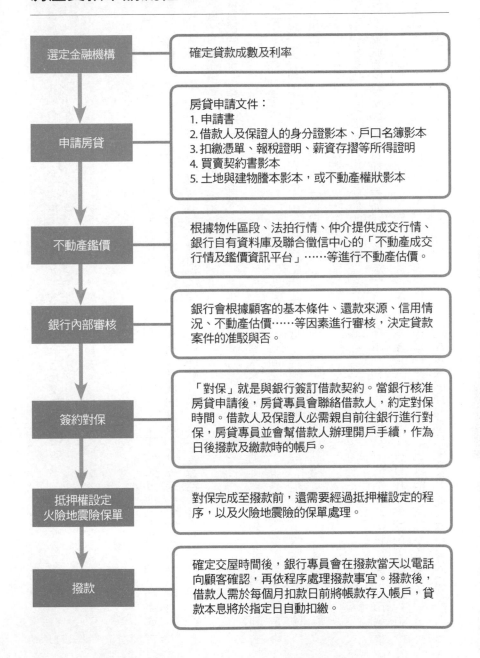

Q97 天殺的，怎麼挑選最有利的房貸產品？

一聽到「房貸」兩個字，很多人就開始頭昏腦脹，什麼加碼、浮動利率、指數型房貸……一堆專有名詞讓人無所適從。有的人重視投資理財、有的希望可以順便保險、有的希望銀行存款同時可以抵扣房貸利息……根據自己的需求，精打細算才不會後悔。

■利率＝指標利率＋加碼計息

簡單來說，房貸利率是由「指標利率」與「加碼計息」兩者所組成，而一碼約等於〇．二五個百分點。至於怎麼加碼、是固定加碼還是浮動加碼，各家金融機構的計算方式都不同。民眾可善用各房仲的「網路房貸試算」，先試算哪一家對你最有利，再前往瞭解細節。

最新消息是：三大公營銀行的房貸政策有重大的調整，未來「土銀、合庫、台銀」等三大行庫將取消「固定利率房貸」，未來不管是分成三階段式調整利率或一種利率到底的優惠房貸專案，全都採用「指標利率＋加碼浮動計息」。以下是幾種常見的房貸產品。

■固定利率型房貸

不管未來市場利率是調降還是走揚，要繳的房貸利率永遠固定。如果走揚，房貸利率不會跟著漲；但是走低，利率卻也無法調降。銀行為了吸收上揚的風險，固定利率通常會比浮動利率高。

■階梯型房貸

採用「利率前低後高」的階梯式房貸，是目前市場承做量最大房貸產品，央行總裁彭淮南曾要求銀行告訴民眾「一段、二段、三段的平均利率各是多少」，以免民眾被前面的低利率誤導，而誤判自身的還款能力。

指數型房貸

採用浮動利率，隨市場利率高低而調整房貸利率，指數型房貸的優點就是利率透明，缺點是利率走揚時房貸利率也跟著調高。

抵利型房貸

結合存款和房貸帳戶，看你帳戶有多少存款餘額，就有多少房貸不用付利息，換言之，存款越多，免付的利息越多，就有越多本金可還款，可加速還款速度。

理財型房貸

也是結合存款和房貸帳戶的產品，依據房子的市值，銀行提供可循環動用的額度，讓你可以靈活調度貸款的本金，採以日計息，適合有短期資金需求者，但是相對的房貸利率也比較高。

保險型房貸

是一種結合保單跟房貸的產品，申請房貸同時也搭配購買保險，要付的除了利息以外還有保費，但是，若遇到無法還款的重大疾病或意外而殘疾或死亡時，保險理賠金就可以轉繳剩餘的房貸。

綜合型房貸

結合分期付款式及理財型房貸可循環使用額度的特性，可幫助購屋者節省利息，並彈性運用資金來理財。

你適合哪種房貸？

房貸類型	特色	適合類型
固定利率型	從頭到尾的利率都固定，但會高於浮動利率	怕通膨或利率走揚者
階梯型	前低後高，通常分為三階段，利率會隨各階段調高	短期內還款能力有限者
指數型	隨市場利率調整高低	對於利率走勢敏感者
抵利型	帳戶有多少存款，就可免繳多少利息	想快速減輕房貸利息者
理財型	貸款的本金可隨時借還，但利率較高	需要資金靈活調度者
保險型	保險結合房貸，如果遭逢事故，保險金可清償未繳的房貸	重視生命財產風險者
綜合型	結合分期付款式及理財型房貸特性	想省利息又想靈活運用資金理財者

Q98 哪種還款方式最划算？

選定銀行、決定房貸商品後，還要決定「還款方式」，你打算花幾年的時間償還貸款？要使用寬限期嗎？還是要選本金攤、本息攤？多一年就多好幾千塊的利息，還款方式請務必錙銖必較。

決定還款年限

首先要決定還款時間，原則上是以「月」來計算，看你想花一百二十個月（十年）、兩百四十個月（二十年）或三百六十個月（三十年）償還房貸？還款時間越短，要繳的利息越少。因此，也有金融機構推出「雙週繳」，一年還款二十六次，縮短還款時間就可以減低要繳的利息，但相對要還的本金就高，適合還款能力佳的人。

本金平均攤還法（本金攤）

貸款期間內每期償還的「本金」都相同，但是每期所攤還的「利息」卻會因累積未攤還的本金逐漸變少而減輕，例如本金都還一萬五，但是每月要還的利息卻會越來越少。換言之，每期要攤還的錢（本利和＝本金＋利息）會越來越少。

本息平均攤還法（又稱本利攤、本息攤）

貸款其間內將本金和利息一起平均償還，每期償還的都一樣，例如，都是兩萬元，方便購屋者理財，是最常用使用的還款方式。

寬限期

金融機購通常會有三年的寬限時間，可以只繳利息不還本金（如果想提前還本金也可以）；缺點是，當寬限時間結束後，每期要攤還的本利和會變得很多。當寬限期結束後，再從本金攤、本息攤擇一種方式償還。

省錢比一比

EX　以貸款 500 萬，20 年，固定年利率 2.5% 來計算哪個最省錢

類別	本金攤	本息攤	寬限期三年（本金攤）	寬限期三年（本息攤）
每月攤還本金	20,833（每月固定）	26,495（每月固定）	無	無
每月攤還利息	10,417（每月遞減）		10,417（前三年）	10,417（前三年）
每月應繳本利和	31,250（每月遞減）		34,927（第四年起，每月本金固定繳 24,510，利息 10,417 遞減）	30,111（第四年起，每月固定繳的本金＋利息）
20 年利息總和	1,255,228	1,358,835	1,442,709	1,517,656
還款總計	6,255228	6,358,835	6,442,709	6,517,656

資料來源：彰銀好用試算 http://www.chb.com.tw/chbpf/CHB_v7/calculate/loan_cal_1.htm

哇，差這麼多錢？

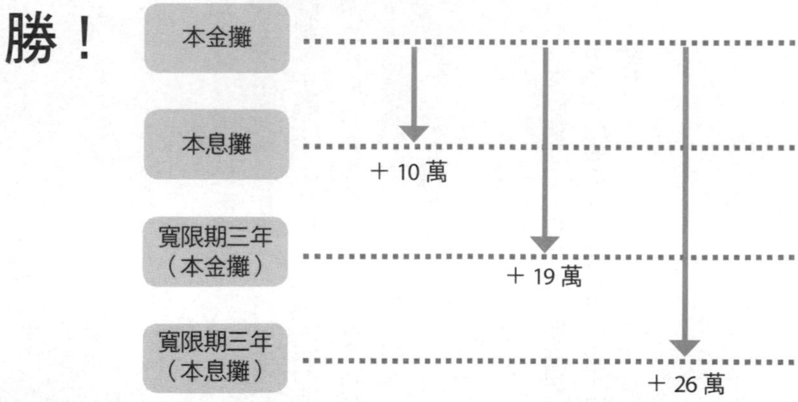

Q99 大利多：青年安心成家優惠貸款！

大利多來了，準備好安心成家了嗎？為維持居住正義，二〇一〇年六月一日起，除了內政部的「青年安心成家優惠貸款」與「購置住宅貸款利息補貼」，申請人還可同時申請財政部的「青年安心購屋優惠方案」；原本只能二擇一的優惠貸款將可合併申請。整合後的優惠貸款上限，分別由原本的兩百萬、兩百二十萬與五百萬，提高到最高七百二十萬元。

■內政部青年安心成家優惠貸款

內政部營建署推出的「青年安心成家優惠貸款」，只要年滿二十歲到四十歲，無自有住宅的新婚族，家庭收入在八十%分位點以下，都可以申請，最高申請金額為兩百萬元。最大的利多是「前兩年零利率」，貸款年限更延長為三十年，只付利息不還本的寬限期最長可有五年（含前面兩年）。二〇一三年四月內政部表示暫不續辦。

■財政部青年安心成家購屋優惠貸款

財政部的「青年安心成家購屋優惠貸款」，將取消名額與兩千億的總額度限制，年齡在二十歲以上、本人與配偶無自用住宅，無論單身或已婚皆可申請，每戶最高可貸款五百萬元、貸款年限最長為三十年，前兩年利率為一．六四%，第三年起利率為一．九四%。

■換屋補貼

內政部也提供換屋族「換屋補貼」，貸款人只要把房子賣掉買新屋，在「一間房子」的前提下，就可以申請，申請的年齡上限為四十五歲。

政府各類優惠房貸

優惠名稱	青年安心成家 優惠貸款	青年安心成家 購屋優惠貸款	購置住宅貸款 利息補貼
單位	內政部（2013停辦）	財政部	內政部
申請條件	1. 20-40歲（換屋族20-45歲）新婚或育有未成年子女者 2. 家庭年收入在百分之80分位點以下（台北、新北247萬、高雄184萬、其他縣市166萬） 3. 無自用住宅或僅持有一戶住宅，且該住宅係申請日前二年內購置並已辦理貸款之住宅	1. 20歲以上即可 2. 本人及配偶及未成年子女名下無自用住宅 3. 單身或已婚皆可申請	1. 年滿20歲 2. 中低收入、弱勢家庭 3. 民國101年規定家庭年收入在百分之50分位點以下（台北148萬、新北144萬、高雄97萬、其他縣市88萬） 4. 無自用住宅或僅持有一戶住宅，且該住宅係申請日前二年內購置並已辦理貸款之住宅
可貸額度	220萬	500萬	200萬
貸款年限	最長30年	最長30年	30年
寬限期	最長五年	最長三年	最長五年
2011.05利率	前二年0利率 第三年起 第一類（弱勢戶）：0.762% 第二類（50百分位以下）：1.337% 第三類（50-80百分位）：2.195%	前二年1.72% 第三年起2.02% （主要由八家公股行庫承辦）	一般戶1.337% 弱勢戶0.762%

Q100 大利多：購置住宅貸款利息補貼！

內政部持續推出「購置住宅貸款利息補貼」這個好康，讓政府幫忙省點利息錢，也是不無小補的補貼喔。

二十歲以上沒有自有住宅就可申請

審查採「評點制」，依據家庭所得、家庭成員數、子女數、申請人年齡、是否曾經接受過政府的補助等項目加減評點積分；民國一〇一年的規定是台北市家庭年收入一百四十八萬、高雄市九十七萬、台灣省等為八十八萬以下，沒有自有住宅或兩年內購置的住宅，均可申請，每戶最高額度有兩百二十萬元的貸款利息補貼，可分三十年償還，寬限期最長五年。

第一類的弱勢族群，利率是郵局二年期儲金利率減〇．五三三%；非第一類者則是郵儲利率加〇．〇四二%。每年受理的時間不一定，大多在六、七、八月之間，確切時間可洽內政部營建署查詢。

兩年內買的房子也可轉貸

注意，如果你在兩年內購置住宅並已辦理貸款，應檢附該住宅之貸款餘額證明及建物登記第一類謄本，其主要用途登記應含有「住」、「住宅」、「農舍」、「套房」或「公寓」字樣。而且你不一定要在戶籍所在地購屋，其他縣市也可申請。如果你已經買了房子並且也申辦了一般的住宅貸款，可以在取得政府核發的「購置住宅貸款利息補貼證明」後，轉貸為本優惠貸款。但是，一旦你擁有第二間住宅就會停止補貼。

申請資格

申請購置住宅貸款利息補貼者，應具備下列各款條件：

・年滿二十歲。

購置住宅貸款利息補貼

貸款額度			最高 220 萬元
償還年限			最長 30 年（付息不還本之寬限期最長 5 年，政府利息補貼年限最長 20 年）
優惠利率	第一類	優惠利率	郵儲利率 -0.533%
		適用對象	經主管機關認定符合下列條件之一者： 1. 社會救助法審核列冊之低收入戶 2. 身心障礙者 3. 65 歲以上老人（限申請人） 4. 受家庭暴力侵害者及其子女 5. 單親 6. 重大傷病者 7. 原住民 8. 重大災害災民
	第二類	優惠利率	郵儲利率 +0.042%
		適用對象	不具第 1 類條件者
備註	1. 政府補貼利率：議定利率減優惠利率 2. 議定利率：內政部洽商金融機構議定之利率 3. 郵儲利率：係「中華郵政公司二年期定期儲金機動利率」簡稱。		

資料來源：內政部營建署之住宅 e 化網 http://ehi.cpami.gov.tw

・家庭組成（擇一）：

一、有配偶者。

二、與直系親屬設籍於同一戶者。

三、單身年滿四十歲者。

四、父母均已死亡，戶籍內有未滿二十歲或已滿二十歲仍在學、身心障礙或沒有謀生能力之兄弟姊妹需要照顧者。

・住宅狀況（擇一）：

一、申請人及其配偶、戶籍內之直系親屬及其配偶均無自有住宅。

二、申請人兩年內購置住宅並已辦理貸款者，且其配偶、戶籍內之直系親屬及其配偶均無自有住宅。

・受理申請單位：申請人戶籍所在地之當地直轄市、縣（市）政府。

・申請書取得方式：可從營建署網站下載，或向直轄市或縣（市）主管機關免費索取。

Q101　夫妻會因為哪些房事問題吵架？

Q102　買房子，誰做主？

Q103　要找哪些人一起來看房子？

Q104　買房子的錢誰出？

Q105　要登記在誰的名下？

Q106　買房後，長輩忽然說想搬過來住怎麼辦？

Q107　奢侈稅發燒，大家買房子最關心什麼？

Q108　玄之又玄的購屋五行學？

Part 10

房子這樣買

買屋甘苦內心話

Q101 夫妻會因為哪些房事問題吵架？

「買房子」是許多夫妻成立家庭的共同夢想，然而也常是夫妻感情的莫大的考驗。列舉十大容易吵架的問題，提供有心買屋的小倆口先做好事前溝通、釐清各自的價值觀跟喜好，讓買房子成為一件快樂的事！

買還是租

在商討購屋問題時，「真的要花這麼多錢買房子嗎？」一是夫妻倆心中共同的擔憂，於是，「買屋 VS 租屋」大戰開始，要吵贏這一關，才有往下的購屋築夢之旅。

買哪一種房子

到底是買預售屋、新成屋還是中古屋就可能引爆戰爭。老婆喜歡乾淨的新成屋，老公覺得中古屋實住又相對便宜；怎麼辦？拿張紙，分析一下利弊跟荷包斤兩，只要住進去舒服歡喜就是好。

對房價的認知不同

房仲說這是精華地段稀有珍品，老婆也覺得撿到便宜，老公卻覺得四十年老房子，根本沒那個價值。怎麼辦？做點功課，查一下附近的成交行情就知道貴還是便宜。

地點喬不攏

老婆想挑離娘家近的，老公希望靠近公司。如果不能用猜拳解決，就得好好溝通，也許可以想想換工作的可能性？地點的增值性等問題。

錢怎麼出

動輒百萬千萬的房價，光從頭期款就可以開始起爭執，老婆希望老公出頭期款，老公希望老婆分攤房貸；如果再加上公婆和岳父母的資助，問題會更複雜。而且出錢又跟登記誰的名字有關，又是另一個吵架的爆點。

房屋登記在誰名下

老婆希望老公登記在她的名下，以表達愛與忠誠；精明的老公則會想：要掏那麼多錢，自己也該有點保障。更複雜的，還會出現公婆的意見：「當然是登記在我兒子名下，怎麼可以用媳婦的名字。」

議價不力

老公希望老婆可以發揮菜市場買菜送蔥的精神，多砍幾成、多要些家電贈品；老婆覺得買房子應該是老公出面喊話。不論最後是哪一方在議價上讓步，未來小則被念一輩子，大則吵翻天。

坪數與格局

老婆想買大一點的三房兩廳，讓孩子有好的生活空間；老公覺得第一間房子買小一點，等孩子長大再換屋。老婆希望有開放式大廚房，老公希望有一間視聽室。吵架烈火還可能進一步延燒到：要不要準備一間孝親房？要不要邀長輩同住？怎麼辦？先看預算有多少，再想辦法取得平衡點，例如：折衷規畫一個視聽小角落、在書房放沙發床……等等。

風水坐向

有人不信風水，如果鐵齒的人恰巧是夫妻其中一個，很可能就會開戰。類似的還有喬遷時間，一個人堅持要在黃道吉日吉時入厝，一個人嫌麻煩，此時若有傳統型的長輩加入戰火，雙方有可能氣到不想搬家呢。

裝潢風格

買下房子後，裝潢問題也可能引起口角；老公喜歡家裡有夜店的FU，老婆希望家裡採北歐明亮簡約的風格。怎麼辦？請回歸居家本質仔細評估。

如何避免因為房事問題吵架

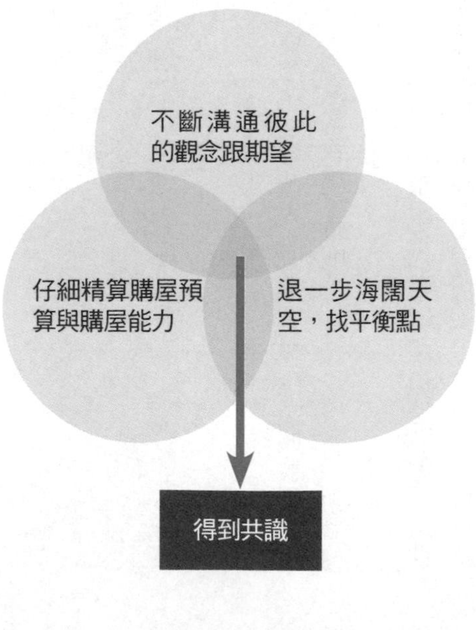
不斷溝通彼此
的觀念跟期望
仔細精算購屋預
算與購屋能力
退一步海闊天
空，找平衡點
得到共識

Q102

買房子，誰做主？

買房子不是上市場買菜，但是卻一定要有斤斤計較、買菜送蔥的議價精神，面對經濟越來越獨立自主的女性和越來越多的新好男人，關於買房子這件事，到底是誰做主？

家庭煮婦　女性心思比較細膩，而且比較會比價，想的比較多，我們家是我說了算。

理性男　老婆看到樣品屋的開放式廚房和更衣室就昏頭了，還好我扮黑臉阻止她當場下訂。老婆愛買什麼衣服什麼包我都不管，但買房子一定得由我層層把關！

丈母娘　小倆口不要為了買房子的事情吵架，應該要好好溝通，互相妥協，買房子不可能皆大歡喜，但是至少不要很委屈或有怨言。

大男人　買房子茲事體大，既然要我付頭期款和大部分的貸款，當然是我說了算吧！

小女人　我老公對外都說是他決定，但是關起門來他還是比較尊重我，像我希望靠近娘家跟學區，可以就近照顧小孩；老公就摸摸鼻子乖乖搭車，多花一點時間上下班。

表哥　男性是站在投資的觀點看房屋買賣，女性是以買一個家的角度來想事情，兩者有時候無法兼顧，應該要坐下來好好談，把彼此的觀點及買房子的想法討論清楚，不然一定會吵架。

女王　現在女生獨立自主也更主見，品味也好，如果男方不瞭解這些，就交給女生吧。

台灣人買房子，女人說了算！

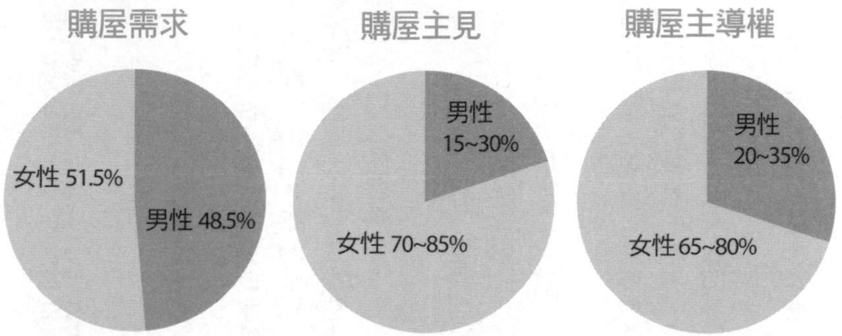

（資料來源：中信房屋 2010 年 8 月調查）

宅男　誰出錢，就由誰做主+1。

怕老婆成員　談事情的時候把老婆搬出來當擋箭牌，說老婆嫌貴、嫌生活機能不夠好等等……比較好喬事情，前提是：跟老婆有默契。

水水　大事老公決定，小事我決定；我們家的大事就是誰出錢，其他都算小事（哈），所以我看到八成滿意後，就會找老公和小孩一起看，不過，說是這樣說，如果老公不滿意，我也不會堅持，就再多找找囉。

裝修師傅　我的感覺啦，大部分裝潢設計都是老婆在決定。

好媳婦　我婆婆出錢，所以是出錢的人做主，但是還是會問一下我們的意見。

Q103

要找哪些人一起來看房子？

買房子真的是自己一個人或兩夫妻的事情嗎？我們想買在有風景、空氣好、山明水秀的社區，可是……有意見的人還真不少，到底大家會找那些人一起來看房子？還是誰都不找，自己高興就好？

閨中密友　一定要找長輩來看，他們吃過的鹽比你吃過的飯還多，房子有什麼問題、要注意哪些細節，長輩比較有經驗，比較不會被騙或吃虧啦。

網友　千萬不要找長輩一起看，免得他們嫌東嫌西，會埋怨怎麼不買離家裡近一點的地方，這麼遠要看個孫子都很難……光聽他們囉嗦完，就買不下去了。

公司阿姨　一定要找風水師，風水很重要，哪裡有沖到、哪個坐向不好跟全家的運勢都有關。

科技新貴　我不認同阿姨的說法，因為風水老師一張嘴，死的都能說成活的，我就聽過不同風水老師講出完全相反的論調。自己住的舒服、兩夫妻滿意最重要。

時尚A咖　我建議預售屋或新成屋最好找熟悉的室內設計師一起看，他們比較看得懂平面圖有沒有偷坪數、格局好不好、有沒有隱藏的梁柱這類問題，也可以順便向設計師請教未來的空間規畫……不過，前提是你已經有打算買那間房子了啦。

精打細算男　我會找朋友假裝也要買那一間房子，在不同時間去詢價，看看銷售人員有沒有亂喊。

地下法律顧問　如果已經要簽約了，一定要地政士一起去，幫忙看契約書有沒有問題，同時當第三公證人。

買房子，大家一起看！

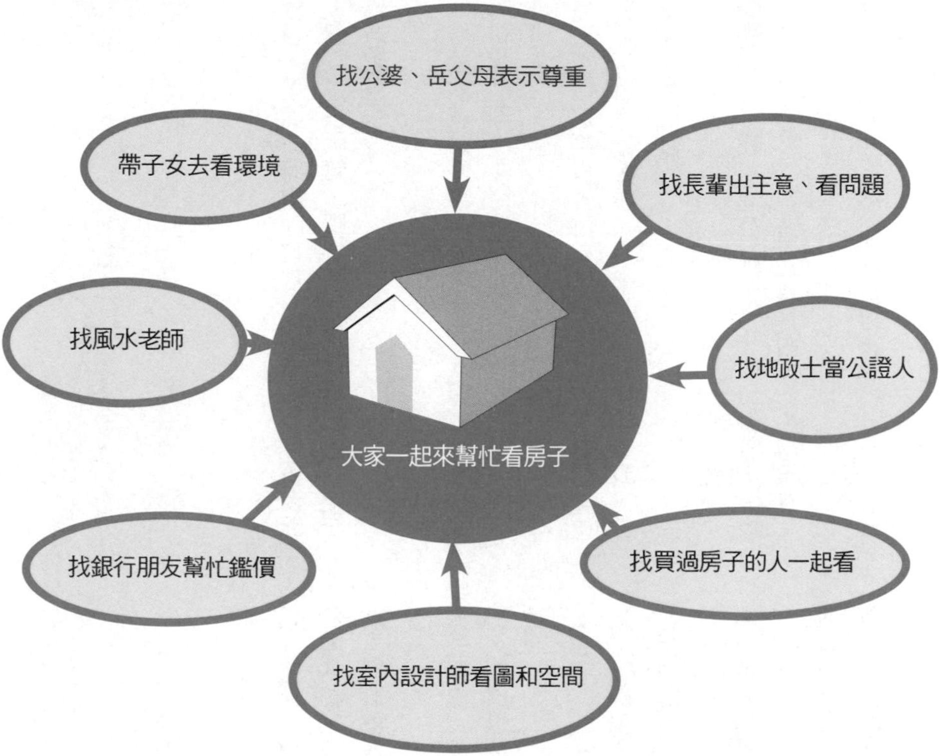
找公婆、岳父母表示尊重
帶子女去看環境
找長輩出主意、看問題
找風水老師
找地政士當公證人
大家一起來幫忙看房子
找銀行朋友幫忙鑑價
找買過房子的人一起看
找室內設計師看圖和空間

全職媽媽 如果有小孩，我會帶孩子去看一下，因為我的小孩對環境很敏感，如果那地方磁場不好，小朋友會哭鬧，那根本就不用買了。

姊姊 找買過房子的人。

大舅舅 大家都忘了最重要的人：找銀行熟悉的朋友先幫你估個價，免得被海削一層皮都還不知道。

Q104 買房子的錢誰出？

房子這麼貴，就算政府出面打房，窮上班族想買台北的房子，還真是很困難，買房子的錢都是誰出的呢？大家有找長輩贊助嗎？

小公主 結婚前就講好了，老公家要先買好房子，而且是登記在我的名下才嫁過去的唷。

幸福女兒 房價這麼貴，沒有娘家幫忙怎麼買得起，我爸媽出了兩百萬當嫁妝，一來不會讓婆家難看，二來也算是給女兒的保障。

堅持公平的路人 我跟老公存了五年的自備款，大家說好開一個公款的帳戶，每個月各存兩萬進去繳房貸。

媽媽 標會可以逼你存錢，然後再以會養會。

新好男人 疼老婆的男人就扛起來吧！我家是我負擔自備款和本金，用本金攤來繳房貸，老婆幫忙出利息，兩人同心就能買下黃金屋。

公司同事 父母經濟狀況比較好，有幫忙出一點錢；岳父知道以後也跟著出同樣的錢，很幸運吧。

受害者 我建議大家還是自己想辦法籌錢吧，如果時光可以倒轉我一定不讓婆家出錢，因為現在公婆三天兩頭就會找機會往這邊跑，當初不但會對買的地點、房子的裝潢隔間有意見，還要求留一間孝親房……問題多多，還是靠自己單純。

單身不婚男 用自己賺的辛苦錢，投資理財買股票，買下自己的房子心裡才踏實。

錢從哪裡來？

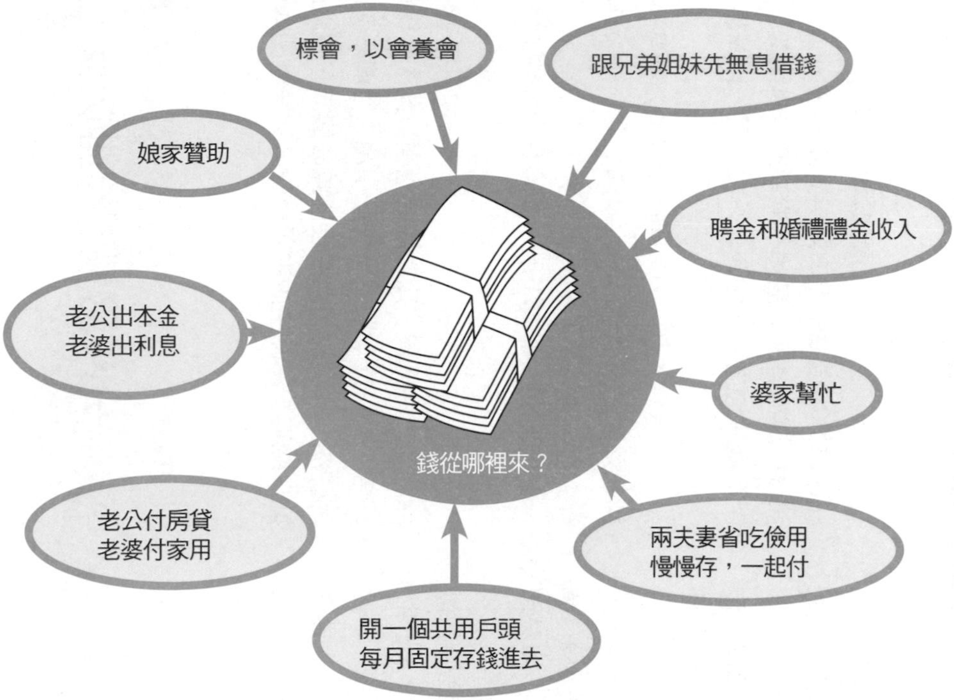
錢從哪裡來？
標會，以會養會
跟兄弟姐妹先無息借錢
娘家贊助
聘金和婚禮禮金收入
老公出本金
老婆出利息
婆家幫忙
老公付房貸
老婆付家用
兩夫妻省吃儉用
慢慢存，一起付
開一個共用戶頭
每月固定存錢進去

女強人　我結婚前就用自己的錢買了自己的房子，愛怎麼裝潢就怎麼裝潢，多逍遙！老公的薪水就付家用開銷和出國旅遊費用吧！

某男性網友　為什麼大家都想要靠長輩？父母辛苦養我們還要幫我們出錢買房子，會不會太不長進了，他們責任已了，應該把錢留下來養老，而不是幫子女付房貸吧！

上班族　老公出頭期款，我付裝潢費；貸款本金老公出，我負責利息（我們是用本息攤），報告完畢。

甜蜜新嫁娘　我們把聘金和結婚的禮金收一收加上一點過去的存款，就拿去繳頭期款了。

Q105 要登記在誰的名下？

「房子要登記在誰的名下？」這是個尷尬的問題，因為房子是資產，但若房貸出問題就變成負債，更尷尬的是演變成夫妻間「愛不愛對方」的評估工具，加上離婚率這麼高，人人都想保護自己，真尷尬，到底要登記在誰名下好呢？

小甜甜　當然登記在老婆名下啦，這是愛老婆的表現。

水水　可是買房子如果是登記老婆的名字，那我不就得背房貸？好像沒有比較好耶。

無所適從的老公　唉，男人真命苦，沒把房子登記在老婆名下，就要被老婆質疑不愛她；乖乖把房子登記在老婆名下了，卻又要被懷疑可能是想把貸款的擔子丟給老婆扛……真是左右為難啊！

好老婆　老公出錢當然就登記在他名下啦！我們夫妻感情好，房子你的我的哪有差。

公平派　我們是雙薪家庭，買房子一人出一半，所以登記在兩個人的名字下，一人一半才不會有爭議。

潛水夫　登記在老婆名下就叫疼老婆嗎？不一定吧。應該要看平日先生對太太的照顧和關懷吧，為什麼要人云亦云呢？夫妻之間的愛，用房子就代表保障嗎？

反小三　大家有沒有想過，把房子登記在老婆的名下最大的保障是什麼？就是房子不會莫名其妙被賣掉或被老公拿去借錢，甚至是忽然變成某個小三的名字，因為「登記在誰的名下，誰就有處分權」，當然要登記在女方名下啊。

法律小辭典：民法怎麼說？

◎夫妻聯合財產制

民法上規定的夫妻財產制可分為「約定財產制」與「法定財產制」；如果沒有到法院辦理約定登記，就適用「法定的聯合財產制」。（參考民法第一千零十六條）

◎房子登記在誰名下就是誰的

「聯合財產中，不能證明為夫或妻所有的財產，推定為夫妻共有之原有財產。」（參考民法第一千零十七條）換言之，房子登記誰的，誰就有處分權；任何一方都不能偷偷拿去抵債或賣掉配偶名下的房子。

◎夫妻離異時聯合財產關係消滅，房子平分

雖然房子的所有人是看登記者的名字，但是如果夫妻關係消滅（譬如離婚或配偶之一方死亡），聯合財產關係也就跟著消滅：「聯合財產關係消滅時，夫或妻於婚姻關係存續中所取得而現存之原有財產，扣除婚姻關係存續中所負擔之債務後，如有剩餘，其雙方剩餘財產之差額，應平均分配；但因繼承或其他無償取得之財產，不在此限。」也就是說，離婚時房子是一人一半的。（民法第一千零三十條之一）

◎房屋所有權人與申請房貸者可以不同人

申請房貸，房屋所有權人除本人外，尚可為配偶、直系親屬，但年齡需 65 歲以下，20 歲以上（但房屋所有權人必須為連帶保證人）。因此連帶債務人（保證人）與債務人（房子所有權人）同付相同的債務。也就是說，房子可以登記在太太名下，貸款由先生申請（太太當連帶保證人），有問題時兩人一起負責債務。

悲情男　女人要保障，男人難到就不需要保障？如果哪天被老婆甩了，沒房沒車沒小孩，那我一生努力算什麼？

寶媽　我們是登記婆婆的名字，因為她出了超過一半的錢，但是後面的貸款是我們夫妻自己繳，她怕我們把房子賣掉或拿去借錢……。

公公　現代年輕人有自己的想法，那就登記「夫妻共同持有」不就皆大歡喜了，貸款的時候一個當借款人，一個就當連帶保證人；可惜會同時把每人「一生一次」的優惠貸款額度給用掉了。

Q106

買房後，長輩忽然說想搬過來住怎麼辦？

好不容易買下人生的第一間房子，雖然只有二十幾坪，但也算有了自己的窩；正當小倆口歡天喜地準備交屋和裝潢時，忽然聽到婆婆跟老公說：「唉，我們都老了，以後可以搬過來跟你們一起住嗎？」面對孝順與公婆同住的問題……怎麼兩全啊？

水水　千萬不要心軟，一旦公婆住進來以後，請神容易送神難，萬一彼此住不習慣、生活差距過大怎麼辦？難道你要叫他們搬出去嗎？

鄰居張媽媽　孝順父母是天經地義的事情，他們對子女有養育之恩，現在他們需要你們幫忙，當然要答應一起住，彼此也可以有個照應，婆婆說不定還可以幫你照顧小孩、煮飯洗衣什麼的，多好。

小阿姨　千萬不要，你家只有二十幾坪，要擠幾個人？別說什麼生活品質了，下班後還要聽公婆碎碎唸，你想過這種日子嗎？幫他們租一間房子比較可行。

網友帥帥　誰不是人生父母養的，為什麼要先假設長輩不好相處？也許公婆表示想過去住只是暗示需要子女關心，未必是真的要搬過去啊！

同路人　裝傻，叫你老公出面解決，或是說有要生第二胎的打算，房子太小住不下，如果不是臉皮太厚的公婆應該都聽得懂話中的意思。

獨生女　如果換成女生的父母開口呢？老公會願意嗎？誰都希望另一半對自己的父母好，完美的辦法就是房子買近一點，天天去探望。

七成老人希望與子女同住

五成的老人由子女照顧

老人主要照顧者以子女（含媳婦、女婿）占 48.5% 最多，
配偶占 20.2% 居次，
本國及外籍看護工占 16.6% 居第三。

七成老人希望與子女同住

老人理想的居住方式主要希望「與子女同住」占 68.5%，
其次為「僅與配偶或同居人同住」占 15.6%。

子女為老人主要經濟來源

老人主要經濟來源為「子女奉養（含媳婦、女婿）」，
其次為「政府救助或津貼」。

資料來源：民國 100 年第 11 周內政部統計通報，98 年調查結果報告

無奈的驚世媳婦　有距離才有美感，我就是一個血淋淋的例子，平常上班累得半死還要顧兩老，不合意還被嫌東嫌西的；後來跟老公商量租一間房子讓公婆搬出去住，婆婆整天哭喊兒子媳婦不孝、人老了沒用這類的話……千萬不要重蹈我的覆轍。

夾心餅乾男　每天夾在兩個女人中間我也煩哪！乾脆我自己搬出去好了！等我老了一定不要麻煩兒子女兒，自己去養老院住，有老人可以聊天又有人可以照顧。

Q107 奢侈稅發燒，大家買房子最關心什麼？

政府談打房沸沸揚揚的，對月入斗升的市井小民真的有幫助嗎？大家看房子時關心的焦點會因此而不同嗎？房價真的有跌下來嗎？

省吃儉用上班族　我們有去看房子，但是屋主的態度還是很強硬，說自己的房子地段好、抗跌，奢侈稅一點影響也沒有。

男主人　不管有沒有奢侈稅，買房子還是要回歸基本面，像治安、格局、耐震隔震、採光通風問題、有沒有增值空間、環境衛生好不好，這些都要考慮，我認為不是只看價格。

過來人　我們是在房價高點時買的房子，但是因為當初有設定價格帶，超過的就不看，找很久終於找到開價合理的賣方，所以沒被貴到。對我們小老百姓來講，降價是好事，但是還是要考量自己的需求，慢慢找還是可以找到符合預算的房子。

嬌嬌女　大家公認精華地段的房子，我們一般人也買不起，就算課徵奢侈稅，還是住不起，除非你去買遠一點的新市鎮。

兩個孩子的媽　我看房子會注意的是生活機能，不見得一定要緊鄰學區，因為上下課的時候交通會打結、亂成一團，尤其是大專院校，機車亂停一通，而且近學區房價也比較貴，多花十分鐘，房價就便宜很多，不用等奢侈稅，選離市中心遠一點的地方還是有便宜的房子。

買房子你會考慮什麼條件？

網友買房子首重房價，其次是交通便利性

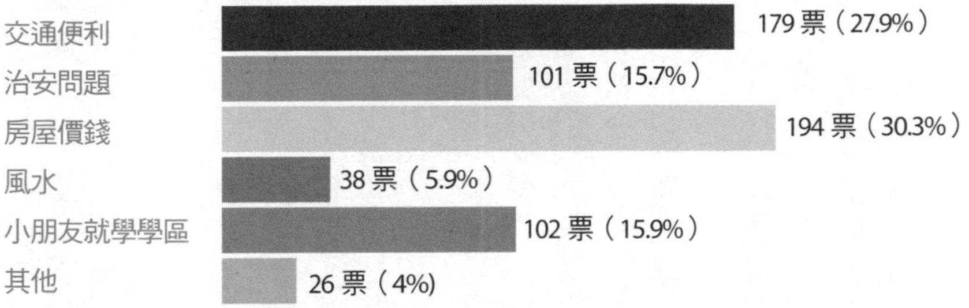

目前總投票數：640 票

資料來源：Babyhome 網路調查

等降價的人：我們前一陣子去看房子，出過幾次價，屋主都很硬，很難砍；結果奢侈稅的新聞一出，房仲紛紛打電話來說屋主答應當時的開價了，問我們要不要再來談談看……看來還是有一點效果吧。

小工程師　新竹一帶的房價還是很貴，降幅有限，我覺得錢雖然很重要，但是交通環境、生活機能、房子是否老舊……這些問題還是要考慮進去。大家都在觀望會不會跌更多，賣方怕賠售，買方怕買貴，結果就是房市凍結。如果怕買貴，就從七折一刀開始砍下去，再慢慢加，看對方賣不賣囉。

Q108 玄之又玄的購屋五行學？

雖然風水之說見仁見智，有的似乎有些科學道理，有的就屬於玄學的層面，大家可以當成茶餘飯後的購屋參考依據，但是也不要因噎廢食，以免錯失好房子。

五行適合的樓層

五行金木水火土各有對應的樓層及顏色，購屋者可以根據自己的命理格局來挑選適合的樓層。

- 火：火往上升，可選二樓或七樓，有紅牆的高樓。
- 水：水往低處流，可住一樓或六樓，選白色或淺藍色的房屋。
- 木：木可開枝，最好住三樓或八樓等中高樓層，四周避開可能壓頂的大樓。
- 金：金忌壓頂，可選四樓或九樓，不宜住得太低。
- 土：土如靠山，可住在五樓或十樓等中高層，會有穩重安全的感覺。

五行對應的居家格局

五行除了可對應樓層外，也可對應到居家格局，如果相對應的地方損壞或有瑕疵，最好立即修繕以免影響到居住者的身體健康。

- 水：衛浴設施，對應泌尿系統、腎臟健康和孕事。
- 火：廚房，對應心血管疾病。最好不要堆放雜物、要保持通風乾淨。
- 木：庭院陽台，對應肝臟健康。盆栽要保持長青不要枯萎，以免影響人際關係。
- 金：書房，對應呼吸道健康。書房保持整齊，以免影響考運。
- 土：餐廳，對應腸胃道健康、食慾。桌椅要穩固乾淨，周邊飾品勿脫落。

從五行看居家格局

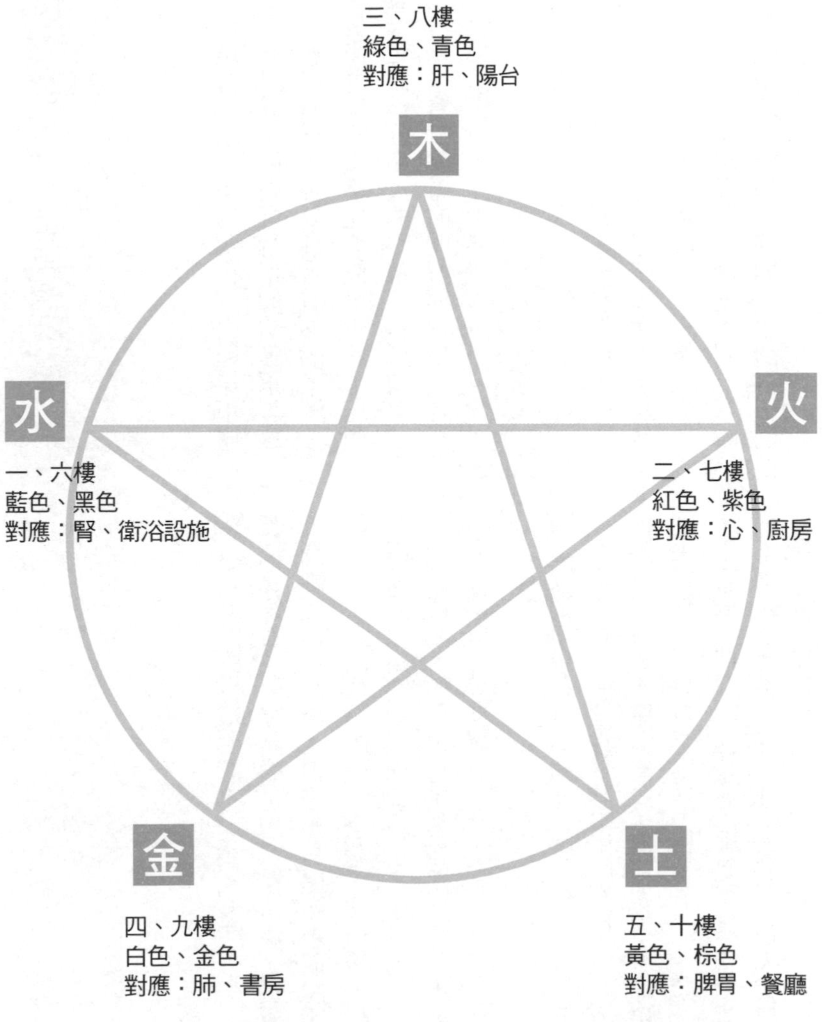
三、八樓
綠色、青色
對應：肝、陽台
木
水
一、六樓
藍色、黑色
對應：腎、衛浴設施
火
二、七樓
紅色、紫色
對應：心、廚房
金
四、九樓
白色、金色
對應：肺、書房
土
五、十樓
黃色、棕色
對應：脾胃、餐廳

Hot1 實價登錄，房價現形！

實價登錄地政三法施行，讓房價透明化，引起房市震盪。消費者多了一道可以了解區域行情的防護罩，過去只能任人宰割的買方，對於真實房價有更多的了解。自從開辦以來，實價登錄的價格比牌價至少低了一到一成五，豪宅實價也跌破許多人的眼鏡。再累積更多實際登錄數據後，未來買賣雙方的開價與賣價將逐漸縮小差距，民眾再也不用擔心當冤大頭了。

■如何判讀實價登錄的資訊？

實價登錄的資訊有時間差，公寓跟大樓雖然位於同一區段也會有不同的價格，買方在購屋時應考慮：規格差異（公寓跟大樓不同）、屋齡差異（同一區段但屋齡差很大）、屋況差異（原況屋跟裝潢屋不同），若有公園等附加價值或是嫌惡設施等問題，建議以「同中求異」的角度來思考出價金額。

■中古屋市場透明度高於預售屋

實價登錄首先衝擊到的是中古屋市場，買賣雙方一屋一登錄，價格立現；但是預售屋和新成屋因為是透過建商（不動產代銷經紀）登錄，交屋後，代銷業者只要在委託代銷契約屆滿或終止三十日內，一次申報即可。換言之，如果預售屋銷售期長達兩年，這兩年間的交易價格仍是謎團。

■誰要負責登錄資訊？

・地政事務所辦理買賣登記申請案件。

提醒：如果買賣雙方沒有委託地政士辦理房屋買賣，則由權利人（買方）負責申報。

・不動產「仲介」經紀業，簽定租賃契約書之案件。

・不動產「代銷」經紀業，簽有起造人或建築業委託代銷之成交案件。

房屋資訊，一覽無遺

舉例來說：

板橋區

交易標的：房地（土地＋建物）

交易年月：**102 年 5 月**

交易總價：**18,500,000 元**

交易單價約：**449,466（元／坪）**

建物移轉總面積：**41.16 坪**

交易筆棟數：土地：**3 筆**

建物：**1 棟（戶）車位：0 個**

建物區段門牌：**中山路一段 151~200 號**

建物型態：**住宅大樓（11 層含以上有電梯）**

建物現況格局：**3 房 2 廳 1 衛　有隔間**

車位總價：

有無管理組織：**有**

可透過「內政部不動產交易實價查詢服務網」（http://lvr.land.moi.gov.tw/N11/）查找以上資訊。

■三十天內要登錄資訊

買方購屋後，必須請權利人、地政士或不動產經紀業者在辦妥所有權移轉登記後，三十日內，向主管機關申報登錄土地及建物成交案件實際資訊。若逾期未登錄，將處以三到十五萬元罰鍰。如果買賣雙方申報完成後又修正價格，則需重新申報。

■三大申報內容

登錄的資訊包括：交易標的、價格資訊及標的資訊三大部分。也就是說，房子的地址、屋齡、型態（公寓或大樓）、樓層、面積、是否含車位、有沒有增建和交易時間都需登錄。

■區段化、去識別化提供查詢

地政機關會將這些資訊經篩選整理後，再以區段化、去識別化方式提供查詢，以保障民眾住的安全。例如：如成交案件係位於新北市板橋區中正路二段二十五號，則以新北市板橋區中正路二段一～五〇號公開查詢。

Hot2

四十年房貸，貸貸貸不完？

從二十年、三十年到四十年，房貸的期限越拉越長，對購屋者而言到底是好事還是壞事？售屋業者跟專家學者說法不一，有的銀行提出最高八成五、低率優惠吸引民眾購屋，但你知道有哪些暗藏風險嗎？

申請條件，各家銀行略有不同

若你已經超過四十歲，請審慎思考是否要選擇「四十年房貸」，成為八十歲都還在背貸款的老屋奴。通常年齡越輕、首購、無信用瑕疵，越容易申請通過。但是每家銀行的規定略有不同，需注意還款限制。

注意一：年齡限制。借款年齡越高越不容易申貸。通常以三十、四十歲以下的借款人較容易申請。有銀行規定申請貸款人的年齡加上還款年限的總和不可超過七十五，換言之，只貸款給三十五歲以下的購屋人。

注意二：是否有最低貸款限制。有些銀行規定最低必須貸款五百萬元。

注意三：申請者必須是首購族、無自用住宅。

注意四：其他評估條件還包括信用狀況、還款能力及擔保品等條件。

月付壓力減輕，利率高，利息增加

四十年房貸對月薪有限的年輕人來說，不啻開了一扇門，拉長還款年限，每月要攤還的房貸降低，可提早成為有殼蝸牛。但是卻也隱藏幾個風險。

風險一：利率波動變化

四十年房貸的利率目前約二％，但拉長時間，未必都能維持低利率，當利率走揚，每月要攤還的金額也會跟著增加。

20 年房貸 vs. 40 年房貸

利率 1.88%，貸 800 萬

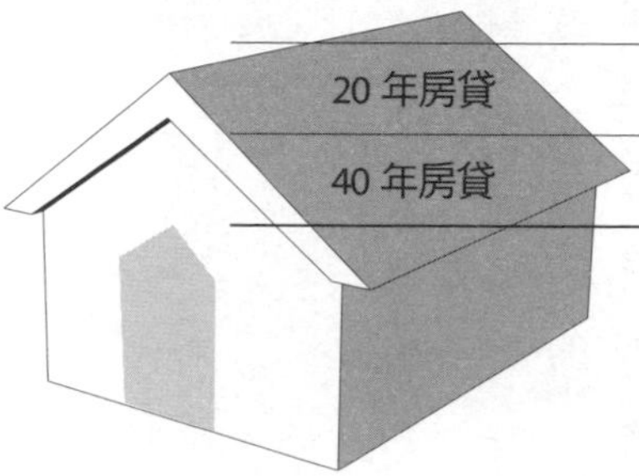

	每月本利攤	實際還款金額
20 年房貸	40,020 元	9,604,800 元
40 年房貸	23,730 元	11,390,400 元

每月少付 **16,290 元**

總共多付 **1,785,600 元**

風險二：利息多出百萬

若以二十年和四十年的房貸為例，一千萬的房子若順利申貸八成、貸款八百萬，利率皆以一．八八%計算，總利息可相差一百七十八萬元。

風險三：鑑價差額

若購買的是中古屋，銀行實際鑑價的金額未必等於售價，實際可貸金額有可能更低。例如，小陳購買一千萬的三十年中古屋，銀行鑑價結果卻僅有八百五十萬元的價值，採用四十年房貸，八成貸款，實際可貸金額為六百八十萬。小陳仍需拿出三百二十萬的自備款。

誰適合四十年房貸？

・**能提早還款者：**如果你能省吃儉用，或是薪資與業外收入增加，每年能設定大筆還款目標，有自信能提早還款。

・**有資金運用需求者：**若不想把大筆鈔票用於房市，希望活用資金在投資理財上，也可考慮，但需評估投資效益是否大於房貸的利息支出。例如你每月少繳一萬五，卻無法創造高於一萬五的投資效益，就不划算。

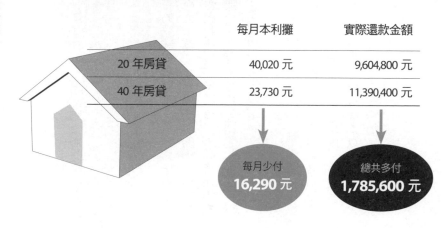

Hot3 買間房子好養老？

根據經建會所發布的統計資料顯示：台灣六十五歲以上老人已超過二百六十萬人，佔總人口的十一％，預估二〇一八年，台灣將成為高齡社會。不婚族節節高升，生育率越來越低，「老有所終」的課題在政府的「以房養老」政策下，似乎有解套的機會？

■六十五歲、無法定繼承人、有不動產者可申請

以房養老政策試辦階段申請條件嚴苛，申請者須符合以下條件，若譜出黃昏之戀，老夫妻結婚則不可申請。以房養老政策仍屬試辦性質，最終版本以內政部公告為主：

一、六十五歲以上。

二、無法定繼承人。

三、單獨持有中低收入戶標準以下的不動產（按目前規定，台北市不動產價值不得超過七百七十六萬元，新北市五百二十五萬元，其他地區低於五百萬元。）

4 申請人不得領取政府各種津貼、補助。

■趁年輕買房，老有所安

假使你是抱定不婚主義或不生主義，建議你，趁年輕買房投資兼養老。內政部目前所公布的「以房養老」屬於社會救助政策，以獨居老人為主要服務對象，從二〇一三年五月開始試辦，首批開放一百個名額。試辦期間委託台灣土地銀行經辦貸放款事項，方案所需經費由財政部公益彩券回饋金及政府經費支應。

■住自家、終身給付、每月增加一％給付金額

以房養老也叫做「不動產逆向抵押貸款」制度，符合資格者只要將房子抵押給政府，政府依據房屋鑑價價值，每月提撥固定比例的生活費，使老人可以安心頤

男性領得多，房子越貴領越多

◎女性活比較得久，所以男性每月領得比較多

2011 年男性平均壽命為 75.96 歲，女性為 82.63 歲，考量到男女餘命的差異，每月給付金額也不同。

◎房子越值錢，每月領越多

（資料來源：內政部不動產資訊平台）

養天年，老人仍舊住在自己熟悉的住宅內，擁有不動產的所有權。

以房養老，活越久領越久。此制度將採「終身給付制」，由代辦銀行按月撥入老人帳戶，考量到通膨問題，每月給付金額也將逐年遞增一％，直到駕鶴西歸為止。最終，此不動產則抵押給政府後續處理。

■不動產的鑑價費由申請人負擔

需特別注意的是：老人所持有之不動產的「房屋鑑價費用」須由申請者自行負擔，平均而言，每次鑑價費用約需二到三萬元不等。若一時無法支付此筆費用，申請人可從貸款總額中扣繳，但是，若完成房屋鑑價後反悔不申請以房養老，鑑價費用仍需由申請者自行負擔。申請前務必三思而後鑑價喔！

Hot4

我該搶購合宜住宅嗎？

台北居大不易，內政部營建署推出的「合宜住宅」優先協助中低收入之無自有住宅民眾或家庭，讓家庭年收入低於一四八萬的小資家庭萌生一絲有殼夢。想加入合宜的行列，必須先取得「承購資格」，再通過電腦抽籤選出正選和候補名單的申購序位。然而，合宜住宅真的適合你嗎？未來要不要加入搶購的行列呢？

提醒一：區段是否符合需求

目前已經通過的兩處合宜住宅計畫位於「板橋浮洲地區」與「林口A七機場捷運」，浮洲地區由「日勝生活科技股份有限公司」簽約，興建合宜住宅約四四八〇戶。這兩個地區皆非熱門地段，申購者應客觀評估交通時間、生活機能、生活品質與未來增值潛力等問題，以免便宜購屋卻買到不符合個人需求的區段。

提醒二：房屋總價未必低

以浮洲地區的合宜住宅「日勝幸福站」來說，房屋售價每坪約十九．五萬元，低於該地區行情。但是房屋總價從四百三十萬到一千萬元不等，浮洲案申購戶約六千位民眾，但約有二千戶退戶，簽約金或工程款付不出來是主因之一。小資家庭應思考的重點是：如果已經有千萬購屋預算，要挑選合宜住宅的大房子，還是買地點更好的小房子？

提醒三：十年不得出售

合宜住宅以自住為出發點，為避免投資客炒作，規定十年不得出售，手頭資金運用緊迫者，要有十年不能賣房子的打算。而且從簽約到交屋還有二、三年的時間，入住、售屋都要等待，資金不足者可考慮先以租賃的方式入住。浮洲地區保留戶數十％作為出租住宅。

平價住宅方案比一比

	合宜住宅	現代住宅	青年住宅	公益住宅
內容	林口合宜住宅規定 5 年內不得轉賣，板橋浮洲合宜住宅則需要 10 年後才能轉賣，但轉租則沒有限制。	土地和房屋在 70 年後會回歸給政府，雖可轉售，但房價增值潛力不大。	採「舊建築活化再利用」原則，結合社區營造概念與社福精神。出租為主。	出租
申請條件	年滿 20 歲，無自有住宅，且家庭年收入必須低於公告受理申請當年度 50% 分位點以下。但申請屆滿 30 日後如仍有餘屋，則開放給一般民眾承購。	年所得在標準以下，且名下無房產者。	在台北市及新北市皆無自有住宅且家庭年收入低於 144 萬元，過去 2 年內曾於新北市就學、就業或租屋，結伴至少 1 位共同居住人，並承諾未來入住後願意參與社區服務及特色計畫。租期 2-4 年。	細則規劃中
對象	年滿 20 歲的購屋者	希望有自有住宅者	20-40 歲在新北市有租屋需求的青年朋友	預計出租對象限 60 歲以上銀髮族或高中職以上學生。
進度	2013 浮洲地區已完成抽籤，林口 A7 地區正進行公開登記	預計選定土城頂埔捷運站與新店七張捷運站	2013 開放登記：新北市永和青年住宅	招標暫緩
單位	內政部	經建會	新北市府	財政部 國有財產局

Hot5

買乙工屋好不好？

看屋過程中，被一則光鮮亮麗的廣告吸引，又有中庭花園，又有車位，總價更是低於該地區平均行情。走進去，售屋小姐微微一笑：你知道我們這裡是「乙工屋」嗎？什麼是乙工屋？看建物謄本登記的用途就立見分曉。

乙工屋，蓋在乙種工業用地上

售屋小姐面有難色表示兩戶不能打通，不能二次施工。細究之下，原來法規上並沒有「乙種工業區住宅」這詞，只有「乙種工業區」和「工業住宅」。依照都市計畫法的規定，工業區土地不得興建住宅，價位相對便宜的「乙工屋」是建商以興建廠房或工業住宅的名義取得建照，正規來說，這類房子只能用於一般零售業、服務業、餐飲業、事務所、銀行分支、展示或商務中心，建商遊走模糊地帶，暗示買方只要「依法設立公司登記」就可以安然進住，政府也無法可管。

畢竟，乙工屋仍屬合法建築，只要符合登記用途即可。如果你本來就想把住家當成辦公室或是ＳＯＨＯ族想有個可登記的地址，乙工屋就有一舉兩得之便。但若當成純自用住宅又沒有申請變更為住宅使用，就要小心被舉報，若違規依法將有罰鍰六到三十萬元不等。

便宜一到二成是最大優點

因為工業用地的土地取得成本較低廉，所以乙工屋的單價也比相同地段的自用住宅便宜一到兩成。工業住宅必須依照廠房標準興建，因此優點是：道路寬、電梯大、室內挑高三點六米。缺點是，你隔壁鄰居可能真的是開工廠的，不僅生活環境複雜、噪音和空氣污染更可能隨時在你左右。

乙工建案，賦稅比較

乙工屋	維持工業住宅	變更為自用住宅
地價稅	土地所有權人如未提出申請變更為自用住宅，每年所支出的地價稅款會多四倍。	適用自用住宅優惠稅率（土地面積未超過 300 平方公尺、非都市土地未超過 700 平方公尺）
房屋稅	營業用的 3% 稅率 +1% 教育捐	適用自用住宅 1.38% 優惠稅率
水費	單一費率，依住戶申請的口徑大小而有不同的基本費。	單一費率，依住戶申請的口徑大小而有不同的基本費。
電費	營業用電	住家用電，但是公用電費則須以營業用電計價。

可貸款成數低、單一衛浴是缺點

由於建商是以「一般事務所」、「一般零售業」等名義申請建築執照，因此乙工屋不是「住宅」，不符合「國民住宅」、「勞工住宅」或是「青年購屋低利貸款」等多項優惠房貸。而且，工業住宅的貸款成數也比自用住宅低，只能貸款約六到七成左右，購屋者必須衡量是否有足夠的自備款。

此外，台北市政府為避免建商違法興建乙工屋，特別規定：乙種工業區的建築室內面積不得小於一五〇平方公尺（四十五．三坪），每戶只能設立一套衛浴。若你買的是大坪數的乙工屋，可能會很不方便，但若自行變更為兩套衛浴，又有違法之虞。

變更為自用住宅可省賦稅

乙工屋在土地使用分區上屬於工業區，房屋的地價稅與房屋稅比一般自用住宅高。不過，只要在遷入戶籍後，申請變更為住宅使用就好，如此一來，地價稅和土地增值稅就可以比照自用住宅稅率，而不會根據土地使用分區進行課徵。變更後的水電費也可比照民生用水與用電。

Hot6

搶紅單，搶到紅色炸彈？

房子還沒取得建照就能預購？淡水、桃園、林口……各地紛紛湧現「紅單」潮，搶著購屋的人龍一條比一條長。這些案子打著比該區市價便宜的旗號，自住客、投資客莫不以取得紅單為喜。然而，小心其中暗藏紅色炸彈！

睜大眼睛，某些地區明明買氣低迷，地段差，卻一枝獨秀熱賣，小心，客戶都是來製造假象的臨演，若僅該案單獨熱賣，就不合理，別貪小便宜，還是應該理性判斷生活圈、地段等潛力，以免因小失大。

「紅單」就是購屋預約單

所謂的「紅單」，是指建案尚未取得建照前的「購屋預約單」，取得紅單者可擁有優先購買及簽約權。但是，由於建商未取得建照，對於消費者無任何保障。

對投資客來說，拿到紅單，就代表有「轉讓權利」，買方可透過房仲銷售，或上網自售。

炒紅單，黑吃黑，飆房價

取得紅單，就像取得購屋入場券，此時的購屋價格較低，也因此衍生出許多投資亂象與投資客黑吃黑的情況。最常見的就是，排隊人頭戶，製造該區熱賣與未來前景的假象，讓你心癢癢，也跟著去搶紅單。

此外，要小心，取得紅單卻被迫退單。有某些不肖業者，以「原預訂戶為建商員工保留戶，或已被買走，只能選擇他戶或紅單解約」為由，要求已經取得紅單的買方解約，然後再請房仲以高價轉賣，從中賺一手。讓投資客只能摸摸鼻子怨嘆被「黑吃黑」了。但是礙於無法可管，消費者也無可奈何。

搶紅單 vs 預售屋訂單

	搶紅單	正規預售屋訂單
建照 ▶	尚未取得	已取得
價格 ▶	最接近底價	比新成屋低
保障 ▶	無法可管	消費者保護法保障
風險 ▶	被奇怪的理由要求退訂，只能自嘆倒楣。	低風險
轉售 ▶	可轉讓紅單	依照各建設公司規定，可以分為「不可換約」與「換約」兩種（在預售契約中應有載明）。
可挑選的房子 ▶	最好的都可能被建商以「保留戶」的名義惜售，等房價飆高後，再公開。從中賺一筆。	
賦稅 ▶	紅單轉讓屬於「轉讓權利金」，需繳納財產交易所得稅。	出售預售屋屬於「權利交易」，售價與購屋取得成本的價差所得，必須納入個人綜合所得的財產交易所得。

紅單仍可退訂，開工後可換約出售

房子還沒蓋，以低價集客，刺激買氣跟熱銷的氣氛是建商的手法，簽下紅單後，不代表不能反悔，因為建物的各項執照都尚未申請，房屋仍有變更規格的風險，如果預約戶有疑慮，還是可退訂。

還有一種狀況是，取得紅單後，發現案子不合意，可是建設公司有「一年內不能轉單」的規定，或是「房價起漲，買氣暴跌」，壓根找不到買主，遑論投資致富。此時，退訂為宜，以免建商取得執照開工後，就無法反悔了。

轉讓紅單要報稅

為了杜絕搶紅單「低買高賣」，有建商規定，必須等建案開工後才可「換約出售」。要注意的是，轉讓紅單屬於「轉讓權利金」算財產交易所得，必須確實申報繳稅，如果買賣雙方私下授受，轉賣預售屋卻沒申報，就算逃漏稅。

Hot7 千萬買小新窩？還是買大老宅？

「千萬買小新窩？還是買大老宅？」這個問題簡直是購屋過程中的天人交戰，對口袋不深的購屋者而言，當然期待可買到又大又新的好房子，偏偏天下沒有這等好事。

貪圖室內大空間，就猛逛中古屋，可是總覺得髒髒亂亂，還留有前人的氣味，而且還要花錢重新裝潢整修；貪戀新房子整潔規劃好，符合同等預算的，扣掉三十％公設後，只能住進鴿子籠，東逛西晃，花了兩倍的時間還沒決定到底要住新還是住大房子。這種心境是每個購屋者都走過的心路歷程。

千萬，當然買新家

在相同預算下，如果你在乎整體社區的規劃，希望有管理員二十四小時的門禁管制，沒時間天天追趕垃圾車，又怕中古屋有漏水、壁癌、海砂屋等疑慮，特別是有潔癖的人，建議你，還是買新家好。

忍一時住小房，卻有良好的環境。也可透過室內設計增加收納空間，讓實際可使用面積不因為櫥櫃而變少。

如果是在相同的區間地段，信譽良好的建設公司所興建的大樓，新成屋未來的增值空間也會比中古屋高，所以，如果能忍受有三十％的錢必須花在公設上，在房市前景還不錯的情況下，買新房子是好的選擇。

千萬，還是買大老宅實在

如果你是務實主義者，在相同預算下，還是選擇大坪數的中古屋實在。因為中古屋公設比低，老公寓甚至零公設，還有寬敞的前後陽台可以種花、曬衣服，如

小新窩 vs. 大老宅大車拚

千萬買小新窩		千萬買大老宅
高公設，實際使用面積小	<	低公設，實際使用面積大
有警衛、管理員，門禁森嚴，安全性高	>	只能靠左鄰右舍互相幫助
有前後陽台的機率低	<	有前後陽台的機率高
相同地段，未來增值潛力高	>	相同地段，增值空間有限
較無漏水、壁癌等問題	>	時常有漏水、壁癌的問題
有垃圾集中管理	>	每天要趕垃圾車
要付管理費、公用水電費等	<	沒有這些額外支出

果還選到所謂的「國泰格局」，簡直是買到賺到。

但是，大房子的好處也伴隨著維修的壞處。蓋在處於地震帶的台灣，房子搖來晃去多了，難免年久失修，需要額外準備一筆裝潢整修費。而房仲雖提供六個月的漏水保固，但是要有屋漏逢雨的心理準備。

其次，是老公寓沒有分層的管道間，樓上樓下抽菸上廁所，臭氣竄流的問題也讓人很苦惱。加上要追垃圾車等生活問題，說大不大，說小也蠻困擾的。

一家三口以上，需要較大的生活空間，雖然不是買新房子，生活空間卻比較開闊自在，務實一點，老房子也沒甚麼不好，花點錢打扮裝潢一樣水噹噹啊！務實者，千萬，當然買大老宅實在。

Hot8

體貼新政策與好用小工具

房屋買賣需要申請諸多文件，以往得抽空跑一趟地政事務所或請代書幫忙申請，如今政府推出許多貼心德政，大家可以多多善加利用喔！

貼心一：超商即可下載「地政電子謄本」

帶著你的自然人憑證，到便利超商就可以輕鬆辦理「地政電子謄本」，支付Ａ４紙張的下載列印費就可以拿到自家的土地、建地的電子謄本囉。現階段，民眾必須先上網至內政部的「全國地政電子謄本系統」（網址 http://land.hinet.net）線上申請，再至便利超商下載／列印。目前配合的超商有：統一超商、全家、ＯＫ、萊爾富。

貼心二：利用網路也可以繳納地政規費

Ｅ化時代，自然人憑證管理中心（MOICA）貼心提供網路申辦作業，包括土地登記、測量、申報地價、繳納地政規費等三大類十五項服務都可透過線上申辦。（網址：https://clir.land.moi.gov.tw）

新規定：成屋買賣定型化契約應記載及不得記載事項自一〇二年五月一日實施

內政部在一〇一年十月二十九日公告的「成屋買賣定型化契約應記載及不得記載事項」，從一〇二年五月一日正式實施。詳細內容可上內政部地政司查詢，有幾項內容與買方權益有關，須特別注意：

一、買方攜回審閱契約條款的期間至少五日（契約審閱期）。

二、貸款金額少於預定貸款金額之處理方式須明確記載（貸款處理）。

三、買賣雙方逾期交屋或付款之違約賠償責任，解除契約者，違約金不得超過房地總價十五％（違約之處罰）。

四、不得約定買方須繳回契約書。

五、不得約定「廣告僅供參考」等字眼。

六、不得約定使用與「實際所有權面積」以外之「受益面積、銷售面積、使用面積」等類似名詞。

用手機 App 找房子

覺得上網查詢實價登錄的速度太慢嗎？想隨時隨地查詢目前看屋的房價嗎？目前有多家業者推出查房價的 App，民眾可多加利用。

(1) 財團法人草根影響力文教基金會的「查房價」app

iphone android

(2) 房價雲 app

iphone android

(3)591 房屋交易 app

iphone android

(4) 房仲 app

目前各房仲業者也紛紛推出看屋 APP 系統，包括永慶房屋、信義房屋、中信房屋、住商不動產、21 世紀不動產、台灣房屋、太平洋房屋、群義房屋等；特別的是，信義房屋、中信房屋、住商不動產還推出「用鏡頭找房」，消費者只要拿出手機，將鏡頭移向各街道，就可以得知有哪些房屋待銷售。

圖解
房子這樣買：完全解答購屋108問（全新增訂版）

2013年5月二版　　定價：新臺幣300元
2019年6月二版八刷

著者	蘇于修
叢書主編	李佳姍
整體設計	朱智穎

出版者	聯經出版事業股份有限公司	總編輯	胡金倫
地址	新北市汐止區大同路一段369號1樓	總經理	陳芝宇
編輯部地址	新北市汐止區大同路一段369號1樓	社長	羅國俊
叢書主編電話	(02)86925588轉5320	發行人	林載爵
台北聯經書房	台北市新生南路三段94號		
電話	(02)23620308		
台中分公司	台中市北區崇德路一段198號		
暨門市電話	(04)22312023		
郵政劃撥帳戶第0100559-3號			
郵撥電話	(02)23620308		
印刷者	文聯彩色製版印刷有限公司		
總經銷	聯合發行股份有限公司		
發行所	新北市新店區寶橋路235巷6弄6號2F		
電話	(02)29178022		

行政院新聞局出版事業登記證局版臺業字第0130號

本書如有缺頁，破損，倒裝請寄回台北聯經書房更換。　ISBN 978-957-08-4182-4 (平裝)
聯經網址 http://www.linkingbooks.com.tw
電子信箱 e-mail:linking@udngroup.com

國家圖書館出版品預行編目資料

房子這樣買：完全解答購屋108問（全新增訂版）/蘇于修著．二版．新北市．聯經．2013年5月（民102年）．272面．14.8×21公分（圖解）
ISBN 978-957-08-4182-4（平裝）
[2019年6月二版八刷]

1.不動產業　2.問題集

554.89022　　102009011